I0827664

Por qué el mal

Martín Böhmer - Rodolfo Moguillansky
Rogelio Rimoldi (Compiladores)

Por qué el mal

Por qué el mal / compilado por Martín F. Bohmer ; Rodolfo Moguillansky ; Rogelio Rimoldi. - 1a ed. - Buenos Aires : Teseo, 2010.
398 p. ; 13x20 cm. - (Filosofía)

ISBN 978-987-1354-48-1

1. Filosofía Moral. 2. Ética. I. Böhmer, Martín F., comp. II. Rodolfo Moguillansky, comp. III. Rimoldi, Rogelio, comp.
CDD 170

ISBN 978-987-1354-48-1
Editorial Teseo

Hecho el depósito que previene la ley 11.723

Para sugerencias o comentarios acerca del contenido de esta obra, escríbanos a: info@editorialteseo.com

www.editorialteseo.com

ÍNDICE

Introducción

Martín Böhmer, Rodolfo Moguillansky y Rogelio Rimoldi

¿Por qué el mal? Ésta es una pregunta tan antigua como el hombre. Nuestro paso de primates a humanos es quizá consustancial con hacerla.

En este libro, desde distintas perspectivas, se intenta, tanto responder a este complejo y esencial enigma -tan viejo como la humanidad- como a desplegar otras preguntas que han surgido a partir de ese interrogante inicial. Una parte de los textos que lo integran fueron -o son- versiones de ponencias presentadas en el VII Congreso Argentino de psicoanálisis realizado en la ciudad de Córdoba en mayo de 2008. Otros son contribuciones que los editores han solicitado a figuras relevantes de diferentes ámbitos de nuestra cultura.

¿Dónde queda el mal?

Fernanda Gil Lozano en el primer ensayo desarrolla en qué lugar se ha imaginado *La casa del mal,* desde cuándo se ha pensado en la existencia de *Los infiernos,* cómo se ha ido instituyendo dentro del pensar humano este espacio en el que se supone reside el mal.

¿Hay un mal radical? ¿Cuál es la naturaleza del mal?

Rodolfo Moguillansky explora si el mal surge de la naturaleza o es un producto cultural y, para ello, repasa las grandes discusiones que se han dado sobre esta cuestión.

¿El mal tiene un lenguaje particular?

¿Cuál es el lenguaje del mal?

Demian Orosz describe cómo la lengua no es una mera espectadora de una sociedad que consagra el mal. Orosz, haciendo pie en la emblemática investigación de Klemperer, muestra cómo una comunidad lingüística, sirviéndose de fórmulas fácilmente aprensibles y sobre todo abreviadas, es una eficaz y activa cómplice de una comunidad genocida.

¿El mal y la Argentina?

Martín Böhmer propone que la encarnación argentina del mal absoluto estaba inscripta en una vieja tradición de desobediencia y anomia, en la carencia siempre presente del estado de derecho.

¿Qué puede decir un psicoanalista respecto de las múltiples caras del mal?

Rogelio Rimoldi pone el mal en el diván y si bien desarrolla su respuesta desde la perspectiva del psicoanálisis, afirmando que cada campo disciplinar tiene autonomía epistemológica respecto de los demás y define ("construye") su propio objeto, entra en conversación con otras disciplinas dándoles "hospitalidad" y generando un fecundo diálogo entre ellas.

Delia Torres de Aryan y Raquel Duek de Escandarani, desde otra óptica, plantean ¿cómo hablar del mal desde el psicoanálisis? Para responder hacen una reflexión general sobre las dificultades que plantea el mal. Relacionan el mal con la dificultad a renunciar a *la hegemonía de la verdad,* lo que supone aceptar el sentido de otras verdades exteriores al campo de la conciencia donde ya no somos sus autores o sus testigos últimos.

¿Qué implicó Auschwitz en el modo de concebir el mal?

En las reflexiones sobre el mal de este libro, como no podía ser de otro modo, ocupa un lugar importante Auschwitz. En esa línea, Raúl Levín discute las relaciones entre Auschwitz y el psicoanálisis, y Mariano Horenstein indaga sobre qué implica psicoanalizar después de Auschwitz.

¿El mal es ajeno al derecho?

Horacio Roitman explora en su ensayo las relaciones entre *el derecho y el mal*. Roitman, por un lado, nos advierte que el mal fue introducido dentro del derecho ya que existieron leyes raciales en Alemania y en Italia. En esa línea, señala el progreso que implicó después del juicio de Nuremberg que se haya acuñado la expresión "delitos contra la humanidad".

¿El cine puede dar cuenta del mal?

Por último, dando fin al libro, David Oubiña nos muestra cómo en el cine se ha abordado el mal. Oubiña plantea que el cine parece mostrar los hechos sin necesidad de mediaciones, como si las cosas no fueran representadas sino, simplemente, mostradas. Sostiene que, en mayor o menor medida, las películas hacen que percibamos objetivamente, como un suceso puro, lo que no es más que una elaboración subjetiva. En esa línea, el holocausto es eso que "nunca debió suceder pero sucedió", y entonces posee en el recuerdo un estatuto que tiende a escaparse de los parámetros con que suele definirse la imagen en cine. Después de un intenso recorrido por otros films, afirma que la *Shoah* de Claude Lanzmann tiene el mérito de nunca ceder a la supuesta objetividad de las imágenes de archivo ni al intento por organizar una totalidad que la narración en *off* podría proporcionarle. El film es, en cambio, la apoteosis del detalle, de lo nimio y de las pequeñas historias individuales.

La casa del mal: los infiernos

Fernanda Gil Lozano

Introducción

Muy temprano en mi vida existió a través de las palabras un personaje siniestro, utilizado en la mitología familiar, llamado "picudo". Este sujeto construido por mi madre podía aparecer y llevarme a su casa si me portaba "mal". Estas experiencias tempranas dejan huellas indelebles que nos hacen sensibles con posterioridad a reflexionar sobre determinadas construcciones, posiblemente como conjuro a todo el miedo generado en el proceso de convertirnos en personas adultas.

En la historia, el poder actuó como mi madre y construyó un "picudo" llamado Diablo y su casa se nombró infierno. Después de muchas lecturas me gustaría comentar el proceso de construcción de la más terrible casa jamás inventada: el infierno

En el inicio no todo fue para siempre

La creencia en un lugar de castigo para los malvados se generalizó en el siglo III. Este sitio creado por la imaginación popular se mostró como un universo confuso y exuberante, cuyo único carácter seguro fue el sufrimiento. El espíritu fecundo de los primeros fieles que tuvieron que enfrentar el placer sin culpas del mundo pagano inventó una multitud de suplicios sin la más mínima preocupación por la coherencia. Este primer infierno nutrido de la más completa arbitrariedad, fuera de las leyes naturales, poblado de los más extravagantes fantasmas, viene a ser una especie de exutorio para las capas más bajas de la sociedad, siempre humilladas, que pueden desahogarse libremente contra los sujetos malvados ya fueran sus opresores o no. Es una pesadilla en la que lo horrible no encuentra límite alguno y ejerce la función capital de válvula de escape para los fieles sometidos a exigencias morales muy estrictas.

En los períodos de renovación moral el infierno redobla su crueldad: cuanto más rigurosa es la moral, más disuasorias deben ser las sanciones previstas. Paralelamente, cuanto más rigurosa es la moral, más se acumulan las frustraciones de los fieles. El gran éxito de los infiernos se debió en gran parte a esta doble necesidad, y las visiones infernales de los primeros tiempos cristianos tuvieron lugar de acuerdo con este proceso.

Los primeros fieles, en su gran mayoría gente frustrada, sometida a exigencias morales draconianas, soportaron esas coacciones imaginando para los infieles castigos que se correspondían con sus propias frustraciones. Esa gente humilde a la que se le pide sacrificar su existencia, vivir con austeridad en medio de mortificaciones por motivos cuya grandeza no llega a percibir, convivió cada día con los paganos, que aprovecharon de forma razonable su paso por este mundo, y con los malos cristianos, que se dispensan a sí mismos de la obediencia a las reglas más exigentes. Los odios, los celos y los rencores debieron de haberse acumulado desbordando a través de los relatos de castigo hacia los desobedientes. El razonamiento fue: como existe un infierno y los verdugos son los demonios con anuencia de Dios, los suplicios en él deben ser terribles.

A los primeros cristianos se les exigió pobreza, continencia, ayuno, vigilia, trabajo y humildad en tiempos donde la mayor parte de la población se sometía a éstos porque no le quedaba otra posibilidad, de alguna manera, se hacía de la necesidad, virtud. ¿Es casual que los visitantes infernales describan primero que nada el suplicio de los ricos, los codiciosos, los avaros, los lujuriosos, los glotones, los perezosos y los orgullosos? El infierno, desde esta perspectiva, son los otros, por quienes tengo que sacrificarme en esta vida, y también los otros a cuya aniquilación asisto en la otra, ya que abusaron de mí en ésta y mi recompensa es ver su sufrimiento como ellos vieron con indolencia el mío, con la diferencia de que yo no lo produzco.

Preguntas: ¿quién va al infierno? ¿Cuándo comienzan los suplicios? ¿Son eternos?

A partir del siglo III una serie de pensadores cristianos intentarán ofrecer diversas respuestas, mientras que la doctrina oficial se irá desarrollando más lentamente.

Luces y sombras

Una corriente importante de teólogos se distinguió por considerar los castigos del infierno como no eternos. De lo contrario el infierno, afirmaban éstos, sería contrario a la bondad y justicia divina.

En Alejandría, ciudad cosmopolita, encrucijada de culturas antiguas, convivieron las religiones egipcia, babilónica y griega.

En el siglo II, Clemente de Alejandría se apartó de las descripciones de los infiernos populares por su concepción del fuego "metafórico". Para este pensador, cuando se habla del fuego infernal es una metáfora de los remordimientos de los condenados. Y consideró que incluso estos tormentos completamente espirituales tendrían un final. De acuerdo con su pensamiento, Dios castiga no para vengarse sino para corregir a los culpables. Cuando el culpable se corrige el castigo cesa.

El carácter provisional del infierno estuvo claramente expresado en la doctrina del discípulo de Clemente, Orígenes. Este alejandrino, erudito de conocimientos diversos, defendió una interpretación alegórica de la Biblia y afirmó que el sufrimiento del condenado viene del hecho de haberse situado él mismo al margen de la armonía universal creada por Dios, lo que originó en su persona un desgarro insoportable. Para esta interpretación, Dios no nos envió al infierno, fuimos nosotros mismos quienes nos pusimos en una situación de infierno por la mala conducta, y por lo tanto sufrimos las consecuencias. Para Orígenes, cada pecador encendió la llama de su propio fuego, no se lo arrojó a un fuego encendido por otro y que existiría antes que él. No obstante su convencimiento y prédica, Orígenes confesó que esta doctrina debía reservarse a los intelectuales porque el pueblo no estaría preparado para entenderla. Desde esta posición, el infierno popular y el infierno de los sabios no pueden reducirse el uno al otro, son irreductibles. Por otra parte, Orígenes pensaba que el descenso a los infiernos por parte de Cristo consistió en ir a predicar a los justos de la Antigüedad para poder salvarlos.

Su gran aporte fue el concepto de "apocatástasis", la restauración universal de todas las cosas. Orígenes vio la Historia del Universo como un inmenso despliegue que parte de la creación, seguido de un repliegue que se acerca a la situación original en el seno del bien supremo, Dios. Esto significa que los condenados, una vez que hubieran cumplido su tiempo de penitencia, también se salvarían, hasta el mismo diablo encontraría la redención. Posteriormente, al ser atacado con dureza por las autoridades en este punto, Orígenes se retractó y admitió que ciertas almas humanas irrecuperables permanecerán en el infierno por toda la eternidad. Sin embargo, sus convicciones personales fueron claramente en el sentido de la restauración universal. El infierno no es un lugar de condena eterno.

En la segunda mitad del siglo IV, san Ambrosio siguió a Orígenes en la interpretación alegórica de las penas del infierno: el fuego y los gusanos no son otra cosa que los remordimientos de la conciencia. En lo que atañe a la eternidad de las penas, san Ambrosio, menos audaz que Orígenes, admitió que todos los cristianos se salvarán gracias a la fe y al bautismo. El castigo del fuego sería simplemente más largo para ciertos pecadores endurecidos.

Podemos decir que una corriente nada insignificante del pensamiento cristiano tuvo el convencimiento de que el fuego del infierno era puramente alegórico y que los tormentos acabarían alguna vez. Si creemos a san Jerónimo, esta posición habría sido mayoritaria a fines del siglo IV. Ahora bien, los grandes concilios del siglo VI iban a condenar enérgicamente esta doctrina. Varios motivos pueden explicar el desencuentro: ante todo, es una idea que el mismo pueblo cristiano acepta de mala gana. El fiel ordinario puede admitir la práctica del perdón en esta vida provisional siempre y cuando la condena en el más allá sea eterna.

Además, toda creencia religiosa está siempre estrechamente vinculada al contexto humano en el que se formula. La concepción del infierno cristiano se forma en el bajo Imperio Romano, en el que el derecho penal se endureció, la función punitiva de la pena prevaleció sobre la función curativa,[1] que tuvo como objeto la enmienda del

---

[1] Gaudemet, J., *L'Eglise dans L'Empire*, París, Sirey, 1958.

culpable. Los mismos Padres de la Iglesia fueron partidarios de la pena de muerte.

Otros pensadores más severos defendieron una idea más estricta del infierno con fuego real y tormentos eternos.

En el siglo III, san Cipriano aceptó la idea de que una parte de la felicidad de los elegidos consistirá en gozar del espectáculo de los condenados torturados, además, casi todos en el siglo IV estuvieron de acuerdo en un punto: el infierno no comenzará en todo su rigor hasta el Juicio Final; para que los sufrimientos sean completos es menester que el cuerpo resucite. También se establecieron algunos consensos en lo que atañe al fuego del infierno. Éste actuaría sobre el cuerpo y sobre el alma; no necesitaría combustible; reconstituiría al cuerpo al mismo tiempo que lo consume. Sería un fuego material, pero de naturaleza diferente al fuego terrestre.

A comienzos del siglo IV, Lactancio, un retórico africano convertido, escribió que el fuego infernal es puro, quema sin humo, fluye como el agua, no se eleva, se nutre de los condenados al mismo tiempo que los reconstituye.[2]

En los umbrales del siglo V no hubo nada determinado, aparte de la existencia misma del infierno. Las reflexiones de los siglos precedentes no llevaron a la solución de los problemas, sino a plantearlos:

–¿Es eterno el infierno?

–¿Cuándo comienza?, ¿tras la muerte individual o tras el juicio final?

–¿De qué naturaleza son las penas que en él se sufren?

Haciendo un resumen muy esquemático, podríamos distinguir dos corrientes, una flexible e indulgente y otra más severa. Igual, entre ambas hay muchas variantes y posibilidades. Todavía en el siglo V había una gran libertad de opinión.

---

[2] Minois, G., *Historia de los infiernos*, Buenos Aires, Paidós, 1994.

En ese momento, san Agustín intentó una síntesis entre las hipótesis contradictorias de la época, que sirvió de guía para la doctrina oficial de la Iglesia. Su obra se situó en el punto de unión de dos mundos; compuesta en el momento en que desapareció el Imperio Romano de Occidente pero que en muchos aspectos anunció también el cristianismo medieval.

San Agustín elaboró su obra en medio de luchas espirituales con tendencias heréticas. Por este motivo, cada uno de sus escritos respondió a una polémica, lo que lo llevó a endurecer su discurso. Su obra es casi una literatura de combate. Hacia el final de su vida, en las retractaciones, confesó ser consciente de sus contradicciones y quiso rectificar sus propias ideas como su concepto de infierno.

Hubo dos circunstancias que endurecieron su discurso con respecto a este concepto: por una parte, la caída de Roma ante los visigodos de Alarico en 410, que reavivó la animosidad entre cristianos y paganos.[3] Por otra parte, la corriente de los misericordiosos, representados por personajes heteróclitos de teólogos y predicadores, herederos del origenismo, negaron de manera militante la eternidad del infierno. San Agustín va atacar estas teorías en *La ciudad de Dios,* lo que lo llevó a adoptar a veces posiciones excesivas: los niños sin bautizo no van al cielo, y no admite un lugar intermedio, los manda al infierno, al igual que a todos los paganos.

Paralelamente, progresa la idea de un infierno inmediato a la muerte. San Agustín tuvo problemas con esta posición debido a que implicaría la existencia de un juicio inmediato a la muerte, un juicio particular para cada hombre. Esto entraría en controversias con las Sagradas

---

[3] Le Goff, J., *La Naissance du purgatoire,* París, Gallimard, 1981.

Escrituras, que mencionan un solo juicio: el Juicio Final. Para salvar esta situación, San Agustín declaró que las almas de los malvados sufrirán desde su propia muerte, pero mucho más a partir del Juicio Final. Esto salvó la etapa intermedia entre la muerte y el Juicio Final.

También acentuó su posición cuando habla del infierno propiamente dicho, ya que para él el infierno es ciertamente un lugar físico, distinto de este mundo, el infierno no está en esta vida y lo ubica bajo tierra.

También le dedica muchísimo espacio a las propiedades del fuego infernal, capaz de purificar y castigar.

Como hemos visto sintéticamente, los debates referentes al infierno ponen de relieve el peligro de la utilización de los textos "revelados". El infierno, como lugar de lo inimaginable y de lo inexpresable, se tradujo en representaciones y en discursos que no pueden ser más que una traición. La elaboración misma de la doctrina del infierno se basa en las imágenes y en las palabras de la Escritura interpretadas como realidades. La inmensa construcción infernal se monta a partir de la época de los Padres, y se apoyó en alegorías y símbolos tomados al pie de la letra. La más insignificante palabra da lugar a ríos de comentarios, de especulaciones y de hipótesis. El símbolo terminó por convertirse en realidad y encarceló el espíritu en vez de liberarlo.

Para hablar del infierno los Padres lucharon denodadamente ante problemas insolubles. A los símbolos bíblicos ellos añadieron los suyos, inspirados en conceptos filosóficos griegos, mientras que los fieles y los predicadores añadieron los suyos a las imágenes bíblicas. De este modo, se elaboró un gigantesco complejo penitenciario del más allá. La alta Edad Media lo oficializó, lo popularizó y lo utilizó con fines de dominio práctico y cotidiano.

Finalmente, en el siglo VI la Iglesia comenzó a formular la doctrina oficial del infierno. Para evitar una desviación de las creencias hacia posiciones heréticas, los concilios establecieron el dogma en el que todo cristiano debe creer para permanecer en el seno de la Iglesia.

Justiniano, opositor de las teorías de Orígenes, persiguió desde el comienzo de su reinado a sus partidarios. Después de muchas luchas, Justiniano convocó a un concilio en Constantinopla en el año 533 desde donde condenó la teoría de Orígenes y abrió un camino sin retorno del concepto del infierno como lugar real, de castigos eternos.

De alguna manera, comenzaron a existir dos formas de narrar el infierno, que dieron como resultado un universo confuso e inacabado. El infierno comentado para el pueblo precedió al infierno teológico erudito. Este infierno popular, basado más en la imaginación que en la razón, se desarrolló junto con las visiones y las necesidades colectivas. El infierno teológico, en cambio, avanzó de manera más cauta.

Los intelectuales teólogos despreciaron los infiernos populares y casi nunca hablaron de ellos. En el siglo XII apareció una diferenciación entre pecados veniales y pecados mortales, de los cuales sólo los últimos llevaron consigo la condena eterna: va al infierno quien muere en pecado mortal. El pecado mortal es un acto voluntario de desprecio a Dios, llevado a cabo con pleno conocimiento de causa y pleno consentimiento. Varios estudiosos elaboraron una teología del pecado en este sentido, como Anselmo de Laón, Alán de Lille, Abelardo, entre otros, para ellos el mismo pecado según las motivaciones, puede ser venial o mortal, lo que dio pie a muchos debates entre los teólogos.

Por ejemplo, para Laón a comienzos del siglo XII explicaba que se necesitaban penas distintas para los pecados mortales y los veniales. Los pecados mortales, aquellos que llevan consigo la condena eterna, son los que se cometen a plena conciencia y de forma deliberada. Los otros, los que suceden por debilidad de la carne, por ignorancia, son no condenables. ¿Cómo se va a decidir la gravedad de la falta? Éste será el papel del confesor, cuya importancia será definida por el Concilio de Letrán en 1215: la confesión anual o privada o de viva voz se hizo obligatoria. Así aparecieron los manuales del confesor –los de los dominicos serán los más famosos–, que establecieron una casuística que contribuyó a precisar la categoría de los pecados, que se irán modificando a través de los cambios socioculturales y, sobre todo, socioeconómicos.

En el siglo II había tres faltas consideradas graves: la apostasía, el adulterio y el homicidio. También se sumaban aquellos pecados que necesitaban una pena pública como la blasfemia, la mentira, el fraude y la fornicación. Ya en el siglo VI Cesáreo de Arlés contaba como pecados graves el sacrilegio, el homicidio, el adulterio, el falso testimonio, el robo, la rapiña, el orgullo, la envidia, la avaricia, la cólera persistente, la borrachera habitual, es decir, sobre todo las faltas que atentaban con cierto orden social, faltas de carácter público que dañaban las relaciones humanas.

De todos, hay dos pecados que pasaron a primera línea: el orgullo y la avaricia o codicia, dos excesos característicos de sociedades militares con economía de escasez. El orgullo es el pecado del soldado, del caballero, la codicia es el pecado del artesano, del comerciante, de cualquier trabajador asalariado y de la gente de leyes. Más adelante, la avaricia fue estigmatizada con mayor virulencia, relacionada con el surgimiento de las ciudades, del comercio, los negocios, el préstamo, la usura. La imposibilidad para el rico de alcanzar la salvación eterna se convirtió en un tópico, y se tomó la costumbre de comprar el perdón: al final de sus días, las personas pudientes hacían donaciones cuantiosas para atenuar las culpas ganadas por el dinero mal habido.

Para el mundo monástico, los pecados más grave fueron los de la carne, como la fornicación, la sodomía, la impureza, el adulterio y, por último, el homicidio. Por cualquiera de estos pecados se iba directamente al infierno.

Volviendo a la Edad Media, podemos observar que hubo una trilogía que varía de acuerdo con el momento y lugar: orgullo-codicia-impureza, es decir, la antítesis de los tres votos monásticos de obediencia-castidad-pobreza. Para salvarse, la sociedad debía ser pobre, humilde y pura, de lo contrario se iría al infierno.

Poniendo orden en la casa de los malvados

El gran invento de la Edad Media en este tema fue la creación del purgatorio, cuya historia ha quedado reconstituida por Jacques Le Goff. El purgatorio se pensó como una sucursal del infierno, un lugar transitorio, de purificación.

En el siglo XII se le dio al purgatorio una existencia precisa y cuantitativa, dado el momento del ascenso de la burguesía mercantil y el progreso de los métodos de contabilidad.

Inocencio III consagró el purgatorio en un sermón ofrecido en el Día de Todos los Santos, cuando explicó los cinco lugares donde residen las almas cuando el cuerpo fallece:

1) el lugar supremo, que es el cielo, para los buenos;

2) el lugar ínfimo, que es el infierno, para los malos

3, 4 y 5) entre los dos sitios anteriores, estarían los medianamente malos. Estos últimos pueden beneficiarse de las oraciones y las fundaciones piadosas de los vivos.

Esta división espacial preparó el camino a "las indulgencias", donde se comprarían la reducción de las penas por medio de la oración y también del dinero. Se vendieron las oraciones, las misas y cualquier otra ofrenda que se pudiera. Esto provocó que a partir del siglo XIII los comerciantes ricos hicieran grandes donaciones y muchas veces consiguieran la canonización.

Por ejemplo, se incorporó muy bien la prédica de san Lucas: "Granjeaos amigos con las riquezas, manantial de iniquidad, para que cuando falleciereis, seáis recibidos en las moradas eternas", "haceos unas bolsas que no se echen a perder; un tesoro en el cielo jamás se agota, donde no llegan los ladrones ni roe la polilla".[4]

¿Dónde está el infierno?

A principios del siglo XIV comenzaron las hambrunas en Europa y las roturaciones de las tierras. Faltó el trigo, los precios se dispararon y, por si fuera poco, las exigencias de los monarcas se endurecieron.

Además, en 1348 apareció la peste negra, que en tres años se llevó a la tercera parte de la población; en 1430 estalló la Guerra de los Cien Años con soldados mercenarios que saquearon todos los lugares por donde anduvieron, mientras tanto el clima sufrió un descenso de temperaturas: los inviernos se prolongaron, los ríos se helaron durante meses y los lobos entraron en París. A esto vienen a añadirse la guerra civil, las revueltas urbanas, las masacres represivas, entre otros desórdenes.

Durante este tiempo, las herejías surgieron por doquier y trajeron muchos problemas a la Iglesia. Dos papas se enfrentaron durante el gran cisma; husitas, lolardos y valdenses sembraron el espíritu de desorientación, las apariciones se multiplicaron, los predicadores

---

4 Minois, G., *Historia de los infiernos, op. cit.*, pág. 232.

se exaltaron: Juana de Arco, la doncella de Orléans; Pierronne, la bretona, oyeron voces y hablaron con los santos; Savonarola enardeció a las masas; la Inquisición y otros jueces comenzaron a quemar gente con furor (la caza de brujas), judíos, moriscos y doncellas. Los extremos se unen en una atmósfera sobrenatural: Gilles de Rais, que sodomiza niños, los degüella y firma pactos con el diablo, cabalgó junto a Juana de Arco y la Iglesia quemó a ambos como secuaces de Satanás. Todo ello en un fondo de aldeas abandonadas, de campos yermos, de salvajismo, de asesinatos y violencias de todo género. Es así como la Edad Media se consumió en un brasero con olor a carne quemada mezclada con muerte e incienso y danzas macabras. La tierra fue el infierno.

Posteriormente, la situación comenzó a mejorar y el infierno, junto con sus habitantes, volvió a sus límites naturales, bajo tierra. Todo lo referido a él comenzó a desaparecer de las representaciones de las iglesias y en los teatros. Junto con la reforma religiosa comenzó una nueva etapa para el infierno: éste es pulido, doméstico y organizado. Se sabe adonde se va y lo que nos espera, se acabaron las sorpresas.

Nuevos desbordes y conclusiones

El infierno ha terminado por invadir nuevamente la tierra. Las primeras representaciones del infierno ofrecieron sorprendentes analogías con nuestra vida actual. Y si bien los infiernos se dan después de la muerte, todo se decide en esta vida mediante el juego de reacciones del yo frente al mundo y a los otros. El Arallu sumerio y babilónico, el Hades griego, el Seol hebreo, los infiernos chamánicos, celta y germano precristianos fueron un espejo del mundo terrestre donde habitaron sus culturas. Pero para llegar a esta conclusión hubo que hacer un gran recorrido. La constante profundización entre el bien y el mal, el ansia por favorecer la victoria de aquél sobre éste, unido a la constatación de los límites de la justicia terrestre, favorecieron la proyección hacia el más allá del ideal moral en forma de recompensa para los buenos y castigo para los malos.

La reflexión cristiana va más lejos al instaurar la eternidad de las penas y las distinciones entre los diferentes daños. El infierno cristiano es un producto del genio occidental. Es el infierno más sistemático que haya podido elaborarse, infierno total en cuatro dimensiones: dimensión negativa, el condenado se ve excluido de la fuente de cualquier bien; dimensión positiva, el condenado es torturado en sus cinco sentidos, en la imaginación, en la razón y en el sentimiento por medio de remordimientos; dimensión temporal, los sentimientos tienen lugar en el tiempo; dimensión eterna, por la convicción de que la duración de esos sufrimientos no tendrá fin. Este infierno ideal es a la vez un instrumento destinado a eliminar el mal en esta vida.

Sin embargo, esta construcción jamás funcionó correctamente: no se pudo explicar cómo un fuego que se dice material puede actuar en las almas inmateriales, cómo los condenados que siguen pensando en el tiempo no pueden ya arrepentirse, cómo un Dios bueno y omnipotente puede tolerar este fracaso eterno en su creación. El estado de sufrimiento absoluto que quería mostrar el infierno cristiano se vio minado por contradicciones internas para perdurar y ser creíble en el tiempo. Tampoco ha logrado su objetivo práctico: la eliminación del mal.

La idea del infierno ha evolucionado pasando de la noción de castigo infligido por una falta moral a la de angustia existencial.

La analogía con la evolución y explicación de nuestro cosmos resulta interesante. Nuestro Universo en expansión esta destinado a acabar en el frío y la oscuridad absoluta en el caso de que la fuerza de expansión nacida del Big Bang fuera mayor que las fuerzas de atracción; si por el contrario, son éstas las que se imponen el Universo se concentrará en un calor infinito: ambas perspectivas son infernales a más no poder. Para la humanidad, el primero de esos universos evoca la victoria de los egoísmos; el segundo, la del altruismo total y universal.

El hombre moderno oscila entre ambos infiernos y tiene cada vez mayor conciencia de esta situación y de la posibilidad de su autodestrucción, por exceso de negación o por exceso de afirmación de sí.

Las consecuencias para la humanidad y el individuo ayudan a comprender la concepción moderna del infierno:

1) El movimiento hacia la homogeneización incompleta de los individuos, la reducción de cada uno de ellos a la identidad, en una sociedad de tipo totalitario, movimiento análogo al principio físico de entropía que conduce a la muerte por la identidad absoluta, no contradictoria; una sociedad compuesta de seres similares, iguales, sería una sociedad muerta.

2) El movimiento hacia la individualización total, hacia la heterogeneidad, que puede conducir a la muerte por la extrema diferenciación, es decir, la ausencia total de solidaridad, el aislamiento total de cada uno.

3) La realización de un equilibrio dinámico entre los dos movimientos precedentes.

La salvación no puede lograrse si no se asume la contradicción existencial, de reconocer que mi individualidad depende del conjunto y que no puede afirmarse más que en esta aceptación. Las caídas en el infierno de los condenados o en el de los santos son frecuentes. Asumir la unidad de los opuestos y contradictorios aspectos de nuestra existencia es seguir la vía intermedia que lucha por la justa integración de una diversidad compleja, de un nosotros plural donde cada uno llegue a amar la diferencia del otro y no solamente tolerarla.

La contradicción parecería ser la esencia del ser, es decir, yo soy yo y un no-yo, soy una realidad y una virtualidad. El infierno resulta de negar alguna de las facetas y condenarse así a una existencia incompleta, a la mutilación de una parte nuestra. De esta manera, la vida puede ser el paso de un infierno a otro.

Posiblemente la renuncia a la afirmación exclusiva de tal o cual aspecto sea un pasaje a un paraíso. Las persona somos ángeles y demonios, pretender alguna de estas partes es caer en un infierno.

Posiblemente la salvación sea afirmar y aceptar esta contradicción; quizá sea la verdadera humildad.

¿Soy bueno o soy malo?, allí está el infierno, en cambio saber que somos muchas cosas y romper binarismos podría ser un camino a la salvación, aunque la racionalidad moderna sufra con esta tensión que necesita no definirse.

El que tenga oídos para oír que oiga (San Marcos, 4, 9).

Bibliografía

Campagne, Fabián Alejandro: *Homo Catholicus. Homo Superstitious. El discurso antisupersticioso en la España de los siglos XV a XVIII*, Buenos Aires- UBA, 2002.

Caro Baroja, Julio: *Vidas mágicas e inquisición*, Madrid, Ediciones Istmo, 1992.

Di Nola, Alfonso: *Historia del Diablo. Las formas, las vicisitudes de Satanás y su universal y maléfica presencia en los pueblos desde la Antigüedad a nuestros días,* Madrid, EDAF, 1992.

Le Goff, Jacques: *La civilización del occidente medieval,* Barcelona, Editorial Juventud, 1969.

——: *La Naissance du purgatoire,* París, Gallimard, 1981.

Messadié, Gerald: *El Diablo. Su presencia en la mitología, la cultura y la religión,* Barcelona, Martínez Roca, 1993.

Minois, Georges: *Historia de los infiernos,* Buenos Aires, Paidós, 1994.

Muchembled, Robert: *Historia del Diablo. Siglos XII-XX,* Buenos Aires, Fondo de Cultura Económica, 2002.

Rosenfield, Denis: *Del mal. Ensayo para introducir en filosofía el concepto del mal,* México, Fondo de Cultura Económica, 1993.

Sichere, Bernard: *Historias del mal,* Barcelona, Gedisa, 1996.

¿El mal surge de la naturaleza o es un producto cultural?

Rodolfo Moguillansky[1]

Querido Umberto Eco: he aquí la pregunta que, como ya le anticipé en la última carta, tenía intención de hacerle. Se refiere al fundamento último de la ética para un laico, en el cuadro de la posmodernidad. Es decir, más en concreto, ¿en que basa la certeza y la imperatividad de su acción moral quien pretende no remitirse, para cimentar el carácter absoluto de una ética, a principios metafísicos o en todo caso a valores trascendentes y tampoco a imperativos categóricos universalmente validos?

Carlo María Martini
(obispo de Milán)

Querido Carlo María Martini: la dimensión ética comienza cuando entran en juego los otros. Cualquier ley, por moral o jurídica que sea, regula siempre relaciones interpersonales, incluyendo las que se establecen con quien las impone.
(...) los demás están en nosotros. Pero no se trata de una vaga inclinación sentimental, sino de una condición básica. Cómo hasta las más laicas entre las ciencias humanas nos enseñan, son los demás, en su mirada, lo que nos define y nos conforma. Nosotros no somos capaces de comprender quiénes somos sin la mirada y la respuesta de los demás.

Umberto Eco (Eco y Martini, 1998)

[1] moguilla@fibertel.com.ar

0. Introducción

Enmarco mi texto -parafraseando lo que reproduje en el epígrafe de Carlo María Martini- y me propongo responder la pregunta, en tanto psicoanalista, respecto del fundamento último de la ética, en el cuadro de la posmodernidad: *¿en que basa la certeza y la imperatividad de su acción moral quien pretende no remitirse, para cimentar el carácter absoluto de una ética, a principios metafísicos o en todo caso a valores trascendentes y tampoco a imperativos categóricos universalmente validos?*

En el sendero de responder esa pregunta expondré inicialmente de qué modo las ideas de Freud cambiaron la manera de pensar el bien y el mal de su época, y también me referiré a las discusiones que se desataron en el imaginario social a raíz de su incorporación en la posmodernidad.

En una segunda parte voy a exponer cómo creo que el psicoanálisis se posiciona ante lo que ha sido llamado el "mal radical".

1. La propuesta de Freud introdujo un cambió en los modos de pensar las categorías del bien y del mal

Es casi una obviedad decir que el psicoanálisis introdujo un nuevo modo de pensar las categorías de bien y de mal, pero esto es así.

El psicoanálisis ha influido en el imaginario de Occidente modificando los enunciados en los que se fundamentan los valores axiológicos de nuestro tiempo y también dando cuenta del modo en que éstos se instituyen singularmente en cada sujeto.

1.1. Las categorías del bien y del mal según el psicoanálisis –que fundamentan los singulares ejes axiológicos que rigen en cada ser humano– nacen del complejo cruce que se da en el proceso de humanización del infans entre la sexualidad y los enunciados de fundamento de la cultura

La nueva concepción acerca del bien y del mal que trajo el psicoanálisis, surgió en la obra de Freud (1905) desde sus primeros trabajos cuando, junto con dar a luz un nuevo modo de pensar la sexualidad,[2] introdujo la idea que afirma que las columnas que sostienen los contrafuertes del edificio en que advienen los paradigmas éticos que rigen

---

[2] Para los no familiarizados con el psicoanálisis vale la pena aclarar que lo que Freud define como sexualidad en *Tres Ensayos...* no se refiere al mero "intercambio sexual humano", aunque lo incluye, sino a un fenómeno más amplio: cualquier actividad humana, en especial cualquier actividad corporal, en particular la que transcurre por los orificios apuntala una tendencia que allí surge, una tendencia a repetir esta experiencia. A esa compulsión a repetir esa experiencia placentera, a esa tendencia la llamará pulsión (*trieb*), una apetencia que no se origina en los órganos sexuales, sino que cualquier actividad humana la puede hacer nacer. Freud diferencia pulsión (*trieb*) de instinto. Con esta diferenciación apunta a que la sexualidad no es un fin biológico, sino que nace en el intercambio que el *infans* tiene con los otros. La pulsión sexual nace allí entonces, no es un instinto predeterminado. Freud nos enseña que los bebés intentan volver a repetir las experiencias placenteras que han experimentado, una repetición no ya fundamentada por los beneficios otorgados por los intercambios orgánicos, sino por el anhelo de recapturar el placer que se tuvo en ese intercambio. Ese intento por repetir hace al carozo de la sexualidad que describe Freud en *Tres ensayos...* En este sentido, aparece la sexualidad como una tendencia a repetir, sin causa orgánica que la sustente, cuya fuente está apuntalada, o nace, en el lugar donde esa práctica orgánica fue realizada, y cuyo fin es, reobtener ese placer y hacer cesar el estímulo que lleva a buscar ese mismo placer. El objeto que tiene esa sexualidad deja de ser un objeto de la necesidad.

Lo que Freud se da cuenta al describir esta sexualidad es que hay dos fuerzas en cada ser humano:

Un tipo de movimiento causado por la necesidad orgánica, que uniformiza alrededor de lo que va a llamar los instintos de autoconservación.

en cada individuo, parten de la elaboración que ese individuo hizo, cuando era *infans,* ante las represiones que le impuso la cultura a su sexualidad. Más aún, ese individuo sólo será parte del género humano si adquirió los valores que reconocemos como humanos en ese proceso.

Por otro lado, una apetencia sexual que no aparece ligada a ninguna necesidad orgánica, sino al placer sexual que intenta poner la necesidad orgánica a su servicio.

La sexualidad, esta sexualidad, le hace marcar el paso a la necesidad orgánica. Por ejemplo, ya no importa comer para bajar la hipoglucemia, comer se convierte en una búsqueda de placer, y así de seguido con toda necesidad orgánica.

Esto lo lleva a pensar que los humanos tenemos un irremediable conflicto entre la "sensata autoconservación" y esta "disparatada sexualidad", en fin, el deseo. La definición de conflicto que aparece en *Tres ensayos...* es el conflicto que se plantea a los humanos entre la autoconservación, que busca ser eficiente, y esta tendencia de la sexualidad, que busca el placer siendo indiferente a las necesidades físicas. Freud empieza a darse cuenta que la sexualidad tiende a subordinar la autoconservación a su propio ritmo. Entonces el sujeto humano, arrastrado por la sexualidad, deja de importarle la ingesta de proteínas, le importa si la comida es rica o no, o lo mueve si lo engorda o lo enflaquece; bebe vino en vez de agua cuando tiene sed. Empieza a haber una subordinación de las categorías de la autoconservación a la sexualidad.

Por ello esta sexualidad debe ser enmarcada, acotada, reprimida, conducida dentro de ciertos bordes para que no lleve al ser humano a un anhelo de un goce que lo destruye. Retomaré esta cuestión cuando me ocupe de las contribuciones de Marcuse y Foucault sobre este punto.

Para entender la importancia que tiene esta concepción, es importante advertir que la noción de sexualidad tal como es concebida en *Tres ensayos...* se desarticula de:

la clásica, popular noción de sexualidad adulta;

la de reproducción;

las necesidades corporales;

lleva a pensar que el objeto de placer sexual puede no ser una persona del otro sexo, puede ser un zapato, el brillo de la nariz o cualquier otra cosa;

a la vez aparece como una noción clave la idea de bisexualidad;

las diferencias sexuales. La diferenciación sexual es una eventual, posterior adquisición;

Se rompe con la idea de que los hombres son atraídos por las mujeres y éstas por los hombres.

Para esta perspectiva, el *imperativo categórico* que rige el modo de pensar en cada sujeto tiene origen y encuentra sus basamentos en la resolución que encontró ante esa encrucijada. Como resultado de ella se instituye en el niño humano el *tabú del incesto y la prohibición del parricidio,* piedras basales de la ética humana.

Desde esta concepción habrá siempre un conflicto entre la sexualidad y la autoconservación. Alrededor de este modo de pensar, Freud da una nueva vuelta al viejo conflicto entre lo dionisíaco y lo apolíneo.[3]

1.2. Las categorías de bien y de mal no son un don divino ni se adoptan mediante un puro proceso racional

Recordemos, para poder resaltar la innovación que trajo el psicoanálisis que, por un lado, desde las diferentes cosmovisiones religiosas se había fundamentado previamente el sistema de valores desde un orden divino.

En este punto es inevitable citar que Kant describió *El imperativo categórico* como la base de la moral y fue resumido por él en estas palabras claves: "Actúa de forma que

---

[3] Nos viene desde los griegos la distinción entre lo dionisíaco y lo apolineo. Dionisio es el dios del vino, la música, el éxtasis, el teatro, la fertilidad, los excesos y la inspiración. Esta divinidad báquica proteica, juguetona, difusa, erótica, extravagante, hedonista, transgresora, ambigua desde el punto de vista sexual, marginal, antilineal, sin embargo por todas estas características tan atractiva como productora de espanto. Dionisio es el dios de la miel, de la leche y de la sangre. Es atroz, voraz, monolíticamente hostil ante la diferencia, y ello es en gran medida inseparable de sus rasgos más seductores, disuelve el yo en la naturaleza mediante el éxtasis. Si Dionisio dispone de la insondable vitalidad de lo inconsciente, también es fuente de malevolencia y agresividad.

La historia del arte se ha debatido entre la razón apolínea y la conmoción emocional de lo dionisíaco.

la máxima de tu conducta pueda ser siempre un principio de ley natural y universal"[4] y que *el imperativo categórico* para Kant encontraba su fundamento último, -la idea de bien supremo- en Dios, o una causa en la *naturaleza toda* que encierra la exacta concordancia entre la felicidad y la moralidad.[5]

---

[4] En *Metafísica de la ética* (1797), Kant describe su sistema basado en la idea de que la razón es la autoridad de la moral. Kant afirmaba que los actos de cualquier clase han de ser emprendidos desde un sentido del deber que dictase la razón, y que ningún acto realizado por conveniencia o sólo por obediencia a la ley o costumbre puede considerarse como moral. Kant describió dos tipos de órdenes dadas por la razón: el *imperativo hipotético*, que dispone un curso dado de acción para lograr un fin específico, y el imperativo categórico, que dicta una trayectoria de actuación que debe ser seguida por su exactitud y necesidad. Kant formuló el imperativo categórico de diversas maneras (no opuestas sino complementarias). De ellas cabe destacar dos: "No obres nunca sino de manera que puedas querer que la máxima que rige tu obrar se transforme en ley universal". (No busques privilegios, ley privada ni excepciones. Piensa qué pasaría si todos obrasen del mismo modo. No hagas lo que no te gustaría que otros hicieran.) "Obra de tal modo que uses a la humanidad —tanto en tu propia persona como en la persona de cualquier otro— siempre como un fin, nunca como un medio." El imperativo categórico o imperativo apodíctico es un mandato con carácter universal y necesario: prescribe una acción como buena de forma incondicionada, manda algo por la propia bondad de la acción, independientemente de lo que con ella se pueda conseguir. Declara la acción objetivamente necesaria en sí; sin referencia a ningún propósito extrínseco. Para Kant sólo este tipo de imperativo es propiamente un imperativo de la moralidad.

[5] Según Kant (*ibid*) para fundamentar la posibilidad del bien supremo (moralidad + felicidad), es necesario postular la inmortalidad del alma y la existencia de Dios. Para Kant "no hay el menor fundamento para establecer una conexión entre la moralidad y la felicidad (...). Sin embargo, en el problema práctico de la razón pura, es decir, en el trabajo enderezado hacia el supremo bien, se postula esa conexión como necesaria: debemos tratar de fomentar el supremo bien (que, por tanto, tiene que ser posible). Por consiguiente, se postula también la existencia de una causa de la Naturaleza toda, distinta de la Naturaleza y que encierra el fundamento de esa conexión, esto es, de la exacta concordancia entre la felicidad y la moralidad". Dios, incognoscible para la razón pura teórica, aparece ahora como un postulado de la razón práctica necesario para afirmar la posi-

Y también, por otro lado, la ilustración y el iluminismo, a través de los escritos de Montesquieu (1735) y Rousseau (1762), suponían que en el *ágora* se podría lograr, mediante el diálogo, *un contrato social*[6] que aseguraría un orden, un universo de valores en donde primaría la razón. La razón sería, para el iluminismo, la clave con la que cada sujeto asumiría los valores que regirían su conducta.

Reparemos entonces que para Freud, en cambio, el imperativo categórico no se instituye en cada individuo, solamente desde la adhesión a un *razonable acuerdo social,* ni era *un bien otorgado por Dios.*

El imperativo categórico se instituye en cada individuo, desde la perspectiva propuesta por Freud, en cambio, como producto de la elaboración que hace un individuo determinado de las prohibiciones y prescripciones planteadas por la estructura del parentesco. Estas imposiciones las hace la cultura a través de la familia. El imperativo categórico era para Freud, literalmente el heredero de esa interacción y de los conflictos que planteaba ese proceso de imposición (1923).

---

bilidad del sumo bien. Kant no ignora que no siempre quien obra bien es feliz. Por eso, para poder afirmar que, en definitiva y más allá de las circunstancias, quien obre moralmente será feliz y quien no lo haga, no, necesita postular tanto la inmortalidad del alma como la existencia de un Dios justo. En la vida posterior a la muerte será Dios quien garantice esa conexión.

6 Jean-Jacques Rousseau, hombre esencial del iluminismo, postulaba en *El contrato social* (1762) que se podía "encontrar una forma de asociación que defienda y proteja con la fuerza común la persona y los bienes de cada asociado, y por la cual cada uno, uniéndose a todos, no obedezca sino a sí mismo y permanezca tan libre como antes" (pág. 34). Esta forma fundada en el "contrato social", según Rousseau, no implicaba ninguna renuncia a lo que *naturalmente* era el hombre. Rousseau decía que sustituye "en su conducta la justicia al instinto y dando a sus acciones la moralidad de que antes carecían" (pág. 38). He destacado en cursiva lo de *natural* porque hace a una pieza esencial en este modo de pensar.

Anotemos también, en tanto es un elemento central de nuestra comprensión que, para el psicoanálisis, el orden instituido por este imperativo además de no ser un "don natural", por fundamentarse en la represión de la sexualidad, no garantiza la "exacta concordancia entre la felicidad y la moralidad", que proponía Kant; la cultura y los valores que la sustentan serán siempre, desde nuestra mirada, fuente de malestar (Freud, 1932).

En síntesis, desde el psicoanálisis, el *imperativo categórico* no nos viene dado a través del sacramento bautismal -mediante el cual se adquiriría la distinción entre el bien y el mal- ni surge sólo de un acuerdo racional como sugería el iluminismo y la ilustración.

Interludio

Juan está estacionando su automóvil, está angustiado. Salir de su vehículo implica una compleja ceremonia. Al apagar el motor, coloca su mano izquierda en la manija que abre la puerta, mientras mira con atención el reloj del tablero. Juan tiene que abrir la puerta en el momento en que coincida la aguja del segundero con la del minutero. Si no lo logra se le impondrá una idea: algo malo va a pasar con algún miembro de su familia y él puede impedirlo si cumple con el ritual de abrir la puerta en el instante en que estén juntas las dos agujas del reloj.

Juan sabe que esta idea es disparatada pero no puede, aunque la critique, librarse de ella. Cuando se le impone esta idea (lo que los psicoanalistas llamamos una idea obsesiva) tiene que llamar por teléfono a su casa para confirmar que todo está en orden. Juan tiene pudor de que sus familiares se enteren que esto le está ocurriendo y entonces al hablar, conversa de cosas triviales a la par que averigua si no ha ocurrido nada.

Si se alivia de estos temores, al entrar al edificio de mi consultorio se encuentra con un nuevo obstáculo, hay un enorme felpudo en la entrada que no puede pisarlo, sin que nuevamente lo asalten sus autorreproches. Para no pisarlo tiene que abrir la puerta mucho más que lo que la gente lo hace habitualmente, y también siente vergüenza que alguien lo vea en esa operación, entonces espera hasta que no haya nadie para hacerlo. Si se descuida y pisa el felpudo, deberá nuevamente llamar a su casa.

Juan ejemplifica cómo el modo en que cada sujeto los incorpora, es absolutamente singular y da lugar a que ese individuo viva de un modo particular la relación consigo mismo y el entorno en que vive.

El psicoanálisis mostrará que el sentimiento de culpabilidad que siente Juan está determinado por su historia infantil, por la vicisitudes del modo en que se subjetivizó. Advirtamos que el mandato que rige el modo de pensar de Juan, el mandato prescribe y proscribe sus acciones, el mandato que le informa de la bondad o maldad de su acción -aun cuando está arraigado en un mandato universal, Juan no es un psicótico- toma una forma singular en él.

1.3. El contexto social en que surgen las ideas de Freud

Para dar una medida de lo que Freud introdujo, demos un paseo por el mundo en que él se movía.

Para contextualizar el imaginario social de la época en que Freud introdujo estas nuevas ideas -que cambiaron el modo de concebir el bien y el mal en tanto proponían un novedoso entrelazamiento entre el mundo de los valores y el modo en que se procesaba la sexualidad, no dejemos en el tintero que la sexualidad, a fines del siglo

XIX, era pensada emergiendo en la pubertad, una sexualidad en la que estaba presupuesta la existencia de dos sexos diferenciados que tenían como fin último la reproducción, esto es, acoplarse hombres y mujeres para la preservación de la especie. También formaba parte de las convicciones sociales, congruentes con el "fin reproductivo", que las prácticas y modos de sentir que no entraban dentro de esa sexualidad reproductiva no correspondían con la naturaleza humana normal, eran "aberraciones". Por otro lado, como es lógico, desde esta definición, la sexualidad era un fenómeno a enmarcar y acotar socialmente. Como ejemplo del control y de la sanción que se ejercía sobre la sexualidad que se apartaba de la norma imperante, evoquemos el juicio que se le hizo en Londres a Oscar Wilde[7] a fines del siglo XIX.

Para la concepción victoriana que condenó a Wilde el amor estaba claramente separado del cuerpo, del erotismo; el asco por los placeres conducía al bien, a la religión, a Dios. Esta separación entre cuerpo y espíritu, entre amor y erotismo, en los albores de la modernidad, incluso tenía un correlato en criterios estéticos. Leonardo da Vinci en los *Cuadernos* opinaba que: "El acto de emparejamiento y los miembros de los que se sirve son de una tal fealdad que, si no hubiese belleza de los rostros, los adornos de los participantes y el impulso irrefrenado, la naturaleza perdería la especie humana" (Da Vinci, 2006).

---

[7] Oscar Wilde, en 1895, en la cima de su carrera, se convirtió en la figura central del más sonado proceso judicial del siglo, que consiguió escandalizar a toda la mojigata clase media de la Inglaterra victoriana. Wilde, que había mantenido una íntima amistad con lord Alfred Douglas, fue acusado por el padre de éste, el marqués de Queensberry, de sodomía. Se le declaró culpable en el juicio, celebrado en mayo de 1895, y, condenado a dos años de trabajos forzados, salió de la prisión arruinado material y espiritualmente. Pasó el resto de su vida en París, bajo el nombre falso de Sebastian Melmoth.

Sin embargo este paradigma, que había separado con un escalpelo el amor de la sexualidad comenzó a tener fisuras a mediados del siglo XIX. Un claro ejemplo de este nuevo modo de pensar que reclamaba un lugar para la sensualidad y el erotismo fue la novela *Madame Bovary.*

Al promediar el siglo XIX, después de la oleada de revoluciones liberales europeas, Gustave Flaubert (1821-1880) crea un tumulto al publicar en 1857 *Madame Bovary*. Para medir la importancia que provocó *Madame Bovary*, reparemos que, según la crítica literaria, fue probablemente la novela francesa más influyente del siglo XIX, y es, sin duda, una de las más penetrantes reflexiones sobre el mundo de ese tiempo.

Madame Bovary es un producto de la época y de lo que ella concitaba en su autor.[8] Flaubert escandalizó

---

[8] *Madame Bovary* no fue un escrito desconectado de la vida de su autor y de su entorno. Jean Paul Sartre, en su monumental estudio sobre Flaubert (1973), nos dice que él y su novela, *Madame Bovary*, son productos emergentes de los prejuicios sociales y familiares de su tiempo. La descripción de Sartre sobre Flaubert está enmarcada por su medio social y familiar; Sartre nos muestra que son productos de la época; lo describe a Flaubert como un hombre pasivo, despectivo, que reflejaba en su conducta personal y más tarde en toda su obra, las consecuencias de las difíciles relaciones familiares con las que convivía: una madre poco afectiva, un padre tirano, amén de las dificultades que le traía la emulación que le imponían con su hermano mayor Aquiles.

Sin embargo, pese a surgir de ese entorno Flaubert fue un sagaz observador de ese mundo que le tocó vivir, y así cita Julian Barnes a Flaubert (1994) en *El loro de Flaubert*: "Para pintar el vino, el amor, las mujeres o la gloria, es necesario no ser borracho ni amante ni marido ni soldado raso. Entremezclado con la vida, es difícil verla correctamente, la sufres o la gozas demasiado (...) hay algún borracho que haya escrito la canción que cantan los bebidos" (pág. 160), Para Barnes Flaubert "enseña a mirar cara a cara a la verdad, y a no parpadear ente sus consecuencias; enseña, al igual que Mantaigne, a dormir sobre la almohada de la duda; enseña a diseccionar las partes constitutivas de la realidad, y a observar que la naturaleza es siempre una mezcla de géneros, enseña a no abrir los libros en busca de una píldora social o moral: la literatura no es una farmacopea (pág. 163).

con *Madame Bovary* a sus contemporáneos, al denunciar la insatisfacción amorosa que campeaba en la vida marital de esos tiempos. La Emma Bovary, dibujada por Flaubert, es una aburrida ama de casa de provincia, con una sexualidad encorsetada en un contrato matrimonial desprovisto de vitalidad, de sensualidad, que, tratando de vivir un desesperado amor, abandona a su marido para seguir a Rodolphe. Esta búsqueda del amor era inadmisible para la sociedad de la época, era escandaloso cómo Emma hacía caso omiso de sus deberes de esposa y madre para perseguir ideales románticos. Flaubert fue condenado por el *establishment* social por describir lo que para su tiempo era un comportamiento inmoral de la protagonista.

A fines del siglo XIX y comienzos del XX -cuando Freud escribió sus ideas- el mundo estaba mudando de aires, la sociedad europea estaba discutiendo sus fundamentos.

El advenimiento del nuevo modo de pensar que trajo Freud se dio en el seno de una sociedad cambiante, vital. Para mostrarlo, demos un rápido paseo por la Viena de la época, la Viena de Francisco José, donde se produjo uno de los procesos más atrayentes y sugestivos de la historia de la humanidad.

En ese momento en Viena, la consolidación política de la burguesía liberal[9] contribuyó a forjar el vínculo con la cultura anterior y la tradición imperial; se reforzó esa

---

[9] Johnston, W. (1972) sugiere que lo ocurrido en Viena a fines del siglo XIX tiene uno de sus orígenes en la oleada de revoluciones liberales europeas, ya que por su eficacia la burguesía liberal adquirió un relevante papel político.

Hobsbaum. E. (1975), por su parte, señala con agudeza que "la burguesía no participó en las revoluciones liberales, pero supo aparecer como la opción moderada, estabilizando el régimen, abriendo posibilidades de innovaciones".

"segunda sociedad donde los burgueses en ascenso se encontraban con los aristócratas dispuestos a adaptarse a nuevas formas de poder social y económico, dando de ese modo condiciones de posibilidad a un *entresuelo* en el que la victoria y la derrota pasaran a ser compromiso social y síntesis cultural" (Schorske, 1961, pág. 67).

En ese *entresuelo,* donde nació el psicoanálisis, hirvieron la música dodecafónica con Shöenberg; la arquitectura moderna de la mano de Loos y Otto Wagner; el positivismo lógico con Wittgenstein; el sionismo de T. Herzl; el pangermanismo de Schönerer y Lueger -inspiradores y modelos políticos de Hitler-; la Secesión con Klimt.

Me voy a detener un momento en Klimt, para dar una imagen de color de ese contexto, ya que en su indagación de lo erótico desterró el sentido moral del pecado que había atormentado a sus padres. Klimt en su lugar representó el temor al sexo que acosó a muchos hijos sensibles. Klimt refleja muy bien los cambios que se dan en los modos de concebir la sexualidad en la Viena de esa época. Evoquemos que Klimt -al enmarcar la primera exposición de la Secesión con un sugerente cartel que ilustraba el mito de Teseo asesinando al brutal Minotauro para liberar la juventud de Atenea-, proclamaba la rebelión generacional.

Cuando se consolidó el movimiento de la Secesión, Klimt exploró nuevas formas pictóricas orientando su indagación a la vida pulsional; la mujer en sus cuadros emergió como el símbolo por excelencia de esta alegoría instintiva; la tela *Nuda veritas,* hoy colgada en el Museo Histórico de Viena, muestra una verdad de carne y hueso, una verdad que se identifica con el seductor erotismo femenino. La mujer, en esta obra de Klimt, se exhibe a sí misma y su erotismo, no encarnando un significado abstracto.

Nuda veritas:
http://images.zeno.org/Kunstwerke/I/big/1310013a.jpg

Serpientes bajo el agua:
http://images.zeno.org/Kunstwerke/I/big/72b0009a.jpg

En otra tela de Klimt, *Serpientes bajo el agua* (1904-1907), expuesta en la Galería Weltz, de Salzburgo, la sensualidad femenina es incluso más amenazadora. Lo amenazador, enfatizo lo amenazador, es la comodidad que tienen estas mujeres moviéndose perezosamente en la semisomnolencia de la satisfacción sexual. Estas jóvenes están cómodas retozando en la profundidad, totalmente de acuerdo con el medio viscoso. Lo que estoy diciendo es que estas *mujeres serpientes* de Klimt abruman a los hombres, en tanto éstos se sienten inadecuados frente a una capacidad femenina, aparentemente inagotable, de éxtasis sexual. Las mujeres de Klimt no son vedadas, son turbadoras. La sexualidad que pinta Klimt no es prohibida, es inquietante (Fliedl, 1998).

Al ampliar la mira, y con el propósito de situar mejor ese contexto, digamos que a fines del siglo XIX se inició, en la Viena liberal, una amplia renovación política, artística, arquitectónica e ideológica. Es importante destacar, para comprender lo que sucedió en el campo del arte y a la arquitectura, que un grupo de jóvenes artistas, bajo el nombre de *Die Jungen*, se organizaron para romper con los imperativos académicos dominantes, en beneficio de una actitud abierta y experimental. Los integrantes del grupo *Die Jungen* luego de retirarse de la tradicional Casa de los Artistas vienesa, fundaron en 1897 *la Secesión*, presidida por Klimt.

El movimiento que promovió *la Secesión*, a juicio de Schorske configura una suerte de "revolución edípica", "son productos de la disolución de la confianza de los hijos en las perspectivas de los padres"; Schorske interpreta esta revuelta artística no como una sublevación de artistas marginales, como había sido usual, sino como producto de un conflicto generacional, una revuelta de *Edipo*, una revuelta de hijos contra los padres y su tradición.

1.4. El intrincado tejido que se da según el psicoanálisis, entre la sexualidad y el imaginario social para dar origen a los valores humanos

Con Freud nacía entonces un nuevo imaginario social. Luego de la postulación de Freud nada quedaría igual. Lo que trajo el psicoanálisis, fue instituyente -en el sentido que le da a esta idea Cornelius Castoriadis (1975)- de un nuevo imaginario social en el que se forjaría una nueva mentalidad.[10]

Más tarde se encontrarían los instrumentos conceptuales para dar cuenta del intrincado tejido que se da, según el psicoanálisis, entre la sexualidad, el imaginario familiar y el imaginario social para dar origen a los valores humanos.

En esa línea, diversos autores[11] darían cuenta de la operación mediante la cual cada sujeto queda sujeta-

[10] José Luis Romero (2006) define *mentalidad*, como el "conjunto de costumbres, formas concretas de la vida, ideas operativas que funcionan efectivamente en una sociedad, que no han sido nunca expuestas de manera expresa y sistemática, que no han sido ordenadas ni han sido motivo de un tratado, pero que sin embargo nutren el sistema de pensamiento y rigen el sistema de conducta del grupo social". Romero propone que la *mentalidad* de la época cumple un papel central en las condiciones en que un sujeto humano se subjetiva.

[11] Darían cuenta de esta relación autores como Piera Aulagnier (1975, 1984) y René Käes (1989; 1993).

do a los valores vigentes en una cultura dada, fundamentándolo al postular que "la relación que mantiene la pareja parental con el niño lleva siempre la huella de la relación de la pareja con el medio social que la rodea (...), el discurso social proyecta sobre el *infans* la misma anticipación que la que caracteriza al discurso parental: mucho antes que el nuevo sujeto haya nacido, el grupo habrá precatectizado el lugar que se supondrá que ocupará, con la esperanza de que él transmita el modelo sociocultural (...) el sujeto, a su vez, busca y debe encontrar, en ese discurso, referencias que le permitan proyectarse hacia un futuro, para que su alejamiento del primer soporte constituido por la pareja paterna no se traduzca en la pérdida de todo soporte identificatorio" (Aulagnier, 1975).

Intervalo lúdico: una escena de la plaza

Una tarde de otoño, un tanto destemplada, sopla algo de viento, unos pocos chicos en los juegos acompañados de sus madres.

Penetra en la plaza una mujer joven con un nene de algo más de cuatro años. Pasan al lado de los toboganes y las hamacas. El chico le pide a la madre ir a los juegos, la madre le dice que no. El nene insiste, la madre con tono nervioso ante la insistencia de su hijo, vuelve a decirle que no, que hace frío, su hijo vuelve a insistir y le señala que hay otros chicos en los juegos y que las madres los han dejado estar en los juegos. La madre en un tono y desencajado le dice entonces que hay madres locas y que ella no es una madre loca.

1.5. La madre, portavoz de los valores sociales

La madre de nuestra escueta anécdota transmite a su hijo sus valores, y los fundamenta en valores sociales que, como el modo en que los enuncia se coloca a la diestra de Dios, en tanto encarna criterios de cordura.

La madre es el "portavoz" de un discurso que, a juicio de ella, representa los valores sociales de lo que es racional, adecuado, etc. Es la vocera de los enunciados de un contrato social que está vehiculizado a través de ella y coloreado por sus propios colores.

1.6. El contrato que debe hacer cada infans con los enunciados de fundamento sociales

El contrato[12] que debe hacer propio cada *infans*, para advenir sujeto humano, con los "enunciados del fundamento" sociales, tienen como condición que se preserve una concordancia entre lo que prima en el campo social y lo que se enuncia en el campo lingüístico. Para que estos enunciados ejerzan su función se requiere que sean instituidos en el *infans* como palabras de certeza y que entonces su repetición aporte la certeza de la existencia de un discurso en el que la verdad acerca del pasado de ese orden social está garantizada, con el corolario de la creencia en la posible verdad acerca de las previsiones que esa misma sociedad hace sobre el futuro.

---

[12] Lo que Piera Aulagnier denomina "contrato narcisista" en *Violencia de la interpretación* (1975).

2. Freud no previó lo que sus ideas iban a producir

He venido sugiriendo que el nuevo modo de conjeturar la sexualidad y el mundo de valores que traía el psicoanálisis fue una de las levaduras que llevaría a conmover los enunciados de fundamento de la sociedad. También tengo que decir que, aunque parezca irreverente, intuyo que Freud no previó cabalmente la ola que sus ideas iban a producir.

2.1. La no articulación entre sexualidad y reproducción

Algunas consecuencias: digo lo anterior porque, si bien en *Tres ensayos sobre teoría sexual* está implícita la no articulación entre sexualidad y reproducción, no resulta creíble que Freud previera la envergadura que iba a tener la radical desarticulación que se ha dado, y que se va a seguir dando, entre ellas. En esa línea, tampoco tenemos que dejar de advertir que, a raíz de las nuevas técnicas reproductivas, sexualidad y reproducción devendrán probablemente no solamente no articuladas, sino heterogéneas.

2.2. Los enunciados de fundamento del siglo XX

La revolución sexual que se produjo en el siglo XX, en particular después de la segunda mitad, inauguró nuevos enunciados de fundamento originando nuevas subjetividades, y a la vez dio lugar a nuevos lazos sociales y amorosos. Por un lado, es evidente que esta revolución al levantar represiones prometía un mundo más libre, más rico, más creativo, más alegre.

Para explorar el tema, digamos de inicio que la literatura del siglo XX hincó fuerte en este nuevo sujeto conflictuado por su anhelo de amor que, a la vez había perdido el inequívoco marco de los enunciados de fundamento del siglo XIX.

Tomaré como ejemplo privilegiado de este sujeto moderno que vivió en los comienzos del siglo XX, que perdía un mundo seguro, el que describió Virginia Wolf.[13] Recordemos entonces cómo Virginia Wolf, con contenidos revulsivos, se atrevió a narrar transgresiones sexuales como las que quedan expuestas en *Orlando* (1928).

Convengamos que hay una solución de enorme continuidad desde la subjetividad de Emma Bovary a Mrs Dalloway (1993) o Bernard (1990). Lo que en Flaubert era una denuncia a la pacatería victoriana, en Virginia Woolf es un aullido, un grito que hace temblar la sociedad.

Pero estos cambios que se empezaron a dar en el imaginario social todavía fueron mucho más allá después de la Segunda Guerra Mundial. De la mano de la *revolución sexual* de la posguerra cayeron tabúes, y la sociedad fue más permisiva con una sexualidad que se salía del formato de los ideales victorianos; empezaron a adquirir carta de ciudadanía, no sin sobresaltos, formas de relación que hubiesen sido pensadas como inadmisibles para los enunciados de fundamento anteriores.

Para evocarlos me voy a permitir recordar las reacciones y movimientos que se produjeron cuando Vladimir

---

[13] Vemos la escritura revulsiva de Virginia Woolf cuando a través de Bernard, en *Las olas* (1990), afirma: "Empiezo a desear un lenguaje parco como el que usan los amantes, palabras rotas, palabras quebradas, como el roce de las pisadas en la acera, palabras de una sílaba como las que usan los niños cuando entran en un cuarto donde su madre está cosiendo y cogen del suelo una hebra de lana blanca, una pluma, o un retal de chinz. Necesito un aullido, un grito.

Nabokov publicó en 1955, *Lolita*.[14] Éstas iban del éxtasis al ultraje. Graham Greene, en una entrevista publicada en esos tiempos en Londres, proclamó que *Lolita* era uno de los mejores libros del año. En el mismo diario se le respondió a Greene que *Lolita* "era el libro más asqueroso" y que se trataba de "pornografía libre escarpada".

En consonancia con el rechazo social que suscitó la novela de Nabokov, el Ministerio del Interior británico

---

[14] Todavía conmueve, cuando Nabokov dice en *Lolita* (1955): "Entre los nueve y los catorce años de edad, aparecen niñas que, ante la mirada de algunos atónitos viajeros, dos o tres veces mayores que ellas, revelan su auténtica naturaleza, que no es humana sino nínfica (entendamos demoníaca); y, para esas criaturas, elegidas, propongo el nombre de *nymphets*".

La Lolita de Nabokov es una niña/mujer..., de doce años y siete meses, de inquietante encanto, inocente impudor y esa punta de vulgaridad que caracteriza a la *nymphet*. El otro personaje de la novela es Humbert Humbert, europeo, en la cuarentena, que vive en Estados Unidos desde hace poco tiempo. Humbert descubre a Lolita en una pequeña ciudad donde pasa sus vacaciones. Para poseer a la niña se casa con la madre, quien muere al poco tiempo. Humbert lleva a Lolita, después de la muerte de su esposa, a un hotel llamado *Los cazadores encantados*, le da un somnífero, pero no se atreve a aprovecharse de su sueño; su meta no era tener sexo con Lolita, ella nunca debía saber lo que él hacía. Pero por la mañana, Nabokov, en su novela sube la apuesta, Lolita pasa de víctima inocente a seductora. Lolita seduce a Humbert.

Nabokov relata entonces la larga huida de Lolita con su padrastro de un extremo a otro de Estados Unidos. Más tarde, Lolita escapa con otro hombre de edad madura al que Humbert mata. Como remate de la novela, Lolita, casada con un joven y honesto técnico, muere en el parto a los diecisiete años. Pocas semanas después Humbert, gracias a un ataque cardíaco se libra de la pena capital.

Aún hoy, la maravillosa novela de Nabokov estremece, en tanto pone dentro de nuestro mundo una sexualidad difícil de digerir. Incluso se puede decir que es difícil para el paladar de Nabokov, pues necesita para su novela un final trágico. Sin embargo, en el estremecimiento que produce, no hay que perder de vista que Nabokov explora con su audaz narrativa formas de sexualidad impensables previamente, pero hay un borde: Humbert no es el padre de Lolita, es el padrastro, y Lolita tiene por lo menos catorce años.

ordenó a funcionarios de costumbres secuestrar todas las copias de *Lolita* que entraban en el Reino Unido, y se ejerció presión sobre el ministro francés del Interior para prohibir el libro. El 20 de diciembre de 1956, la policía de París lo incautó, y *Lolita* estuvo prohibido en Francia durante dos años.

La narrativa de Nabokov es uno de los tantos hitos, por cierto un hito magistral, de una sexualidad que se abrió paso en el siglo XX, sin pedir permiso, por fuera de los ideales victorianos del siglo XIX, por un lado cada vez más alejada de la reproducción y por otro explorando horizontes cada vez más extensos para su realización.

2.3. Al desarraigo entre la sexualidad y la reproducción se suma el desarraigo entre la sexualidad y el amor

Al anterior desarraigo -entre la sexualidad y la reproducción-, se sumaría además que, en la posmodernidad, se está desanudando uno de los más sólidos pilares sobre los que se asentó la modernidad, la mutua implicación entre la sexualidad y el amor.

¿Qué quiero decir con la mutua implicación entre la sexualidad y el amor? Me refiero a esa gran construcción del siglo XX: la pareja moderna, la pareja fundada en la ilusión de reciprocidad amorosa.

Alrededor de 1920 -como producto de los cambios que se estaban dando en los modos de pensar, los cambios sociales, el nuevo lugar de la mujer-, había dejado de ser hegemónico el matrimonio concertado, y emergió entonces una idea innovadora que atravesó todas las clases sociales en Occidente. En adelante, se afirmó que los lazos matrimoniales debían estar asentados en un sentimiento recíproco. Es conmovedor como relata Anne-Marie Sohn[15] la aparición de este nuevo modo de relación.

Así se abrió paso en el siglo XX, aunque con dificultades, un género de amor que se ilusionaba con la reciprocidad, un amor que se unía al erotismo. Se fundaba de este modo lo que se ha llamado la pareja moderna, una pareja libremente elegida, una pareja construida sobre los pilares de la ilusión de amor recíproco. Esta ilusión, no por ilusoria dejaba de ser estructurante de esta nueva manera de constituir la pareja.

La pareja tuvo desde esos años, como modelo dominante, su inicio en el enamoramiento -una novedad respecto de los modos previos-, y no las conveniencias de las familias de origen como había sido usual hasta entonces. El enamoramiento se convirtió en la peana en la que se apoyaba y abrevaba la convicción -la quizá disparatada certeza- de que el amor "podía consumarse", que era posible la reciprocidad en el amor y que en el seno de esa reciprocidad el amor encontraba su consumación.

Sin embargo, a despecho de la provocativa, y quizás acertada frase de Lacan "*Il n'y a pas de rapport sexuel*" (que puede traducirse como "no hay relación sexual", o "no hay proporción sexual en la pareja", o "no hay reciprocidad en el amor"), la subjetividad de la pareja moderna

---

[15] Anne-Marie Sohn, profesora de historia contemporánea en la Universidad de Ruan, dice: "Después de siglos de inhibiciones, frustraciones, represiones aparece entonces esa cosa tan inconfesable, tan ocultada, tan deseada, que surge tímidamente de la penumbra: el placer (...) La revolución amorosa que se desarrolla de 1860 a 1960 es discreta pero ineludible. ¡Basta de ese recato hipócrita, de esa vergüenza de su propio cuerpo, de esa sexualidad culpable que consolida la infamia de los hombres y la desdicha de las mujeres! ¡Nada de matrimonio sin amor! ¡Nada de amor sin placer!" (Simonet, 2005).

ha estado marcada, y en algún sentido lo sigue estando, por la convicción que esto no es así.

Las parejas en la modernidad se han constituido, se han formado, sobre la premisa que dice que es posible consumar el amor en la pareja, que es posible una reciprocidad en el territorio del amor. De hecho, algunas áreas de nuestra experiencia, en particular la que tiene que ver con la vida en pareja y la vida familiar, parecen depositarias privilegiadas de esa convicción aun hoy en día.

Lo que estoy diciendo es que el amor sensual, que había sido imaginado y glorificado por el romanticismo en el siglo XIX, finalmente encontró su generalizada realización social en los inicios del siglo XX. Sin embargo, este nuevo estilo de amar no quería ser un recién llegado, y entonces, como suele ser habitual, escudriñando una prosapia que lo ennobleciera, este nuevo modo de pensar y sentir -el amor recíproco-, buscó una tradición que lo avalara, y decía encontrar raíces en los albores del medioevo con el mito de Tristán e Isolda[16] y en el *amor cortés.*[17]

---

[16] El amor recíproco -asociado al erotismo-, encontró un relato, al decir de los comentadores, que se supuso fundante. Se trataba del mito de Tristan e Isolda, que empezó a relatarse en el siglo XI (Rougemont, 1961). Esta narrativa -también presente en esos años en los amores de Abelardo y Eloisa- más tarde tiene una fuerte estación en el Romeo y Julieta de Shakespeare, quien, como sabemos, da cuenta de lo que la pasión puede acarrear en este amor mutuo, un amor ciego a las razones de la razón. Este amor mutuo, recíproco, finalmente toma toda su fuerza en el imaginario social del siglo XIX en el pensar y escribir de los románticos que descubrieron simultáneamente el lirismo de los trovadores y el hecho religioso.

[17] La otra fuente a la que recurrió el romanticismo para fundamentar su perspectiva era el amor cortés, que surgió en el seno de la aristocracia feudal en la Provenza de fines del siglo XI, al abrigo de los mitos, la poesía, y la novela romántica (Duby y Perrot, 1990).

Se asumía en el amor cortés el erotismo, y se lo enaltecía al asociarlo con el amor mediante un código ético. En este código, se pensaba el amor como un fenómeno volitivo y libre. Esta nueva visión, que unía el amor al erotismo, rompía con el paradigma cristiano y las costumbres sociales de

Convengamos también que a fines del siglo XX y los albores del XXI, este anudamiento entre sexualidad y amor que se había dado en el imaginario social occidental en los comienzos del siglo XX, al son de la posmodernidad, se esta aflojando; su desanudamiento ha provocado y provoca innumerables polémicas a las que no podemos estar ajenos.

2.4. Una imaginaria discusión ejemplar: Marcuse y Foucault

Por cierto, vivimos en un mundo en transición -quizás no haya habido época que no lo haya sido-, pero en cada momento de la historia, los que lo habitan suponen normalidades que los nuevos tiempos ponen en crisis y suelen creer, con algo de nostalgia, que al haberse perdido los soportes dados por los enunciados de fundamento de la sociedad en la que nacieron y crecieron, viven en una sociedad anómica y entonces luchan por mantener los enunciados previos.

Tenemos que consentir que, en el curso del siglo XX, se han dado importantes polémicas en torno a cómo concebir la sexualidad, polémicas a las que los psicoanalistas no podemos permanecer ajenos.

---

la época. Tengamos en cuenta que en el amor cortés estaba implícito el goce erótico sensorial y físico.

Abraham T. (2005) opina que es central en este nuevo modo de amar que adviene con el amor cortes, el lugar diferente de la mujer. Dice: "El amor renace en los comienzos del milenio (...) El amor llega con su nuevo rostro y marcará el nuestro con hierros humeantes (...) La mujer hace su entrada en la historia como poetisa, promotora cultural, abadesa en jefe, dueña de feudos (...) No es la liberación de la mujer, sino el nacimiento de la Dama.

En este punto, me parece interesante contraponer a Marcuse y Foucault, en tanto polos ejemplares de esta discusión en el siglo XX.

Es parte de nuestra responsabilidad en este tema construir teorías que zanjen, superen, la aparente oposición que se trazó entre la "hipótesis represiva", planteada por Marcuse -que se blandía en nombre del psicoanálisis en el mayo parisino- y la respuesta de Foucault sobre el papel instituyente del *poder* sobre la sexualidad.

Repasemos brevemente sus argumentos.

Como parte de la revolución sexual, la hipótesis represiva -la lucha contra la represión sexual- tuvo buena prensa en los años sesenta. Los intelectuales de esa época, en particular Herbert Marcuse, invocando a Freud y Marx, pugnaron por la demolición de la represión sexual.

Recordemos que Marcuse, en *Eros y civilización* (1969), partía de la tesis de Freud de malestar en la cultura, acerca de que la civilización necesita una restricción del principio del placer. A partir de la proposición: "En tanto la civilización estaría llegando a su madurez", aducía que "la existencia de la misma dependía de la abolición gradual en todo lo que constreñía las tendencias instintivas del hombre".

Según Marcuse la abolición de la represión llevaría al fortalecimiento de los instintos vitales, y entonces se liberaría el poder constructivo de Eros. Marcuse suponía que los logros alcanzados por las culturas occidentales habían creado los prerrequisitos para el surgimiento de una civilización no represiva.

Esta hipótesis inspiró ideológicamente, al menos parcialmente, los ideales libertarios de la revuelta de Mayo de 1968: evoquemos que uno de los *graffitis* más populares pintados en las paredes del *quartier latin* de París decía "prohibido prohibir". También esta lucha contra la *hipótesis represiva* cundió en esos años en el campo del psicoanálisis y en el territorio de la salud mental de la mano de la antipsiquiatría.

Me interesa destacar, contraponiéndolo a Marcuse, cómo Foucault (1987) criticó la concepción que cuestionaba el sesgo represivo que se le atribuía al poder. Reparemos que para la *hipótesis represiva* el poder daba lugar a la "represión sexual".[18]

Foucault propuso en cambio una idea que trataba de comprender el complejo entramado de las relaciones de poder en el dominio de la sexualidad, realzando las teorías que apuntaban a la represión como motor necesario del proceso.

La tesis fundamental de Foucault en este texto es que en la historia se han acumulado discursos acerca del sexo, "discursos diversos pero todos, cada uno a su manera, coactivos" (1987). La aparentemente inocente "voluntad de saber" que subtitula el libro, carácter básico de la actitud ilustrada queda desenmascarada por Foucault como verdadero ejercicio de poder y dominación: cuando el saber penetra un ámbito aun virgen para el análisis y la comprensión (como el sexo), genera -según Foucault- un nuevo sistema de relaciones que se disparan y se autodefinen al margen del sujeto cognoscente, siguiendo su propio dinamismo que es la lógica del poder.

En la perspectiva propuesta por Foucault, el lenguaje habla a través nuestro. Foucault señala el lenguaje como instituyente del sujeto del discurso con la famosa frase de "no hablamos el lenguaje sino que él nos habla". Con este punto de vista se inaugura una nueva teoría de la comprensión, mucho más explicativa que la romántica, que se basaba, en la perspectiva de Foucault, en principios cuasimísticos.

Foucault explica, en ese sentido, la "aparición" de la sexualidad por la tematización que el lenguaje de la

---

[18] Es destacable en esta cruzada contra la represión sexual desde el poder lo que previamente había planteado Wilhelm Reich (1933).

modernidad hace de la realidad del sexo. Según Foucault, no debemos pensar el discurso como el estrictamente escrito o puesto en palabra oral, "el propio mutismo, las cosas que se rehúsa decir o se prohíben nombrar, la discreción que se requiere entre determinados locutores, son menos el límite absoluto del discurso que elementos que funcionan junto a las cosas dichas, con ellas y a ellas vinculadas en estrategias de conjunto" (1987).

Como vemos, el término clave de Foucault es el de poder, término con el que explica cómo la lógica de las estructuras impersonales resulta deducible a partir de la manera en que chocan en el espacio social; las nuevas instancias impersonales son decididas, para Foucault, por los paradigmas epocales. Por eso Foucault dice: "Si la sexualidad se constituyó como dominio por conocer, tal cosa sucedió a partir de relaciones de poder que la instituyeron como objeto posible" (1987).

Sugiero, en este punto de este texto, que Freud previó con claridad que la cuestión respecto de la sexualidad no consistía sólo en liberar a sus pacientes de las "represiones sexuales", advirtió también acerca del papel instituyente y simbolizante que resultaba de acotar, limitar el despliegue de la pulsión. En ese sentido, creo que Freud no estaba en las antípodas del Foucault de *Historia de la sexualidad,* en especial cuando el francés hacía, además de un análisis genealógico de la sexualidad, una exposición profunda y definitiva de lo que era su concepto por antonomasia, "el poder", concibiendo la sexualidad como un dispositivo histórico producido por él.

Siguiendo con Foucault, digamos que propone que se ha construido un artefacto para producir discursos sobre el sexo, siempre más discursos, susceptibles de funcionar y surtir efecto en su economía misma.

La relación saber-poder es básica en el planteamiento de Foucault, se puede decir que es su descubrimiento fundamental, así, partiendo de la inspiración heideggeriana y nietzscheana (sobre todo), coloca el saber de la modernidad, que es estrictamente discursivo, en un ámbito que escapa a la voluntad del sujeto y se guía por las leyes del complejo entramado de poder que lo constituyen : "La verdad no es libre por naturaleza, ni siervo del error, sino que su producción está toda entera atravesada por relaciones de poder". "La mecánica del poder que persigue toda esa disparidad no pretende suprimirla sino dándole una realidad analítica, visible y permanente". A partir de aquí el desarrollo del dispositivo de la sexualidad irá transformándose, de la mano de Foucault, poco a poco, en protagonista social.

2.5. Umberto Eco y Carlo María Martini

Otro interesante ejemplo de esta discusión, en torno a cómo se fundamentan los imperativos éticos en estos tiempos, es la que mantuvieron públicamente Umberto Eco y Carlo María Martini (obispo de Milán) a través de un memorable intercambio epistolar en un diario de Milán.[19]

2.6. Ratzinger y Habermas

Entre esas polémicas, también ocupa un lugar significativo -tratando de mantener unido algo que, como dije antes, la posmodernidad está desagregando- La Carta

---

[19] Este intercambio consistió en ocho cartas que se enviaban Eco y Martini a través de la revista *Liberal*, cuyo primer número se difundió el 22 de marzo de 1995. Este intercambio se publicó más tarde en *En qué creen los que no creen* (1998), del que están extraídas las citas del epígrafe.

Encíclica *Deus Caritas Est* (Dios es amor) de Benedicto XVI, sobre el amor cristiano (Ratzinger, 2005).[20]

En esa encíclica, Ratzinger continúa una línea de pensamiento que viene desarrollando sobre estas cuestiones desde hace años. Dentro de las intervenciones del nuevo Papa, ocupa una esfera destacada la polémica que sostuvo, antes de acceder al papado, con Jürgen Habermas.[21]

La discusión de 2004 entre Ratzinger y Habermas es muy sofisticada. Se puede decir, simplificándola, que debaten alrededor de la existencia o no de valores absolutos, esto indudablemente implica también poner en discusión los fundamentos del *imperativo categórico.*

Ratzinger[22] sostenía que hay valores absolutos. En cambio Habermas,[23] un descendiente de la racionalidad

---

20 Primera Encíclica del pontificado de Benedicto XVI, dada en Roma el 25 de diciembre de 2005. Extraído de www.corazones.org, página de Las Siervas de los Corazones Traspasados de Jesús y María.

21 Esta discusión tuvo lugar en enero de 2004 en la Academia Católica en Baviera, que reunió al entonces cardenal Joseph Ratzinger (Baviera, 1927) con el filósofo Jürgen Habermas (Düsseldorf, 1929), aunque sobre esta cumbre intelectual se mantuvo entonces discreta reserva. Se puede acceder a las ponencias en el dossier preparado por el profesor Manuel Jiménez Redondo para el curso de doctorado "El discurso filosófico de la Modernidad", Universidad de Valencia, marzo de 2004, extraído de www.avizora.com.

22 El verdadero enemigo de la humanidad, para Ratzinger, es el relativismo moral, sin dudas amplificado según él por el posmodernismo, pero, a su juicio, no es un exclusivo efecto de éste, sino también de la propia modernidad. Los valores firmes, según Ratzinger, no surgen de los caprichos personales del individuo ni pueden fundarse siempre de manera racional o democrática. Esto último es claro para él en el ejemplo de los Derechos Humanos. ¿Acaso las mayorías que votaron y llevaron legalmente a Hitler al poder en Alemania hubieran consagrado la dignidad humana, arguye Ratzinger? Hay valores que se sostienen por sí mismos, sin necesidad de argumentos o consensos. No es sensato postrarse ante el fetiche del yo moderno ni el de sus mayorías; éstas no siempre tienen razón.

23 En una perspectiva distinta, Habermas arguye que un problema para los laicos es que tienen dificultades para afirmar valores sin recurrir a los res-

de la ilustración y el iluminismo, abonaba una visión pluralista que tuviera en cuenta el relativismo cultural. Habermas sugería que no se debiera recurrir para fundamentar los valores a respaldos trascendentes o confesionales. Él quisiera que bastara la sola razón.

Continuando, al menos parcialmente, la polémica anterior, Ratzinger destaca en su primera Encíclica (2005) que "la multiplicidad de significados del amor[24] tiene, como arquetipo por excelencia, el amor entre el hombre y la mujer, en el cual intervienen inseparablemente el cuerpo y el alma, y en el que se le abre al ser humano una promesa de felicidad que parece irresistible, en comparación

---

paldos trascendentes o confesionales que pretenden negar.

La secularización -vale decir, el proceso de replanteo en términos laicos del antiguo universo conceptual de la cultura religiosa- amenaza con vaciar el sentido mismo de esos conceptos, que son también valores. ¿Cómo se justifican, para Habermas por ejemplo, el derecho y el Estado? Esta pregunta fundamental para la política constituyó el centro de la discusión en Baviera entre Ratzinger y Habermas. Desde la filosofía de Habermas -una variante del liberalismo político-, el respaldo de las instituciones ya no puede ser religioso o metafísico: debe ser racional. La ley que regula al Estado se fundamenta en las mismas condiciones que hacen posible el diálogo entre ciudadanos, quienes están involucrados de una u otra forma en el procedimiento legislativo. La argumentación es la fábrica de legitimidad del sistema. En esta visión, es el propio proceso democrático el que genera el imprescindible consenso hacia un sistema que pretende apoyarse no en la represión y más en el acuerdo -más imaginario que real- de sus integrantes. Una derivación importante es que el Estado democrático evita dar instrucciones sobre la felicidad o fijar orientaciones acerca del sentido de la vida. Es neutral, dice Habermas, respecto de las visiones del mundo. Sus ciudadanos pueden adoptar la que prefieran; son libres de pensar y actuar como quieran siempre que respeten la legalidad vigente.

24 Ratzinger en su encíclica está tomando las distinciones griegas acerca de los diversos matices del amor. Los griegos usaban numerosas palabras además de *philia* (amor de amistad) y *eros*. *Eunoia* designaba la abnegación; *ágape*, el afecto desinteresado; *storge*, la ternura; *pothos*, el amor de deseo; *charis*, el agradecimiento; *manía*, la pasión desencadenada (Ferrater Mora, 2009).

del cual palidecen, a primera vista, todos los demás tipos de amor". El Papa plantea, entonces, la pregunta: "Todas estas formas de amor ¿se unifican al final, de algún modo, a pesar de la diversidad de sus manifestaciones, siendo en último término uno solo, o se trata más bien de una misma palabra que utilizamos para indicar realidades totalmente diferentes?". Ratzinger reivindica ante la pregunta que ha hecho la unión de *eros*, *philia* y *ágape*.[25]

Más tarde, el Papa sube la apuesta en esa Encíclica y, a la ofensiva, opina que es injusta la crítica que se le ha hecho, según él desde la ilustración, cuando se ha dicho que el cristianismo ha destruido el *eros*. Sin embargo, casi dando razón a lo que según él se critica, define a *eros* como una versión descarriada del amor. En esa línea dice: "El *eros ebrio e indisciplinado* no es elevación, 'éxtasis' hacia lo divino, sino caída, degradación del hombre, resulta así evidente que el *eros* necesita *disciplina y purificación* para dar al hombre, no el placer de un instante, sino un modo de hacerle pregustar en cierta manera lo más alto de su existencia, esa felicidad a la que tiende todo nuestro ser". Dice más adelante que esta argumentación "no es rechazar el *eros* ni 'envenenarlo', sino *sanearlo* (*sic*) para

---

[25] Para afirmar su tesis acerca de la unión de las diversas formas del amor, Ratzinger afirma que "*eros* y *agapé* -amor ascendente y amor descendente- nunca llegan a separarse completamente. Cuanto más encuentran ambos, aunque en diversa medida, la justa unidad en la única realidad del amor, tanto mejor se realiza la verdadera esencia del amor en general. Si bien el *eros* inicialmente es sobre todo vehemente, ascendente --fascinación por la gran promesa de felicidad-, al aproximarse la persona al otro se planteará cada vez menos cuestiones sobre sí misma para buscar cada vez más la felicidad del otro, se preocupará de él, se entregará y deseará "ser para" el otro. Así, el momento del *agapé* se inserta en el *eros* inicial; de otro modo, se desvirtúa y pierde también su propia naturaleza. Por otro lado, el hombre tampoco puede vivir exclusivamente del amor oblativo, descendente. No puede dar únicamente y siempre, también debe recibir. Quien quiere dar amor, debe a su vez recibirlo como don".

que alcance su verdadera grandeza" (los destacados en cursiva me pertenecen).

La Encíclica de Benedicto XVI, a mi juicio, sale al cruce de la aparición de nuevos modos de subjetivación y novedosos lazos sociales. Benedicto XVI seguramente sabe que las ideas sobre la sexualidad, en los comienzos del siglo XXI, están recibiendo noticias que, por un lado, amenazan con liquidar todo posible nexo entre sexualidad y reproducción, y por otro, afloran lazos sociales que ponen en cuestión el modo en que él anuda la sexualidad y el amor.

2.7. Las nuevas configuraciones familiares y la desarticulación entre la sexualidad y el amor

Dentro de estas "nuevas" que anticipan esta mayor desarticulación, a modo de ejemplo, citemos que Henry Atlan publicó en Francia *L'utérus aritificiel* (El útero artificial),[26] anunciando que el siglo XXI verá nacer un bebé por ectogénesis (desarrollo de un embrión fuera del organismo humano), es decir, de un útero artificial. Atlan nos anticipa, en su ensayo, que se concretará lo que narró

[26] Henry Atlan nos cuenta en su nuevo libro, *L'utérus aritificiel* (2005), que, tras el auge de la reproducción *in vitro*, la nueva frontera de la ciencia es la reproducción fuera del cuerpo de las mujeres. Provocativamente anuncia que la mecanización de la gestación ha dejado de pertenecer al ámbito de lo imposible para entrar en el de lo probable. Aunque muchas mujeres, seguramente, seguirán prefiriendo seguir gestando niños en su útero, es probable que, según Atlan, algunas, o muchas, elijan no transitar por un embarazo. Resulta evidente que la separación entre sexualidad y reproducción, de la mano de las nuevas tecnologías se acentuará, es posible que en la ectogénesis, los hombres y las mujeres sólo cuenten, a la hora de dar un óvulo y un espermatozoide, o ni siquiera eso, con la difusión de la clonación.

A. Huxley en *Un mundo feliz*. El *mundo feliz* de ficción de Huxley se está asomando en la sociedad.

Otra "nueva" es que hoy en Occidente asistimos a la coexistencia de configuraciones familiares de la modernidad con otras, nacidas en la posmodernidad, configuraciones que, por cierto, ya tienen un lugar y una legalidad en la sociedad: familias ensambladas, familias reconstituidas, familias homoparentales, familias monoparentales, parejas gay, parejas de lesbianas, etc. Junto a estas configuraciones familiares convivimos, además, con vínculos estructurados según otros paradigmas culturales y también con familias con un alto grado de anomia. Este listado corto, con diferentes modos de vínculo, marcan nuevas y diversas formas de subjetivación. Pero esto no es todo, la transición no para. El mayor hiato que, a la luz de lo que nos anticipa Atlan, se dará entre sexualidad y reproducción, y del aflojamiento del nudo que se había conseguido entre la sexualidad y el amor, traerá como inevitable consecuencia nuevos modos de relación. Seguramente la polaridad masculino-femenino tienda a atenuarse y asistamos a la emergencia de nuevas prácticas y modos de sentir en torno a la sexualidad, bajo las formas de novedosos e impensables, para nosotros, lazos sociales.

Podemos anticipar una gran discusión, quizá sea uno de los grandes temas de este siglo que recién empieza, y seguramente incidirá en nuestra clínica. Es probable que buena parte de nuestra teoría para explicar un hombre, que se culturalizaba con los enunciados de fundamento modernos, entre en crisis.

Es importante cómo pensaremos el modo de instituirse el imperativo categórico en una sociedad en la que se están desarmando las matrices familiares en las que de inicio fue concebido.

3. El psicoanálisis y el "mal radical".

Partiendo de lo anterior, me ocuparé de la cuestión del "mal radical".

La noción de "mal radical" contiene, a mi juicio, pensar "el mal" incluido en la naturaleza humana, o dicho en otras palabras incluye conjeturar un *sujeto natural.* He ido proponiendo que el *hombre natural* que glorificó Rousseau (1762) para ser humano tiene que culturalizarse, *los* humanos no nacemos como tales, no hay tal sujeto natural, sólo advenimos humanos al ser impregnados y marcados por las imposiciones culturales.

En esa línea, así como Leonardo da Vinci afirmaba que "el arte es cosa mental", yo propongo que el "mal es cosa mental", lo que implica concebir un mundo y los valores axilógicos que lo sustentan desde capacidades humanas, sin el auxilio de la revelación divina.

Más allá de cualquier hipotética cura futura de naturaleza biológica, neurológica o química -si bien son curas que Freud alguna vez profetizó-, la cura psicoanalítica -sus indicaciones, sus límites y los modelos teóricos en que se apoya- tiene lugar en un espacio que se constituye alrededor de un sujeto no natural, el sujeto del inconsciente; más aún, diría que el psicoanálisis no se ocupa, no concibe un *sujeto natural.*

En redundancia, la subjetividad humana es un producto de la cultura, la subjetividad humana nace, más precisamente se instituye, en el cruce que se da entre la familia, imponiendo los enunciados de fundamento de la cultura y un *infans* que, para devenir humano, debe recibir esas imposiciones y tomarlas como propias. También necesito decir que como producto de este cruce surge lo que vivenciamos como nuestro Yo.

El psicoanálisis, por lo que he ido señalando, ha acuñado un saber sobre la sexualidad en un nicho que se distingue tanto del descrito por la biología como de las estipulaciones culturales acerca de ella.

Esta distinción trae aparejada para los psicoanalistas por un lado preservar la especificidad de su saber y por otro dar cuenta de las relaciones, apoyos, apuntalamientos y discontinuidades que guarda con esos otros campos.

Esta tarea es difícil en tanto lo que el psicoanálisis propone no es fácil, ni rápidamente articulable con los otros territorios, aunque no podemos permanecer ajenos a lo que se produce en ellos y ver cómo nos afecta. En esa tarea no se trata ni de aislar el psicoanálisis, ni de importar a-críticamente modelos de los otros campos.

Para situar algunos de los problemas que nos traen estas relaciones diría que:

- Hoy nos encontramos con corrientes de pensamiento que intentan concebir la subjetividad humana como un epifenómeno de determinaciones anatómicas, genéticas y bioquímicas.
- Sugiero que la biología y el psicoanálisis abren ventanas en las que se producen conocimientos heterogéneos.
- Si bien no podemos desconocer que el siglo XXI será sin duda una época en la que, después de haber conseguido el completamiento del "genoma humano", no dejará de sorprendernos con los avances que se conseguirán en el campo de la genética, no deberíamos confundir lo que aporta el psicoanálisis respecto de la sexualidad y la subjetividad con el conocimiento que trae la biología.
- Escuchamos un insistente discurso que intenta instalar una axiología basada en valores absolutos respecto de la sexualidad, una axiología derivada de un presunto "orden natural", desconociendo la amplitud y la versatilidad que toma en cada individuo su posicionamiento sexual.

Es importante preservar la especificidad de nuestro saber acerca de la subjetividad y la sexualidad: un saber acerca del deseo sexual que fundamenta una respuesta singular respecto de la diferencia sexual; un saber que comprende la sexualidad a partir de lo determinado por el deseo sexual.

Lo inconsciente, en mi perspectiva, llega a tener existencia en una subjetividad humana que se origina en el cruce que se produce en el encuentro entre el cuerpo del *infans* y los enunciados de fundamento que impone la cultura. No tiene sentido la noción de inconsciente, tal como la concibe el psicoanálisis, por fuera de una subjetividad instituida por la cultura.

Si bien al nacer tenemos reacciones de alarma instintivas como *el reflejo de Moro,*[27] los humanos, en este proceso que nos es impuesto, los sentimientos que experimentamos y la calificación que les adjudicamos, en tanto humanos, no son producto de reacciones -instintivas- predeterminadas, pre-experienciales.

Sólo es posible ser humano en lo que construimos con la herencia que recibimos en la relación humanizante con otros humanos; la cultura organiza un mundo humano con una regla organizativa central: el "tabu del incesto". Al instituirnos como sujetos en el seno de las reglas que rigen en la estructura de parentesco nos instaura como sujetos del inconsciente (Aulagnier, 1975).[28]

---

27 El recién nacido tiene muchos reflejos neurológicos. El reflejo más visible y más importante es el reflejo de Moro: cuando al recién nacido se le mueve bruscamente o nota alguna alteración del equilibrio, e incluso cuando hay un ruido fuerte, extiende sus brazos y piernas, dobla el cuello y la espalda hacia atrás para acabar cerrando los brazos. El recién nacido irá perdiendo los reflejos durante los primeros meses, y con la desaparición de estos reflejos aparecen los actos y movimientos conscientes.

28 Piera Aulagnier, teoriza este problema alrededor de la noción de "contrato narcisista" en *Violencia de la interpretación.*(1975).

Para describir más coloquialmente qué queremos decir con ser instituidos por la estructura del parentesco, podríamos señalar que para integrar la comunidad humana tenemos que aceptar que la cultura regule la emisión de nuestras excretas, proscriba ciertos vínculos que serán caracterizados como incestuosos, prohíba que por la rivalidad que nos produce intentemos matar a nuestros rivales, esto es, que haya una interdicción del parricidio, aceptemos un principio de igualdad basado en la renuncia de todos a todo lo que la cultura veda.

Esta coacción, que instituye nuestro modo de sentir y pensar dentro del pentagrama dado por la estructura de parentesco, como he señalado, impone renuncias instintivas. Este proceso de represión lleva a la emergencia y represión de deseos y sentimientos determinados por ese orden inconsciente, e instaura como contrapartida un sistema de ideales a los que se dirigirán entonces los anhelos humanos.

Postular que el inconsciente emerge de este modo implica que los conflictos éticos humanos también surgen en este cruce. El espacio del psicoanálisis se constituye entonces en el enfrentamiento con un conflicto ético soslayado y el desencadenamiento de una dialéctica ética estancada.

Coincidiría entonces con Umberto Eco cuando dice, como cité en el epígrafe, que "la dimensión ética comienza cuando entran en juego los otros. Cualquier ley, por moral o jurídica que sea, regula siempre relaciones interpersonales, incluyendo las que se establecen con quien las impone. (...) Los demás están en nosotros. Pero no se trata de una vaga inclinación sentimental, sino de una condición básica. Cómo hasta las más laicas entre las ciencias humanas nos enseñan, son los demás en su mirada, lo que nos define y nos conforma. Nosotros no somos capaces de comprender quién somos sin la mirada y respuesta de los demás".

La represión en la que nos humanizamos, es la que permite diferenciar un yo ideal donde el bebé queda predicado por el otro como objeto de amor y de perfección, "*hys majesty the baby*", de un ideal del yo donde el bebé queda a expensas del amor del otro devenido ideal y subordinado a un deseo para siempre asintótico, donde se hace imposible hacer coincidir, unificar haciendo uno al yo con el ideal, para recuperar al supuesto yo ideal perdido. El sujeto, en la humillación que siente frente a la perfección del ideal, tiene la medida de lo que perdió, sin haberla tenido nunca antes y sin poder tenerla jamás después.

3.1. El mal, el juicio de atribución y el juicio de existencia

Al partir de la anterior peana, sugiero que en la obra de Freud, a los efectos de este tema, se pueden distinguir dos versiones distintas de lo que se considera "mal": lo considerado -teniendo el ideal como sistema de referencia- por el juicio de atribución y lo implicado por el juicio de existencia.

El juicio de atribución comprende lo que produce *desagrado* y sus variantes, *la culpa, el asco, la vergüenza, el miedo*.

El juicio de existencia abarca lo no-significado: *la falta de significado, la destrucción de significado, lo que nunca va a ser significado, más ligado al horror, lo ominoso, lo extraño.*

Con el juicio de existencia se agrega a lo negativo, tributario del juicio de atribución, lo negativo del juicio de existencia; se suma entonces a lo que trae culpa o vergüenza en el territorio de lo familiar (*heimlich),* lo que carece de representación, lo irrepresentable que se nos muestra con el ropaje de lo extraño y horroroso de lo no familiar (*unheimlich*).

Freud incorporó a su clínica lo no familiar (*unheimlich*) porque percibió que en las neurosis de guerra, a *contrario sensu* de lo esperado por su ensayo sobre los sueños, no aparecía deformación de aquello que desagradaba a la conciencia. Se encontraba, en cambio, en las neurosis traumáticas, en las neurosis de guerra, con una machacona reproducción de lo igual, lo traumático sucedido no dejaba de reiterarse sobre un fondo de intensa angustia.

Concluyó que en la constitución de la realidad psíquica además de descartar, por el desagrado que nos producen ideas y sentimientos semantizados como prohibidos o pecaminosos, tenemos horror al vacío, nos suele espantar lo inesperado, la falta de sentido que acompaña a lo traumático, al accidente.

Pero Freud mostró que no necesitamos tener accidentes -sin dejar de ver la importancia que éstos tienen- para que nos topemos con el horror de lo no familiar (*unheimlich*), y éstos se constituyan en *traumas*. Nuestro aparato psíquico es irremediablemente insuficiente respecto de lo que se le impone para procesar, por ello tenemos permanentes *accidentes*, desde que nacemos. O para decirlo de otro modo, padecemos de excesos, de imposibles, no podemos terminar de representar lo que nos ocurre y lo que nos rodea, todo nuestro saber tendrá en su origen un inconmovible punto de indeterminación. Habrá en nuestro pensar, en nuestro representar un "ombligo" que nunca podremos atravesar y significar.

4. La contribución de Andre Green: decir que el mal es sin por qué no exime de la pregunta ¿por qué?

Green (1988) da un paso más en este camino -paso que suscribo-, cuando plantea dos formas de relación con el mal (en el sentido de enfermedad):

1) una comprensible y

2) otra incomprensible (sin por qué).

Para él, el mal moral, en parte se encuentran causas que se comprenden, se explican y hay otra que escapa a toda causalidad.

Sin embargo, Green remarca que decir que el mal es sin por qué no exime de la pregunta ¿por qué?

Para él hay dos respuestas a esta pregunta:

1) El primer origen del mal moral es fruto de una desmentida: "Todo mal está en el otro, por lo tanto, si elimino al otro, responsable del mal, elimino el mal". Esta posición paranoica descansa en una idealización de sí. El mal es en consecuencia un factor de mantenimiento de la cohesión narcisista.

2) El mal es sin por qué porque su razón de ser consiste en proclamar que todo lo que es carece de sentido, no obedece a orden alguno, no persigue ningún fin, depende sólo del poder que se pueda ejercer para imponer su voluntad a los objetos de sus apetitos: no dice de sus deseos, porque el término sería demasiado civilizado. El mal es sin por qué porque no existe un por qué.

Para Green (1986)[29], el mal es sin por qué es porqué es pura desligazón, es no sentido total, fuerza bruta. Tal es el sentido de esta destrucción del sentido que afirma que el bien es un no-sentido.

---

29 Andre Green, en *Narcisismo de vida y Narcisismo de muerte*, con desligazón se refiere a la distinción que hay entre lo que él define como "la función objetalizante", que promueve la ligadura libidinal y "la función desobjetalizante· que promueven procesos de desligazón libidinal.

La función objetalizante alude al proceso por el cual hacemos que aspectos del funcionamiento psíquico en el que, por investir los objetos del mundo estos alcanzan el rango de objetos para nosotros, en tanto sujetos.

En cambio la función desobjetalizante menta procesos de desligazón, de desinvestimiento libidinal que conducen a la muerte psíquica de la psicosis...". Describe entonces con función desobjetalizante un desinvestimiento libidinal, o dicho de otro modo una desligazón libidinal que vacía el mundo de objetos para ese sujeto.

Agregaría que padecemos de los efectos de una diferencia y a la vez de una búsqueda de una anulación de la diferencia. Lo no representado, no es lo puro desligado sin más, sino lo que apunta a desligarse en función de una ligazón que perpetúa la diferencia para siempre jamás entre la satisfacción esperada y la hallada por obra de la represión. Una de las figuras del imposible incesto la podemos concebir como el intento de solución de la irreductible diferencia que intentamos anular (Moguillansky y Szpilka, 2009).

5. Lo imposible; lo absurdo

Para redondear mi comentario, en tanto psicoanalista, sobre el mal necesito incorporar las categorías de lo imposible (Georges Bataille, 1962)[30] y lo absurdo (Albert Camus, 1953).[31]

---

[30] La noción de lo imposible fue trabajada por Georges Bataille en su texto "Lo imposible"; también en "El abad C.", "Madame Edwarda", "Historia del ojo", "Mi madre" y en especial en "La parte maldita", en *La parte maldita* (1962), dos textos: "La noción del gasto", de 1933, y "La parte maldita", de 1949. En el prefacio de Lo imposible, Georges Bataille dice: "El realismo me da la impresión de un error. Sólo la violencia escapa al sentimiento de pobreza de esas experiencias realistas; la muerte y el deseo son los únicos que poseen la fuerza que oprime, que corta la respiración; sólo el exceso del deseo y el de la muerte permiten alcanzar la verdad" (pág. 13). Bataille, en sus comentarios finales de "Lo imposible" afirma que "la categoría de *lo imposible* (...) sirvió de pretexto para subrayar que *lo posible* es el único objeto de constantes investigaciones. En verdad, la sabiduría y la reflexión se desviaron de *lo imposible,* entonces enfatiza que "lo esencial es vivir y lo imposible está directamente ligado con la muerte. Sólo cuando está abocado a un destino trágico un hombre llega a escoger lo imposible (...) *Lo imposible* es un desorden, una aberración (...) que trae la pasión" (pág. 169).

[31] Es un mérito de Albert Camus haber llamado la atención sobre "una sensibilidad absurda que puede encontrarse dispersa en el siglo", que encuentra modelizada en el mito de Sísifo. El sentimiento de lo absur-

Hago mía la exhortación de Camus de darle carta de ciudadanía a estos sentimientos irracionales, que entran en conflicto con la tendencia humana "hacia la unidad y la visión clara" (1953, pág. 33).

6. mal, individuo e imaginario social

No quisiera dejar de lado, en este texto, las complejas relaciones entre el mal, el individuo, el imaginario social y la mentalidad[32] que reina en ese imaginario.

Sartre ha hecho, en su ensayo sobre Genet (1952), una notable contribución a la noción de *mentalidad*. En este punto opina que para la *buena gente* la bondad es equivalente al ser, a lo que ya es, y la maldad a lo que pone

---

do subyace, tanto en su obra de ficción *El extranjero*, como en su ensayo *El mito de Sísifo*. Sísifo es, en la mitología griega, tanto por sus pasiones como por su tormento, el héroe absurdo. Los dioses habían condenado a Sísifo a rodar sin cesar una roca hasta la cima de una montaña desde donde la piedra volvía a caer por su propio peso. Habían pensado con algún fundamento que no hay castigo más terrible que el trabajo inútil y sin esperanza.

Camus lo describe como "una sensación", inherente a lo humano: "Quizá podamos alcanzar esta sensación inapreciable de lo absurdo en dos mundos diferentes pero fraternos en la inteligencia, del arte de vivir (...) el clima del absurdo está al comienzo. (...) El final es el universo absurdo y la actitud espiritual que lo ilumina con una luz que le es propia (...) Todas las grandes acciones y todos los grandes pensamientos tienen un comienzo irrisorio" (pág. 22).

En ciertas situaciones responder "nada" a una pregunta sobre la naturaleza de sus pensamientos puede ser una ficción en un hombre..., pero si esa respuesta es sincera, si describe ese singular estado del alma en el cual el vacío se hace elocuente, en que la cadena de los gestos cotidianos se rompe, en el cual el corazón busca en vano el eslabón que la reanuda, entonces es el primer signo de la absurdidad. Desde el momento en que se la reconoce -dice Camus-, el absurdo se convierte en una pasión, en la más desgarradora de todas.

[32] Ver Fiedl (1998) y Castoriadis (1975).

en juicio al ser, a la negación, al no ser, a la *alteridad*;[33] *el hombre malvado* entonces es una necesaria invención del *hombre bueno*, es la encarnación de la *alteridad* de lo que él es, su propio momento negativo; el mal, para Sartre es una proyección;(1952, pág. 33 y sigs.) el *hombre bueno* niega perpetuamente el momento negativo de sus acciones; las acciones permitidas del *hombre bueno* consisten en mantener, conservar, restablecer, renovar; todas ellas son categorías de repetición, opuestas al cambio. El cambio, al hombre bueno le causa inquietud y la inquietud le causa horror, y no la considera parte de sí.

En el ensayo sobre Genet, Jean Paul Sartre anticipa la línea de pensamiento que va a llevar adelante en *Crítica de la razón dialéctica* (1960), cuando conceptualiza la libertad como la posibilidad de desasirse de la serie, desasirse de las condiciones en que somos instituidos por la sociedad.

Sartre, con enorme lucidez, nos dice que en la cuestión del mal es central la posibilidad que tiene un sujeto de pensar por su cuenta, más allá de los ejes axiológicos que marca la mentalidad que instituye el imaginario social en cada momento histórico.

En este punto, en las relaciones que el individuo tiene con la mentalidad en que vive, nos ha estremecido Hannah Arendt (1963), al describir que durante el juicio, Adolf Eichmann no mostró ningún remordimiento por sus acciones. Su principal lamento fue la incapacidad para seguir en el Tercer Reich su carrera.

En otra perspectiva, también ha sido conmovedor cómo Günther Grass, en *Pelando la cebolla* (2007), se pregunta, sin autocomplacencia y con absoluta sinceridad,

---

[33] Sartre se refiere con *alteridad* a algo incrustado en el ser distinto de como uno es. *Alteridad* es, para esta perspectiva, un sentimiento que uno tiene con uno mismo.

por su participación en las SS en su juventud. Para hacerlo, Grass recurre "al más dudoso de todos los testigos, Madame Memoria, una aparición caprichosa, a menudo con dolor de cabeza, que además tiene fama de venderse según la situación de mercado" (pág. 62), para preguntarse cómo era ese joven que él fue, ese joven que sin ningún conflicto en ese momento integró las juventudes hitlerianas.

En *Pelando la cebolla* Grass pone en escena un drama moral en el cuál él mismo encarna dos personajes: el del pecador y el del redentor. El uno se defiende y el otro acusa. Esta dualidad le inyecta mucha de la fuerza que posee la última obra de Grass. En efecto, Grass no oculta, no se oculta; no tiene pelos en la lengua ahora como nunca los ha tenido, cree en la fuerza liberadora de su obra literaria. Los frutos de su inspiración deben ser también un catalizador de los recuerdos.

Grass, fiscal de la adormecida conciencia occidental, cuenta con notable franqueza que no fue consciente de esos crímenes hasta después de la guerra. Crea con este libro una metáfora en la que él mismo se acusa y se eleva a una instancia en donde levita más allá del bien y del mal.

Pelando la cebolla es en definitiva un drama del recuerdo, que adquiere un valor metafórico cuando parece replicarle al lector: ¡yo también necesité mucho tiempo. Pero por todas las cebollas de este mundo, no me he ocultado nada. Vea cómo lagrimean mis ojos! Deberíamos reconocer que, como Grass, todos tenemos uno que otro "cadáver en el sótano".

Geográficamente, más cerca nuestro, Beatriz Sarlo en *La pasión y la excepción* (2003), se interroga acerca de su modo de pensar en los sesenta y setenta, en particular cómo ella pensó y caracterizó en su momento la muerte de Aramburu. Sarlo, con notable valentía, discute cómo ella se posicionó de acuerdo con la mentalidad de la época ante estos episodios excepcionales, pero ilustrativos, y qué piensa hoy de esa que fue y cómo pensaba en esa época.

Resaltaría que encontrarse sin certezas, sin una verdad absoluta, no es algo a lo que tiende habitualmente nuestro pensar, ni es parte del sentido común que impregna el imaginario social, como nos enseñó Castoriadis (1989)[34] con lo que él llama "lógica identitaria", que aunque absurda, esta *lógica identitaria,* separada de la posibilidad de pensar, "crea la ilusión de la posibilidad de un discurso a la vez identitario y pleno" (pág. 263).

7. Epílogo

El mal humano -al menos desde la perspectiva en que yo pienso del psicoanálisis-, sólo es concebible desde las referencias que otorgan las relaciones que el yo tiene con el sistema de ideales con el que convive. Freud (1923) nos enseñó que el yo, desde lo inconsciente del yo, se encarga de reprimir lo que no coincide con la red asociativa del mismo. En esa línea, el yo, sabemos que con frecuencia, no sólo reprime, sino que también repudia lo que amenaza su coherencia o su distancia con el ideal y además suele renegar del repudio que hace.

El mal tiene entonces algunos de sus orígenes en las inevitables insuficiencias del yo ante el ideal, en lo intolerable que le son al yo estas insuficiencias, en las heridas narcisistas que lo humillan por no poder sostener su

[34] Castoriadis (1989) nos alerta sobre "las encrucijadas del laberinto" que caracterizaron -y en cierta forma atormentaron- el sujeto-sujetado a una modernidad tensada por el desarrollo del imperialismo y los regímenes burocrático-totalitarios.

ficcional unidad, su coherencia, su incapacidad para prever y anticipar, en lo difícil que es renunciar a un yo con un discurso a la vez identitario y pleno.

Renovaría entonces la fuerte exhortación de Camus, tomándola como una misión del psicoanálisis, dar carta de ciudadanía a estos sentimientos irracionales que entran en conflicto con la tendencia humana "hacia la unidad y la visión clara", y -parafraseando a Hegel (1807)-[35] amenazan con colapsar el anhelo del yo de ser un "*alma bella*".

El yo se violenta porque es *un alma bella desventurada*, y sus desventuras tienen uno de sus orígenes en que el ideal al nombrar todos los atributos que cree que tiene el yo inicialmente, funciona como un ideal de perfección frente al cual el yo siempre tiene un problema de minusvalía.

Convengamos que el yo humano no tolera fácilmente no comprender. Ian McEwan (2002) nos ha dado últimamente una maravillosa descripción de las *maldades* en que puede incurrir el yo para edificar una realidad que le sea comprensible. Joe Wright en su film *Expiación*,[36] basándose en la novela homónima de Ian

---

[35] "El mundo creado por cada humano es su discurso, que ha escuchado también de un modo inmediato y del que solamente retorna a ella el eco. Este retorno no tiene, pues, la significación de que en ese acto la conciencia sea en sí, sino que es ella misma; ni tiene tampoco existencia, pues lo objetivo no logra llegar a ser un negativo del sí mismo real, del mismo modo que éste no alcanza realidad (...) El objeto hueco que se produce lo llena, pues, ahora, con la conciencia de la vaciedad; su obrar es anhelar que no hace otra cosa que perderse en su hacerse objeto carente de esencia y que recayendo en sí mismo más allá de esta pérdida, se encuentra solamente como perdido; en esta pureza transparente de sus elementos, *un alma bella desventurada*, como la que suele llamar, arde consumiéndose en sí misma y se evapora como una nube uniforme que se disuelve en el aire."

[36] El film de Wright comienza en un día de verano extremadamente caluroso, en Inglaterra Una familia adinerada que reside plácidamente en una mansión victoriana, aunque la amenaza de la Segunda Guerra Mundial

McEwan, da una buena pintura de lo que puede producir no comprender y a la vez no hacerse cargo de ese no comprender.

En síntesis, para terminar diría que el yo no es amigo de las perplejidades y extrañezas, y es capaz de las mayores crueldades, ya sea sosteniendo que *todo mal está en el otro, y que por lo tanto si elimino al otro, responsable del mal, elimino el mal,* o para evitarse *la herida narcisista que plantea lo imposible,* o para no confrontarse con *el obstáculo que le trae la imposibilidad de sustraerse al sentimiento de lo absurdo,* o por no poder seguir sintiéndose un *alma bella.*

---

cada vez es más real... Una niña de trece años que escribe una obra de teatro en la que se adivina una gran imaginación, y solapadamente encaprichada con el hijo de la cocinera, a su vez amigo e incipiente amante de su hermana mayor... El sonido de las teclas de una máquina de escribir, que como una batuta manejada por un buen director de orquesta (en este caso, el director de la película), nos marca las pautas del inicio de una historia tan sencilla, tan simple, que de no ser contada de una forma diferente, no pasaría de ser un melodrama. La imaginación atravesada por una nota "subida de tono" enviada por error, y que ella lee, y también por los celos hacia su hermana, le hacen tergiversar lo que ven sus ojos, y acusa ante la policía al hijo de la cocinera de un delito de violación que no ha cometido.

El chico es encarcelado y la pareja enamorada ve truncado su recién iniciado amor. Pocos años después comienza la guerra La pareja se reencuentra y su amor sigue firme, pero tienen que volver a separarse...

El título nos habla de una "expiación", la hermana pequeña tiene que enmendar lo que hizo, cuando en su etapa adulta ya es plenamente consciente de su culpabilidad. Es algo que la marca, que la atormenta, pero que tiene un difícil arreglo. Al final, otro salto temporal aún más desconcertante es salvado gracias a un relato. Vanessa Redgrave, en el papel de la novelista en la que con los años ha devenido aquella chica de trece años, muestra el intento de reparación a través de una historia.

Bibliografía

Abraham, T. [2005], *La guerra del amor*, Madrid, Dilema, 2005.

Arendt, H. [1963], *Eichmann en Jerusalén. Un estudio sobre la banalidad del mal*, Barcelona, Lumen, 2003.

Atlan, H. [2005], *L 'utérus aritificiel*, París, Seuil, 2005.

Aulagnier Piera [1984] *L'apprenti-historien et le maitre-socier -du discours identifiant au discours délirant*, París, P.U.F., 1984. Trad. Esp.: *El aprendíz de historiador y el maestro brujo -del discurso identificante al discurso delirante*, Buenos Aires, Amorrortu, 1986.

Aulagnier, P. [1975], *La violence de l'interprétation du pictogramme a l'énoncé*, París, P.U.F., 1975. Trad. Esp.: *La violencia de la interpretación del pictograma al enunciado*, Buenos Aires, Amorrortu, 1977.

Barnes, J. [1994], *El loro de Flaubert*, Barcelona, Anagrama, 1994.

Bataille, Georges [1962], *La parte maldita*, Barcelona, Icaria, 1987.

Camus, A. [1953], *El mito de Sísifo*, Buenos Aires, Losada, 1994, pág. 12.

Castoriadis, C. [1975], *La institución imaginaria de la sociedad*, Buenos Aires, Tusquets, 1975.

Castoriadis, C. [1989], *La institución imaginaria de la sociedad*, vol. 2, *El imaginario social y la institución*, Buenos Aires, Tusquets, 1993.

Da Vinci, L. [2006], *Cuadernos*, Madrid, Parragón, 2006.

Duby, G. y Perrot, M. [1990], *Historia de las mujeres. La Edad Media*, Tomo 2, Madrid, Taurus, 1992.

Eco U. y Martini, C. M. [1998], *En qué creen los que no creen. Un diálogo sobre la ética en el fin del milenio*, Buenos Aires, Planeta, 1998.

Ferrater Mora, J. [2009], *Diccionario de Filosofía*, 4 vols., Barcelona, Ariel, apartado sobre el amor.

Fliedl, G. [1998], *Gustav Klimt, El mundo en forma de mujer,* Colonia, Benedikt Taschen Verlag, 1998.

Foucault, M. [1987], *Historia de la sexualidad,* Volumen I: *Introducción* (1976), *El uso del placer* (1984) y *La preocupación de sí mismo* (1984), Buenos Aires, Siglo XXI, 1987.

Freud, S. [1905], *Tres ensayos sobre teoría sexual,* Madrid, Alianza, 2003.

Freud, S. [1923], *El Yo y el Ello, Obras Completas,* Tomo 20, Buenos Aires, Amorrortu, 1987.

Freud, S. [1932], *El malestar en la cultura, Obras Completas,* Tomo 22, Buenos Aires, Amorrortu, 1987.

Grass, G. [2007], *Pelando la cebolla,* Buenos Aires, Alfaguara, 2007.

Green, A. [1986] en *Narcisismo de vida y Narcisismo de muerte, Compilación 1969/1982,* Buenos Aires, Amorrortu, 1986

Green, A. [1988], *¿Por qué el mal?,* Buenos Aires, Amorrortu, 1988.

Hegel, G.W.F. [1807], *Fenomenología del espíritu,* Buenos Aires, Fondo de Cultura Económica, 1992, apartado "El alma bella", pág. 382.

Hobsbaum, E. [1975], *La era del Capital, 1848-1875,* Barcelona, Grijalbo, 1998.

Johnston, W. [1972], *The Austrian Mind, an intellectual and social history 1848-1938,* University of California Press, 1984.

Kaës, R. [1989], *El pacto denegativo en los conjuntos transsubjetivos, Lo negativo,* Buenos Aires, Amorrortu, 1991.

Kaës, R. [1993], *Transmisión de la vida psíquica entre generaciones,* Buenos Aires, Amorrortu, 1996.

Kant, E. [1797], *Metafísica de la ética,* Madrid, Tecnos, 1994.

Marcuse, H. [1969], *Eros y civilización*, Barcelona, Seix Barral, 1969.

McEwan, I. [2002], *Expiación*, Barcelona, Anagrama, 2002.

Moguillansky R. y Szpilka, J.[2009], *Crítica de la razón natural*, Buenos Aires, Biebel, 2009.

Montesquieu, Ch, barón de [1735], *El espíritu de las leyes*, Madrid, Tecnos, 1987.

Nabokov, V. [1955], *Lolita*, Buenos Aires, Sur, 1961.

Ratzinger, Joseph [2005], *Deus Caritas Est*, Primera Encíclica del pontificado de Benedicto XVI, dada en Roma el 25 de diciembre de 2005. Extraído de www.corazones.org, página de Las Siervas de los Corazones Traspasados de Jesús y María.

Reich, W., [1933], *Analisis del Carácter*, Buenos Aires, Paidós, 1965.

Romero, J.L. [2006], *Estudio de la mentalidad burguesa*, Buenos Aires, Alianza, 2006.

Rougemont, Denis de [1961], *Los mitos del amor*, Barcelona, Kairós, 1999.

Rousseau, J.J. [1762], *El contrato social, o principios de derecho político*, Barcelona, Edicomunicación, 1998.

Sarlo, B. [2003], *La pasión y la excepción*, Buenos Aires, Siglo XXI, 2003.

Sartre, J.P. [1952], "Saint Genet, comedien et mártir", en *Oeuvres completes de Jean Genet*, París, Gallimard, 1952, t. 1, l. II.

Sartre, J.P. [1960], *Crítica de la razón dialéctica*, Buenoso Aires, Losada, 1995.

Sartre, J.P., *El idiota de la familia. Gustave Flaubert desde 1821 a 1857*, Buenos Aires, Tiempo Contemporáneo, 1973.

Schorske, C. E. [1961], *Viena fin de siècle*, Barcelona, Editorial Gustavo Gilli, 1981.

Simonet, D. [2005], *La más bella historia de amor*, Buenos Aires, Fondo de Cultura Económica, 2005.

Woolf, V. [1928], *Orlando*, Barcelona, Edhasa, 1986, trad. de Jorge Luis Borges.
Woolf,V. [1990], *Las olas*, Barcelona, Lumen, 1990.
Woolf,V. [1993], *La señora Dalloway*, Madrid, Cátedra, 1993.

Tirar de la lengua: comunidad lingüística y comunidad genocida en el Tercer Reich

Demian Orosz

En ocasiones, la historia puede parecer más perversa en los detalles que en las grandes panorámicas. Tratemos de imaginar la siguiente escena y asignarle cierto grado de verosimilitud: en la prisión de Landsberg, donde ha sido recluido para cumplir cinco años de condena, Adolf Hitler se despacha todo el tiempo con opiniones políticas que no se diferencian demasiado del sentido común nacionalista y recaen en un antisemitismo vulgar. Sus compañeros de encierro, cansados de escucharlo, y convencidos de que así los dejaría en paz para jugar a las cartas y beber tranquilos, le sugieren que escriba un libro.[1]

Para martirio y decepción del resto de los prisioneros, Hitler no habría tenido mejor idea que dictar su obra y leer diariamente a viva voz las secciones que iba concluyendo. El resultado fue *Mi lucha* (*Mein Kampf*), la futura biblia nazi.

Aunque el libro estaba llamado a convertirse en un *best seller,* el proceso fue mucho más lento de lo previsto. La primera parte fue publicada el 18 de julio de 1925 por la editorial del partido nazi, e inicialmente estuvo lejos de ser el éxito de ventas que se esperaba. "Su contenido ampuloso -escribe Ian Kershaw, biógrafo de Hitler-, su horrible estilo y el precio relativamente alto de 12 marcos del

---

[1] Burleigh, M., *El Tercer Reich. Una nueva historia,* Buenos Aires, Taurus, 2002.

Reich el ejemplar, hicieron echarse atrás, naturalmente, a muchos posibles lectores".[2]

En 1929 se habían vendido alrededor de 23.000 ejemplares del primer volumen y unos 13.000 del segundo, que salió a la calle el 11 de diciembre de 1926. Después del repunte electoral del partido nazi, en 1930, las ventas se incrementaron notablemente, y en 1932 alcanzaron los 80.000 mil ejemplares. Un año después, ya con Hitler en el poder, las cifras redondeaban el millón y medio de ejemplares.

En 1936 se hizo una versión en sistema Braile, de modo que incluso los arios ciegos que jamás habían visto y nunca verían a un judío pudieron hacerse una idea clara del monstruo del que había que librar a Alemania. Ese mismo año, a cada pareja de alemanes se le entregaba el día de su boda un ejemplar con los dos volúmenes juntos. En 1945, sólo en Alemania se habían vendido unos diez millones de ejemplares y el libro ya había sido traducido a dieciséis idiomas.

"Cuatro años de lucha contra las mentiras, la estupidez y la cobardía" fue el ampuloso título que Hitler había imaginado para su libro. Un editor más perspicaz lo condensó en el efectivo *Mi lucha.* El texto fue dictado primero a su chofer y criado, Emil Maurice, y luego a Rudolf Hess, ambos encerrados junto con Hitler en la prisión de Landsberg por su participación en el intento de golpe de 1921.

"Un verdadero caos de banalidades, reminiscencias de escolar, juicios subjetivos y odio personal" fue el balance que hizo de la obra Otto Strasser,[3] un líder del ala revolucionaria del nacionalsocialismo que conoció la versión

---

2 Kershaw, I., *Hitler 1889-1936*, Barcelona, Península, 1999.

3 Citado *en Hitler 1889-1936, op. cit.*

de *Mi lucha* en bruto, antes de que fuera mejorada (sólo en parte) por varias personas antes de su publicación.

Hitler mezclaba cuestiones cósmicas con un costado más terrenal. En su desconcertante biblioteca abundaban, por ejemplo, las novelas de indios y vaqueros de Karl May, un autor alemán que popularizó las historias del salvaje Oeste norteamericano aunque nunca pisó América.[4]

En su personal historia de la perdición racial que el héroe ario estaba llamado a revertir, Hitler comparaba a América del Norte, cuya "población está formada mayoritariamente por elementos germánicos que apenas se mezclaron con pueblos inferiores de color"; con América Latina, "donde los inmigrantes predominantemente latinos se mezclaron a menudo con los aborígenes en gran escala", produciendo "un suicidio racial".

Dos ideas centrales de su ideología, la necesidad de ganar "espacio vital" (*Lebensraum*) hacia el Este y su obsesión por eliminar a los judíos, no eran en verdad ninguna novedad. La "imaginería bacteriana" de Hitler, como la llama Ian Kershaw, que implicaba tratar a los judíos como gérmenes patógenos, formaba parte desde hacía tiempo del vocabulario intrínsecamente genocida de la derecha *volkisch*.

Es imposible saber qué porcentaje de los millones de alemanes que poseyeron un ejemplar de *Mi lucha* leyeron en verdad el libro, y si comulgaban o no con sus ideas. De hecho, el propio Albert Speer (arquitecto de Hitler y luego ministro de Armamento del Reich) aseguró durante los interrogatorios del juicio de Nüremberg que sólo conocía *Mi lucha* por encima.[5] Es posible que, una vez que Hitler se hubiera hecho del poder, una

---

4 *El Tercer Reich. Una nueva historia, op. cit.*

5 Overy, R., *Interrogatorios. El Tercer Reich en el banquillo*, Barcelona, Tusquets, 2006.

cantidad considerable adquiriera el libro (hasta el punto de que el *Führer* pudo renunciar a su sueldo de canciller gracias a que las ventas lo habían convertido en un hombre rico) para demostrar fidelidad al régimen, ganar posiciones en el partido nazi o evitar inconvenientes con las autoridades. *Mi lucha* sin duda alimentó el proceso de intoxicación ideológica, aunque identificar de qué modo lo hizo no es una tarea sencilla.

¿Hay razones para calificar a *Mi lucha* como la biblia nazi? Veamos: en lo que Hitler denominaba su "visión de mundo", el determinismo biológico que asignaba a la raza aria un destino privilegiado se fundía con una cosmovisión paranoica y apocalíptica. El libro incluye un "despertar" (como el de Pablo en el camino de Damasco[6]) narrado en los términos de una "iluminación", pasajes de inconfundible delirio mesiánico y una demonología cuya criatura fundamental es el judío. Hitler construyó un adversario capaz de metamorfosearse sin descanso y con un poder destructivo equivalente al del demonio. La lucha quedaba planteada entonces entre "un Satanás judío enfrentado al arcángel ario".

Rudolf Hess captó el modo como las palabras de Hitler debían sustituir una fe religiosa por la creencia en un redentor secular. En una carta a Hitler, Hess escribe que es necesario que el discurso del *Führer* sea rotundo: "El gran líder popular se parece al fundador de una religión: ha de comunicar a sus oyentes una fe apodíctica".[7] Sin duda, Hitler sobreactuaba una religiosidad de la que íntimamente carecía -en todo caso, no era una religiosidad convencional- pero que, en público, le permitía tocar una vena de hondas resonancias espirituales y políticas

---

6 La expresión es de Michael Burleigh.

7 Citado en Kershaw, I., *El mito de Hitler. Imagen y realidad en el Tercer Reich*, Barcelona, Paidós, 2003.

para muchos alemanes. El reclamo de un líder heroico, que fuera simultáneamente gobernante, guerrero y sacerdote constituía una expectativa de larga data que el jefe nazi pudo aprovechar en referencias a su "misión" y su destino de "salvador". El 10 de febrero de 1933, el primer discurso de Hitler como canciller del Reich, en el Palacio de Deportes de Berlín, concluyó parafraseando las últimas líneas de la versión protestante del Padrenuestro. Y cerró con un Amén. La retórica mesiánica fue ganando espacio en sucesivas apariciones públicas. Una súplica en línea directa con el Señor es lo que se encuentra en el cierre del discurso en el Día del Trabajo, el 1º de mayo de ese año. Tres años más tarde, durante el discurso a los dirigentes políticos del partido reunidos en Nüremberg, Hitler procede según lo que algunos estudiosos han calificado como un "asombroso montaje de textos bíblicos", sembrado de alusiones a los evangelios de Juan y Mateo.[8]

George L. Mosse discute que se pueda considerar *Mi lucha* como una "biblia nazi"[9]. Para el historiador alemán, la palabra escrita tenía un peso relativo en la configuración de la liturgia nazi. "Los dirigentes nazis y otros líderes fascistas hacían hincapié en la palabra hablada -escribe Mosse-, pero incluso en este caso, los discursos, más que suponer una exposición didáctica de la ideología, cumplían una función litúrgica. La propia palabra hablada se integraba en los ritos del culto y, al final, lo que en verdad se decía tenía menos importancia que el entorno y las ceremonias que rodeaban tales discursos".

---

[8] En *El mito de Hitler, op, cit.*, Ian Kershaw señala que el clima y los efectos de los mítines que protagonizaba Hitler tenían más puntos de contacto con un encuentro de evangelistas que con una asamblea política tradicional.

[9] Mosse, G. L.. *La nacionalización de las masas. Simbolismo político y movimientos de masas en Alemania desde las guerras napoleónicas al Tercer Reich*, Madrid, Marcial Pons, 2007.

Mosse no invalida sino que enfatiza la naturaleza esencialmente religiosa del culto nazi, aunque establece que su configuración no habría dependido tanto de un "libro revelado" y de la coherencia de sus ideas como de un conjunto de prácticas. "Al igual que en cualquier culto tradicional -señala-, la propia acción reverencial del grupo ocupaba el lugar de las obras teóricas. Ni siquiera *Mi lucha* se convirtió en una biblia del movimiento nazi en el mismo sentido que lo fueron para el mundo socialista los escritos de Marx y Engels. No había necesidad de que fuera así, porque las ideas de *Mi lucha* se habían traducido a formas litúrgicas, abandonando la página impresa para convertirse en ritos de masas de un culto nacional y ario".[10]

Hubo incluso un sustituto nazi del bautismo, la "consagración del nombre", ceremonia que era celebraba en un recinto en cuyo centro se ubicaba un altar donde la efigie de Hitler sustituía a la de Cristo. Por detrás se colocaban los miembros de las SS, "simbolizando con su sola presencia el nuevo tipo de hombre que se suponía producía el régimen".[11]

Es evidente que la teatralización y la liturgia tuvieron un peso decisivo en la empresa del moldear las mentes y el estado de ánimo de las masas, pero el monumental estudio de Victor Klemperer sobre la lengua nazi desafía sin embargo cualquier intento de quitarle importancia al rol de la palabra en la constitución de una comunidad que funcionó como un bloque ideológico y de acción. Una sociedad se define también por su lenguaje. Sobre la base de esa premisa Klemperer emprendió la titánica empresa de catalogar las sustancias lingüísticas de la expresión

---

[10] *La nacionalización de las masas, op. cit.*

[11] *La nacionalización de las masas, op. cit.*

nazi en un sistema periódico que permite visualizar las correspondencias entre el lenguaje utilizado y determinadas conductas.

La obsesión por la pureza fue uno de los rasgos del peculiar racismo nazi. Desde luego, el libraco de Hitler no estaba solo en esta cruzada. Hubo por cierto fenómenos de un grado de idiotismo que resultaría cómico si no fuera por la inaudita crueldad que traían aparejada. Un ejemplo: en pleno régimen, la publicación de la Sociedad Protectora de Animales, que se había convertido en un órgano más del partido, pasó a denominarse *Mundo Felino Alemán*. Allí se anunció un día que se dejaban de admitir mascotas de judíos porque se trataba de criaturas que "habían olvidado la pureza de su especie". No era simple retórica. El paso siguiente fue quitarles a los judíos sus animales domésticos (gatos, perros, incluso canarios) y ejecutarlos. "No en casos aislados ni por una perversidad individual, sino que de manera oficial y sistemática", cuenta Klemplerer en su libro sobre *La lengua del Tercer Reich*. "Se trata de una de las crueldades de las que no habla ningún proceso de Nüremberg y por las que levantaría, si pudiese, una horca tan alta como una torre para castigarlas",[12] agrega el filólogo alemán salvado de milagro del exterminio.

LTI es el nombre que le dio Klemperer a su estudio, publicado originalmente en 1947. El título es una analogía paródica de la fascinación nazi por las siglas y las abreviaturas: LTI es la forma condensada de *Lingua Terti Imperii*, la Lengua del Tercer Reich.

"La lengua no fue una mera espectadora de una sociedad totalitaria que llevó a la ruina a todo un pueblo, sino una eficaz y activa cómplice del poder totalitario

---

[12] Klemperer, V., *LTI. La lengua del Tercer Reich. Apuntes de un filólogo*, Barcelona, Minúscula, 2001.

que, entre otras cosas, llevó al ciudadano alemán a moverse dentro de fórmulas fácilmente aprensibles y, sobre todo, abreviadas",[13] escribe Esther Cohen en el ensayo que le dedica en *Los narradores de Auschwitz* a la obra de Klemperer. Su trabajo de pesquisa "no es sólo la disección de una lengua moribunda aunque mortífera, ni el uso retórico de un lenguaje totalitario, sino ver de qué manera este lenguaje raquítico se va filtrando en la mente y en los cuerpos de sus hablantes".[14]

Klemperer era profesor de lenguas románicas en la Escuela Técnica Superior de Dresde desde 1920 hasta 1935, cuando perdió su empleo como consecuencia de las leyes raciales. Había peleado como voluntario en la Primera Guerra Mundial y estaba casado con una mujer "aria", la pianista Eva Schlemmer. Con la llegada del nazismo él y su esposa perdieron todo, debieron dejar su vivienda y fueron recluidos en lo que entonces se denominaba una *Judenhaus* ("casa de judíos").

Entre 1933 y 1945 llevó un minucioso diario, que en su versión en castellano ocupa dos gruesos tomos de casi mil páginas cada uno.[15] De esos apuntes se nutre básicamente el libro *LTI*. Se trata de un trabajo apabullante y hasta el momento insuperable sobre el lenguaje nazi. No sólo ni predominantemente sobre sus grandes términos, sino proponiendo una inmersión en la vida secreta de ese lenguaje, en su respiración, en sus frecuencias. Klemperer se sumerge en eso que Sebastian Haffner definió como "la jerga horrible que en cada uno de sus vocablos llevaba implícito un mundo entero de podero-

---

13 Cohen, E., *Los narradores de Auschwitz*, México, Fineo, 2006.

14 *Los narradores de Auschwitz*, *op. cit.*

15 Klemperer, V., *Quiero dar testimonio hasta el final. Diarios 1933-1941/ Diarios 1942-1945*, Galaxia Gutenberg/Círculo de Lectores, 2003.

sa estupidez"[16]. Llega incluso al sarcasmo de anotar el limitado espectro de insultos que proferían los miembros de la Gestapo durante las brutales inspecciones domiciliarias. Pero no hay que engañarse. La LTI se activa en toda su potencia gracias a su pobreza y su monotonía, y por esa razón es imposible subestimarla.

Desde el momento en que el partido nazi se hizo con el poder, la LTI "pasó de lenguaje de grupo a lenguaje del pueblo, es decir, se apoderó de todos los ámbitos públicos y privados: de la política, de la jurisprudencia, de la economía, del arte, de la ciencia, de la escuela, del deporte, de la familia, de los jardines de infancia y de las habitaciones de los niños"[17]. Ese es el panorama que enfrenta Klemperer.

Cada término reverbera en una enorme cantidad de asociaciones, y significados, y más de una vez Klemperer se pregunta si manipular la jerga nazi ("hacer una filología de esta miseria", escribe) no le resultará al fin y al cabo tóxico, como quien manipula venenos. Apenas comenzado el libro, señala: "Las palabras pueden actuar como dosis ínfimas de arsénico: uno las traga sin darse cuenta, parecen no surtir efecto alguno, y al cabo de un tiempo se produce el efecto tóxico. Si alguien dice una y otra vez 'fanático' en vez de decir 'heroico' y 'virtuoso', creerá finalmente que, en efecto, un fanático es un héroe virtuoso y que sin fanatismo no se puede ser héroe".[18]

Allí puede apreciarse (es una manera de decir) una de las características de la lengua del Tercer Reich. La LTI no inventó demasiadas palabras, sino que alteró sus

---

[16] Haffner, Sebastian, *Historia de un alemán, recuerdos. 1914-1933*, citado en el artículo periodístico *La vida cotidiana en el infierno* de Luis Fernando Moreno Claros, *El País de Madrid*, 29/11/2001.

[17] *LTI. La lengua del Tercer Reich*, op cit.

[18] De aquí en más, salvo indicación contraria, todas las citas de Klemperer están tomadas del libro *LTI*.

significados o su dinámica de uso, cambió las formas sintácticas o invirtió sus valores.

La idea que va a articular todo el trabajo de Klemperer sobre la LTI es que el lenguaje crea y piensa por uno, guía las emociones y dirige la personalidad psíquica. Es lo más público y a la vez lo más privado. Es máscara pero también desenmascaramiento. Talleyrand decía que el lenguaje sirve para ocultar los pensamientos de un diplomático. Klemperer invierte esa sentencia y asegura que el "lenguaje saca a la luz aquello que una persona quiere ocultar de forma deliberada, ante otros o ante sí mismo, y aquello que lleva dentro inconscientemente".

Pero lo alarmante es que la LTI no es el lenguaje de los nazis, es decir, no es un código secreto o una jerga de sectarios. No: es el lenguaje de la época, el rostro de Alemania bajo la égida del nazismo. Klemperer va a comprobar que todos, obreros o profesores, nazis u opositores, cirujanos, panaderos y judíos lo utilizan. Sus colegas lo utilizan; sus alumnos, incluso los que se compadecían de su suerte, hablaban en LTI cuando querían consolarlo. Dice Klemperer: "Observaba cada vez con mayor precisión cómo charlaban los trabajadores en la fábrica y cómo hablaban las bestias de la Gestapo y cómo nos expresábamos en nuestro jardín zoológico lleno de jaulas de judíos. No se notaban grandes diferencias; de hecho, no había ninguna".

El libro presta una atención minuciosa a zonas del lenguaje donde a simple vista parecería imposible que la LTI estuviera alojada. Pero nada escapa a ella. "Cuando se me brindaba la oportunidad de leer -a menudo he comparado mis lecturas con un viaje en globo, que debe confiar en el viento y prescindir de una verdadera dirección-, estudiaba ora el *Mito del siglo XX*, ora un *Anuario de bolsillo para el comerciante al por menor*, hojeaba ora una revista jurídica, ora una farmacéutica, leía novelas y poemas que podían publicarse en aquellos años y oía hablar mientras barría la calle o a los obreros en la sala de máquinas: impresos o hablados, eran siempre los mismos tópicos, el mismo tono de voz, con independencia del nivel cultural de quienes lo utilizaban. Y la LTI, tan todopoderosa como pobre, y todopoderosa precisamente por su pobreza, reinaba incluso entre las víctimas más perseguidas y, por lo tanto, necesariamente, entre los enemigos mortales del nacionalsocialismo, incluso entre los judíos, en sus cartas y conversaciones y hasta en sus libros, mientras aún pudiera publicarlos".

Klemperer tiene una especie de oído absoluto para captar los deslizamientos de la LTI en discursos o expresiones que supuestamente deberían estar libres de esa jerga. Lee con espanto libros de autores judíos que han asimilado el vocabulario nazi, sus giros y sus conceptos, sumergidos en la esclavitud irreflexiva de usar el lenguaje del verdugo. ¿Es posible que un autor judío asumiera las metáforas nazis de sangre y tierra? ¿Es posible que utilizara giros que expresan el desprecio nazi por los hebreos como "bestias intelectuales", eternos nómades y comerciantes? Klemperer relata el caso de un médico judío que se mostraba bastante tranquilo y consideraba el nazismo como una aberración o una enfermedad que pasaría tarde o temprano, sin causar mayores daños. Sin darse cuenta, utilizaba todo el tiempo el vocabulario nazi, hasta el punto de que la autohumillación se había convertido en una especie de segunda naturaleza. Klemperer cuenta luego que, cuando tuvo oportunidad de estudiar a fondo *Mi lucha*, comprobó que el médico se sabía de memoria largas frases del libro y que muchas cosas que decía no eran sino fórmulas del *Führer*.

No se habla impunemente. Este es otro de los axiomas que guían todo el trabajo filológico sobre la LTI. El libro es también una durísima crítica a Teodor Herlz, el fundador del sionismo. Irónicamente, Klemperer le reconoce cierta modestia en vista de la cantidad de veces que Herlz se pregunta si no es meramente un periodista fantasioso en vez de un segundo Moisés. Pero luego viene esto: hay un parecido intelectual, moral y lingüístico entre Herlz y Hitler que resulta grotesco y aterrador. El mismo mesianismo, la misma arrogancia para asumirse como conductor del destino de masas que deben ser moldeadas como pueblo (y ya se sabe que "el nazismo le pone una pizca de pueblo a todo").

Su primer apunte en los diarios, tras leer las primeras obras de Herlz, ruega: "¡Señor, protégeme de mis amigos. Si uno posee la voluntad necesaria, encontrará en estos volúmenes pruebas de lo que Hitler, Goebbels y Rosenberg alegan contra los judíos". Gracias a Dios, dice Klemperer, hay desemejanzas entre Hitler y Herlz. Herlz no quiere exterminar a pueblos extraños ni una humanidad inferior. No es un fanático, sino medio fanático.

La consonancia lingüística se da también en la apelación a lo histórico. Todo en el nazismo tendía a ser histórico. Esto es algo que se comprueba asimismo a partir de los testimonios de Albert Speer sobre la inevitable trascendencia que se le atribuía a cualquier cosa que pudiera decir Hitler. El nazismo, escribe por su parte Klemperer, derrochó a mansalva la palabra "histórico". "Se toma tan en serio, está tan convencido o pretende convencerse tanto de la duración de sus instituciones, que cualquier bagatela que le interese, cualquier cosa que toque, es de importancia histórica. Considera histórico cualquier discurso pronunciado por el *Führer*, aunque diga cien veces lo mismo, es histórica cualquier reunión del *Führer* con el Duce, aunque no altere en absoluto la situación; es histórica la victoria de un coche de carreras alemán, es histórica la inauguración de una autopista, y se inaugura cada carretera y cada tramo de cada carretera; es histórica cada fiesta de acción de gracias por la cosecha, es histórico cada congreso del Partido, es histórico cualquier día de fiesta de cualquier tipo. Y como el Tercer Reich sólo consiste en días de fiesta -podría decirse que estaba enfermo de ausencia de días normales, mortalmente enfermo, así como un cuerpo puede estar mortalmente enfermo por falta de sal-, considera históricos todos sus días".

También Herzl atribuye importancia histórica a todo lo que toca. Un paseo se convierte en un momento histórico, un éxito diplomático pasa a formar parte de la historia universal. Klemperer destaca un pasaje de los diarios de Herlz en el que dice precisamente que se acaba su vida personal y empieza su existencia histórica.

"Las coincidencias entre ambos son continuas -anota Klemperer, enfatizando las simetrías-, ideológicas, estilísticas, psicológicas, especulativas, políticas, ¡y cómo se estimularon mutuamente! De todo aquello que Herzl utiliza para fundamentar la unidad del pueblo, sólo un elemento encaja perfectamente con los judíos: el hecho de tener un enemigo y perseguidor común. Bajo este punto de vista, claro está, los judíos de todas las naciones se fusionaron para Hitler en el 'judaísmo universal', y él mismo, su manía persecutoria, y la astucia retorcida de su delirio concretaron lo que antes sólo existía en un plano ideal; así pues, Hitler aportó el sionismo y el Estado judío más partidarios que el propio Herzl".

La utilización del superlativo es considerada por Klemperer una verdadera maldición. Encuentra que incluso las cifras fantásticas son, en determinado momento, desplazadas por expresiones como "inimaginable" o "innumerable". Los adjetivos usados de modo superlativo son un caso especial. Cada vez que se ganaba una batalla, por ejemplo, se convertía en la mayor batalla de la historia universal. Y Klemperer precisa incluso que la palabra "batalla" rara vez resulta suficiente para el nazismo, y a menudo lo que se ganan son "batallas de aniquilación". Aquí el filólogo se pregunta ¿cuántas veces vuelve a ser aniquilado un enemigo que ya había sido declarado muerto?

Klemperer señala que si bien este tipo de exageraciones deberían provocar una incredulidad generalizada, incluso una hilaridad generalizada, el efecto es exactamente el contrario: embotamiento, narcotización de la imaginación.

En la LTI predominaron tres tipos de superlativo: las formas del adjetivo en grado superlativo, las expresiones individuales que llevan implícito un valor superlativo (por ejemplo, cuando se habla de "único" o de "extraordinario") y las frases enteras impregnadas de un valor superlativo. Por este camino se llega a una palabra clave del nazismo: "total". Con este olfato de sabueso que tiene Klemperer, va a encontrar también que el término se utiliza en regiones lingüísticas insospechadas, por ejemplo para hablar de una "situación educativa total" o de un "juego de mesa total".

En el vértice de la pirámide de superlativos numéricos nazis se encuentra el término "eterno", un calificativo que, desde luego, no fue inventado por el hitlerismo pero que integra el léxico de la LTI debido a la desquiciante ubicuidad que alcanzó. La idea de un Reich milenario, que a fin de cuentas sólo duraría doce años, incorporaba la noción de eternidad y ponía el régimen en el plano de lo sagrado. La frecuencia de uso de la palabra "eterno" sólo es comparable a la cantidad de veces que se utiliza y el peso que adquiere el término "fanático". Ambos, al mismo tiempo, se implican en un rango religioso. "Reich" es el Reino, y la estatura espiritual que posee es la que le falta a conceptos más o menos similares como Imperio o Estado. "Venga a nosotros tu reino" es la conocida súplica de la segunda oración del Padrenuestro.

Pensar a la LTI como un lenguaje de la fe se vuelve pues una cuestión decisiva. Cuando se anunciaba un discurso de Hitler se decía: "A tal hora, Hitler vendrá a los trabajadores". Es, advierte Klemperer, ni más ni menos que el lenguaje del Evangelio. Klemperer encuentra también en Goebbels el modelo del sermón medieval y una elevación inherente al rezo a la hora de proferir discursos. De eso se trata: convertir el nazismo en una fe, la religión germánica en lugar del cristianismo semítico y antiheroico.

Aplicado al estudio de las necrológicas, Klemperer advierte el predominio de los términos "radiante" o "luminoso" para designar a los caídos. Dice el filólogo: "Una temperatura más elevada de fiebre nazi se manifestaba en expresiones tales como: 'Cayó por su Führer' y 'murió por su amado Führer', en las cuales la patria quedaba sin nombrar, representada e incorporada en el propio Hitler como el cuerpo de Jesucristo en la hostia sagrada. Y he aquí la expresión de máximo ardor nazi: el poner a Hitler inequívocamente en el lugar del Redentor: 'Cayó creyendo firmemente en su Führer'".

La alteración del valor del término "fanático" es uno de los datos más elocuentes de los procedimientos de la LTI, no sólo en clave de profanación e inversión del lenguaje previo sino, más que nada, como emblema de la dignidad religiosa a la que aspira la dogmática nazi. Hasta el hitlerismo, los términos "fanático" y "fanatismo" casi no encuentran acepciones que no fueran netamente despectivas. La raíz de ambas palabras reside en *fanum*, que significa templo o santuario, y designa originariamente a una persona sumida en un espasmo religioso. Pero el fanatismo siempre fue visto como "una pasión malsana, algo a mitad de camino entre la enfermedad y el crimen". Sin embargo, bajo el nacionalsocialismo la palabra se utilizaba para manifestar un reconocimiento en términos superlativos y fue elevada a virtud alemana fundamental.

Escribe Klemperer: "En los días festivos, en el cumpleaños de Hitler, por ejemplo, no había artículo periodístico, ni felicitación, ni proclama dirigida a una unidad militar o a alguna organización, que no incluyera un 'juramento fanático' o una 'profesión fanática de fe,' que no demostrara una 'fe fanática' en la duración eterna del imperio hitleriano [...] Cuanto más sombría se mostraba la situación, tanto más se manifestaba la 'fe fanática en la victoria final' [...] La utilización máxima desde el punto de vista cuantitativo se alcanzó después del atentado del 20 de julio de 1944 contra Hitler: la palabra aparece literalmente en todas y cada una de las innumerables profesiones de lealtad al Führer". Casi con la misma frecuencia se utiliza "ciegamente", expresión fundamental de la LTI que designa el estado ideal de la mentalidad nazi frente a su líder.

Palabras de Hitler en 1924: "Las más grandes revoluciones del mundo habrían sido imposibles si su fuerza rectora, en lugar de en pasiones fanáticas, e incluso histéricas, hubiera residido en las virtudes burguesas de ley y orden".[19]

Su alcance no es privativo del campo político. "Fanático" aparece también en los estudios de literatura y en la conversación cotidiana, reemplazando a "apasionado" (y es precisamente una de las formas en que ha sobrevivido). En relación con este término, Goebbels llegó al paroxismo de buscar un superlativo más allá del superlativo. En el ejemplar del 13 de noviembre de 1944 del periódico *Reich*, escribió que Alemania sólo podía salvarse mediante un "fanatismo feroz". A diferencia de otros términos de la LTI que se debilitaron, se olvidaron, se desactivaron o quedaron convertidos en fósiles lingüísticos, el término "fanático" resistió hasta último momento

[19] Citado en *La nacionalización de las masas, op. cit.*

y su utilización actual (para designar a hinchas de fútbol o *fans* de una banda de música) lo mantiene activo y en frecuencia positiva.

¿Hasta qué punto los alemanes corrientes habían asimilado el lenguaje de Hitler? ¿Qué cohesión tenía esta comunidad lingüística? Y la pregunta más difícil de todas: ¿esta comunidad lingüística era ya una comunidad genocida? "Lengua que crea y piensa por ti, veneno que absorbes inconscientemente y surte su efecto", advierte una y otra vez Klemperer, como en una letanía.

Esther Cohen piensa que bajo el nazismo la riqueza simbólica de la lengua quedó "absorbida y coagulada en frases hechas que perdieron toda capacidad metafórica; el lenguaje poético desapareció ahogado entre las brumas de la agitación y la charlatanería".[20] Es difícil acordar con esta idea. Las mutilaciones y el empequeñecimiento que llevó a cabo el alemán hitleriano no implican ausencia de metáforas ni de poesía, componentes que de hecho operan en la retórica sobre la "infección" y la "peste" que se utilizaba para caratular el peligro judío. El nazismo construyó una verdadera zoología fantástica que fue decisiva en el cumplimiento de un programa político.

El historiador suizo Philippe Burrin ha insistido en la necesidad de mantener unidos planos lingüísticos que habitualmente se divorcian. Hitler postulaba un enfrentamiento en términos cósmicos, con un esquema apocalíptico. El judío era presentado a menudo como el "judío satánico" o bien directamente como el Anticristo. Y si bien la mayoría de los estudios se inclinan actualmente por privilegiar los términos biologicistas del racismo nazi (parásito, microbio, insecto, contaminación), es imprescindible mantener juntos registros semánticos

---

[20] *Los narradores de Auschwitz*, *op. cit.*

que se interpenetran. La metaforización del judío hacia el microbio y hacia el diablo (o sea, por un lado hacia lo infrahumano, por el otro hacia lo suprahumano) tienden a producir igualmente una deshumanización radical.[21] Y esta asociación de racismo biológico y Apocalipsis sólo fue válida para los judíos.

Hitler se presentaba a sí mismo como un medium entre el reino de los mortales y el reino de una batalla cósmica en curso. Como señala Burrin, el líder nazi alentaba con su profecía la formación de una comunidad de pensamiento y acción, es decir, una "comunidad interpretativa". Decía Hitler en uno de sus discursos: "Con frecuencia he sido profeta en el transcurso de mi vida, y la mayoría de las veces todos se han burlado de mí. En el tiempo de mi lucha por el poder, los judíos se rieron de la profecía según la cual yo estaría a la cabeza del Estado y del pueblo, y, entre otras cosas, hallaría una solución al problema judío". En un terrible pasaje de *Mi lucha* se lee: "Si el judío [...] sale victorioso sobre los demás pueblos del mundo, su corona será la corona fúnebre de la humanidad y este planeta se desplazará por el éter vacío de hombres, como lo hacía miles de años atrás. [...] Por eso creo que estoy actuando de acuerdo con la voluntad del Creador Omnipotente: al defenderme del judío, estoy combatiendo por la obra del Señor". No es sólo un eco de esa idea lo que se percibe en una disertación sobre *El levantamiento alemán* en la que Ernst Bertram aseguraba que el fracaso de la guerra emprendida por el Tercer Reich significaría "el fin del mundo blanco, el caos o el planeta de las termitas".[22] ¿De qué modo los oyentes de

---

[21] Burrin, Ph., *Resentimiento y Apocalipsis. Ensayo sobre el antisemitismo nazi*, Buenos Aires, Katz, 2007.

[22] Citado en Löwith, K., *Mi vida en Alemania antes y después de 1933. Un testimonio*, Madrid, Visor, 1993.

este discurso eran transportados al espacio metafísico de una contienda entre el bien y el mal, de qué modo semejante paisaje retórico movió a la acción o proporcionó justificaciones para el ejercicio de una violencia inaudita? Son preguntas abiertas. De lo que no caben dudas es de lo siguiente: el destino de los judíos sería tan excepcional y extremo como el modo en que Hitler y los alemanes se referían a ellos.[23]

[23] *Resentimiento y Apocalipsis, op. cit.*

Una orestíada para la Argentina: entre la fraternidad y el estado de derecho[1]

Martín Böhmer

El modo horrible en que nuestra peor realidad se empeña en copiar a nuestra mejor ficción.

Carlos Gamerro[2]

El mal absoluto[3]

El encuentro de la Argentina con el imperio de la fuerza puede ser descripto en el lenguaje peculiar, ya canónico, del pensamiento occidental post-holocausto como un evento de mal absoluto. Por casi una década el Estado argentino utilizó su monopolio de la fuerza para secuestrar, torturar y eventualmente matar clandestinamente a decenas de miles de argentinos. Los argentinos incluso acuñamos nuestra propia palabra para referirnos a las víctimas: "desaparecidos". Videla, el dictador militar, la definió con sus propias, cínicas, palabras en una confe-

---

1 Una versión en inglés de este artículo fue publicada como "An *Oresteia* for Argentina: Between Fraternity and the Rule of Law" en Jefferson Powell, H.; Boyd White, J. (eds.), en *Law and Democracy in the Empire of Force*, University of Michigan Press, Ann Arbor, 2009.

2 Gamerro, C., *El nacimiento de la literatura argentina y otros*, Buenos Aires, Norma, 2006.

3 Véase Nino, C., *Juicio al mal absoluto*, Buenos Aires, Emecé, 1997, trad. de Martín F. Böhmer.

rencia de prensa: "Es una incógnita, es un desaparecido, no tiene entidad, no está".

La peculiaridad de este evento en nuestra historia está relacionada con su ilegalidad. En efecto, las estrategias de nuestra dictadura fueron ilegales, incluso dentro del marco normativo impuesto por el régimen. No había leyes de Nüremberg en la Argentina, ni órdenes escritas, ni procedimientos para la imposición de penas capitales. Los crímenes eran llevados a cabo clandestinamente, en la oscuridad, mayormente por la noche, lejos de los tribunales y de los jueces, y eran negados en público por las mismas personas que habían dado y cumplido las órdenes. En este sentido, la encarnación argentina del mal absoluto estaba inscripta en una vieja tradición de desobediencia y anomia, la carencia siempre presente del estado de derecho.

En lo que sigue, intentaré rastrear los orígenes de la desobediencia en la Argentina a través de su política, su derecho y su literatura. Sostendré que el proyecto político que creó nuestro Estado nacional fue construido sobre la exclusión de una gran parte de la población argentina, imponiendo así una autoridad que era ilegítima o percibida como tal. Mostraré también que aquellos que fueron dejados fuera de la política resistieron violentamente, pero también de una manera ilegítima. Esta tragedia de fuerza ilegítima contra fuerza ilegítima aparece también en nuestra literatura, y utilizaré algunos de los relatos de Borges y las evaluaciones de sus críticos para sostener que nuestro lenguaje también desempeña un rol importante en la creación de este ambiente político trágico. La última parte de este ensayo rastreará la emergencia de un incipiente estado de derecho con una manera diferente de tomar decisiones extraída de relatos de Borges y de desarrollos políticos y jurídicos recientes.

Dos historias

Una: cuando un automovilista cruza una luz roja en la Argentina y es detenido por la policía, da comienzo un diálogo. Este intercambio se desarrolla con la previsibilidad y certeza de un guión que todos conocen. El diálogo es así:

Policía: Buenas tardes, documentos, por favor.
Automovilista: Buenas tardes, aquí tiene...

Hasta aquí, el intercambio imprescindible. Las normas jurídicas no exigen este diálogo, pero las buenas maneras aceptan extenderlo hasta donde lo exija la amabilidad. Para el derecho, lo que debería seguir es la silenciosa acción del policía: confeccionar la multa y entregar una copia al infractor. La presentación de excusas o justificaciones debe esperar al encuentro con un juez. Sin embargo, y sorprendentemente, el intercambio continúa, en general a partir de una afirmación de la policía, que conduce la situación lejos de las instituciones que definen su rol, lejos del derecho. Esta extensión del diálogo, este material excedente, lleva inevitablemente a la oferta y aceptación de un soborno.

P.: Pasó en luz roja.
A.: Sí, lo que pasa es que...

Aquí se coloca alguna excusa como "llegaba tarde a buscar a los chicos", "estaba en amarillo", "no venía nadie", lo que puede dar lugar a un intercambio más o menos extenso respecto de su verosimilitud. La excusa, sin embargo, no es eficaz para detener el diálogo ni para evitar la sanción.

P.: Voy a tener que ponerle una multa.

Esta descripción de la obligación legal del policía es a la vez una amenaza de sanción, pero también constituye una invitación a continuar el diálogo. El anuncio de la sanción no implica necesariamente su ejecución. Así, la frase se convierte en una invitación que da pie para que surja la siguiente pregunta:

A.: ¿Cómo lo podemos arreglar?

Esta pregunta es ambigua. Puede ser una ratificación de un acuerdo que comenzó en el momento en que el diálogo se extendió más allá de lo que es legalmente necesario y que lleva al inevitable soborno. Puede ser también una aceptación resignada del papel de víctima de la coacción ilegal del policía. O puede ser, como parece sugerir la utilización del plural (*podemos*), la aceptación de pertenecer a una comunidad de dos que luchan (*arreglar*) contra la adversidad de una norma que los obliga a hacer cosas que no quieren: al policía lo obliga a poner una sanción *no yéndole nada en eso*[4] y al infractor a pagar una multa.

En este último sentido, el soborno es un favor mutuo entre iguales, un intercambio fraternal o, como se dice en

---

[4] Ésta es una cita del Quijote a la que volveré en ocasión de la referencia que hace Borges en su ensayo "Nuestro pobre individualismo". "Cuanto más, señores guardas, añadió don Quijote, que estos pobres no han cometido nada contra vosotros. Allá se lo haya cada uno con su pecado; Dios hay en el cielo, que no se descuida de castigar al malo ni de premiar al bueno, y no es bien que los hombres honrados sean verdugos de los otros hombres, *no yéndoles nada en ello*. Pido esto con esta mansedumbre y sosiego, porque tenga, si lo cumplís, algo que agradeceros; y, cuando de grado no lo hagáis, esta lanza y esta espada, con el valor de mi brazo, harán que lo hagáis por fuerza. ¡Donosa majadería! respondió el comisario ¡Bueno está el donaire con que ha salido a cabo de rato! ¡Los forzados del rey quiere que le dejemos, como si tuviéramos autoridad para soltarlos o él la tuviera para mandárnoslo! Váyase vuestra merced, señor, norabuena, su camino adelante, y enderécese ese bacín que trae en la cabeza, y no ande buscando tres pies al gato" (Cervantes Saavedra, M. de, *Don Quijote*, capítulo XXII).

la Argentina, una gauchada: en este caso, la no imposición de la sanción a cambio de unos pesos. El soborno constituye así una forma de salvación mutua: el policía salva al conductor de pagar una multa y el conductor salva al policía al aumentar su patrimonio.

La gauchada argentina es una demostración de generosidad, y está vinculada también a los valores de la hospitalidad, de la amabilidad frente a la adversidad que sufre el otro. Es una forma de la bondad, de la piedad, de la empatía. Es reconocer que uno siempre puede estar en la situación desventajosa del otro. Esta virtud argentina explica mucho de los que nosotros estimamos de las costumbres de nuestro país: la informalidad para decidir visitarnos, la flexibilidad para no poner límites horarios a una conversación, el hecho mismo de las conversaciones infinitas en bares acogedores o alrededor de un fuego, la excusa siempre a mano para el encuentro fraterno a expensas de las obligaciones y de las normas que regulan nuestra vida laboral.

Otra: un encumbrado funcionario público argentino me contó la siguiente historia. Se encontraba manejando por las complicadas autopistas de Los Angeles, apurado por entregar su auto de alquiler antes de subirse a un avión para regresar a la Argentina, cuando se dio cuenta de que estaba yendo en una dirección equivocada. Ansioso, hizo una vuelta en U para corregir su rumbo y fue detenido por un policía de caminos. Luego del mínimo saludo de rigor, el argentino comenzó a excusarse alegando su apuro, intentando comenzar el consabido diálogo guionado con la esperanza de ser reconocido como un igual. El policía le ordenó: "Silence!", y eso fue todo.[5]

---

[5] Véase también la escena del retorno a Estados Unidos, cruzando la frontera entre Estados Unidos y México en la película *Babel*, dirigida por Alejandro González Iñarritu, 143 min, 2006.

La anomia argentina

El guión del soborno no es un hecho aislado en la Argentina. La desobediencia a las normas es un rasgo generalizado. El incumplimiento de las normas del tránsito (que causan un número de accidentes, heridos y muertos que es récord mundial), el soborno para conseguir excepciones tanto del Estado como de las empresas privadas, el incumplimiento de las obligaciones contractuales (incluso con impacto internacional como lo saben los tenedores de bonos argentinos en el mundo) o la sucesión de golpes de Estado que en el siglo XX llevaron a conocidos hechos de violaciones masivas de derechos humanos son algunos ejemplos de esta tendencia.

En su libro sobre la desobediencia a las normas en la Argentina[6] Carlos Nino mostraba que las múltiples instancias en las que se comprueba este fenómeno son muchas de ellas ejemplos del efecto *free rider*, o sea, el que genera quien, para evitar la molestia de esperar su turno, avanza sobre la ventanilla a la que todos quieren llegar, mejorando su situación respecto de los que hacen la cola. El problema se produce cuando esa actitud excepcional se generaliza y todos se cuelan: la norma de ponerse en la cola desaparece y todos terminan peor, incluyendo al *free rider*.

La propuesta de Nino era sencilla: hacer cumplir la ley, incluso con métodos tales como incentivar las delaciones u organizar celadas policiales. Intenté, en alguna breve publicación, criticar estas soluciones.[7] Entre los diversos argumentos que usé, recurrí a lo que en ese momento me pareció un mero adorno en la argumen-

---

6 Nino, C., *Un país al margen de la ley*, Buenos Aires, Emecé, 1992.

7 Böhmer, M., "La celada legal y los fundamentos del proceso penal", en *La Ley* 1992-B, 959, Buenos Aires.

tación, una cita de un autor italiano, el famoso penalista Francesco Carrara. La cita parecía pertinente en el contexto de los temas que mi artículo abordaba. En efecto, yo admitía que en algunos casos parece inevitable que, para hacer cumplir la ley, existieran delatores y que la policía tienda celadas. Estas estrategias son particularmente relevantes en delitos tales como el soborno o la venta de estupefacientes a adultos que consienten, lo que los penalistas llaman "delitos sin víctima", porque el daño se distribuye en una gran cantidad de víctimas generando un problema de coordinación, o porque ambas partes consienten en realizar una transacción ilegal. Sin embargo, me parecía que la proliferación de delatores y de celadas harían de la sociedad un lugar en el cual uno dudaría que valiese la pena vivir, que era precisamente lo que afirmaba Carrara.

La respuesta de Nino es la siguiente:

> [...] contra lo que piensan Böhmer y Carrara, no veo tan mal combatir contra una moral siciliana de la complicidad en favor de una moral cívica. La imagen del recelo y la sospecha que nos hacen recordar situaciones como las de la Alemania nazi y la Unión Soviética stalinista, es sobrecogedora si no tomamos en cuenta que todo depende de si es legítimo y justo penar el hecho por el que podemos ser denunciados, y si se respetan las garantías del debido proceso. Si estas condiciones se satisfacen, yo no tendría ningún recelo en ser denunciado por una persona con la que tengo tratos, en la medida en que estoy dispuesto a mantenerme en los márgenes de la ley.[8]

La respuesta de Nino aclara la discusión. En efecto, la polémica debe centrarse en la cuestión de la legitimidad de la autoridad. Quienes están en contra de las celadas y las delaciones suponen una autoridad no le-

---

[8] Nino, C., *Juicio al mal absoluto, op. cit.*, págs. 266-267.

gítima y quienes las defienden suponen su legitimidad (como lo hace Nino cuando hace referencia a la justicia y a las garantías del debido proceso). Así, mi defensa de la moral siciliana no implicaba la justificación de la mafia, sino que trataba de explicarla en virtud de cierta forma de entender la historia de la relación de los sicilianos con la autoridad. Uno podría aventurar que dado que Sicilia fue siempre un lugar de invasión, y la invasión conllevaba el autoritarismo impuesto por el extranjero, el pueblo siciliano se niega a aceptar su autoridad como legítima, desobedeciendo y rechazando a los delatores como meros cómplices de un régimen tiránico. En tales circunstancias, cuando la relación con la autoridad se encuentra viciada, proponer el cumplimiento efectivo de las órdenes de la autoridad produce más incumplimiento y no menos.

La historia del automovilista y el policía puede ilustrar esta cuestión. Imaginemos que en el momento en que el soborno está ocurriendo alguien pasa y al ver lo que está ocurriendo, lo denuncia en una comisaría próxima. No creo equivocarme al afirmar que esta actitud estaría muy mal vista no sólo por los participantes en el soborno sino también por otros paseantes y por los policías que deberían tomar la denuncia. El lenguaje viene en mi ayuda. En efecto, palabras como "delator", "denunciante" o en el lunfardo argentino: "buchón", "botón", "bocón", "soplón", "batidor", "apuntador", "ortiba" son palabras que tienen una carga emotiva negativa y que remiten a la idea de traidor, de alguien que deja de lado las lealtades fraternales, que se aparta de la posibilidad de hacer una gauchada para ponerse a favor de una autoridad ilegítima. Una actitud que se describe en una conocida frase sustantivada: "No te metás", o en otra, más gráfica: "Yo, argentino", que significa yo no tengo nada que ver, no tengo ningún rol en este drama.

No puedo dejar de subrayar lo complicado que resulta para el derecho trabajar en una sociedad en la cual dar testimonio de violaciones de normas es una actividad socialmente vilipendiada.

Así, el hecho de la desobediencia en la Argentina está vinculado a ciertos hábitos sociales que se traducen en un lenguaje que erosiona/mina [*undermine*] la posibilidad de vincular la autoridad heterónoma (es decir, la voluntad de otros de que yo realice una acción contra mi voluntad) con la obediencia. En este contexto, sólo obedezco mi propia voluntad o el acuerdo fraternal entre mi voluntad y la de un prójimo inmediato (como veremos, alguien en quien me reconozco) sin que mi voluntad o el acuerdo precisen de ninguna conexión con reglas impuestas por autoridades ajenas a ellos. Los párrafos que siguen intentan contar la historia de ese lenguaje.

Martin Fierro: delincuente

> Comienzo por Borges
>
> El argentino, a diferencia de los americanos del Norte y de casi todos los europeos, no se identifica con el Estado. Ello puede atribuirse a la circunstancia de que, en este país, los gobiernos suelen ser pésimos o al hecho general de que el Estado es una inconcebible abstracción;[9] lo cierto es que el argentino es un individuo, no un ciudadano. Aforismos como el de Hegel "el Estado es la realidad de la idea moral" le parecen bromas siniestras. Los filmes elaborados en Hollywood repetidamente proponen a la admiración el caso de un hombre (generalmente, un periodista) que busca la

[9] "El Estado es impersonal: el argentino sólo concibe una relación personal. Por eso, para él, robar dineros públicos no es un crimen. Compruebo un hecho, no lo justifico o excuso" (la nota corresponde al mismo texto de Borges).

> amistad de un criminal para entregarlo después a la policía; el argentino, para quien la amistad es una pasión y la policía una *maffia*, siente que ese "héroe" es un incomprensible canalla [...].[10]

Hasta aquí el acuerdo con lo que venía sugiriendo. La idea de que la práctica política y la social dejan afuera la idea de derecho y de autoridad heterónoma, y de que sólo hay individuos unidos por la pasión de la amistad fraterna. Sin embargo, la literatura ingresa ahora en el análisis:

> [...] Siente con Don Quijote, "que allá se lo haya cada uno con su pecado" y que "no es bien que los hombres honrados sean verdugos de los otros hombres, no yéndoles nada en eso" [...] Más de una vez, ante las vanas simetrías del estilo español, he sospechado que diferimos insalvablemente de España; esas dos líneas del Quijote han bastado para convencerme del error; son como el símbolo tranquilo y secreto de nuestra afinidad. Profundamente lo confirma una noche de la literatura argentina: esa desesperada noche en la que un sargento de la policía rural gritó que no iba a consentir el delito de que se matara a un valiente, y se puso a pelear contra sus soldados, junto al desertor Martín Fierro.[11]

Para quienes son ajenos a la literatura argentina es necesario explicar el contexto narrativo en el que Borges escribe. Martin Fierro es el nombre del protagonista del poema *El Gaucho Martin Fierro*, que José Hernandez publicó en 1872. "Al comienzo, Martin Fierro se presenta como un "payador", una especie de trovador gaucho reconocido por su capacidad de improvisar en verso y cantar narraciones" y "afirma que su historia será de sufrimiento y desgracias, pues en cierto modo la sociedad liberal lo ha

---

[10] Borges, J. L., "Nuestro pobre individualismo", en *Otras inquisiciones*, *Obras completas* II, Buenos Aires, Emecé, 2009.

[11] *ibid.*

privado de todo salvo de su historia".[12] Más aún, él "observa que su desgracia no proviene de lo que ha hecho sino lo que él es; un gaucho".[13] y "que la suya es la historia de todos los gauchos".[14]

La forma de contarlo es la siguiente: El poema de Hernández comienza recordando un paraíso perdido de paz bucólica, una edad de oro donde todos trabajaban y cada cual tenía lo suyo. Pero esta tranquilidad es brutalmente interrumpida, y esa interrupción es la que da comienzo al texto. Dice:

Estaba el gaucho en su pago
con toda seguridá,
pero aura... ¡barbaridá!
la cosa anda tan fruncida
que gasta el pobre la vida
en juir de la autoridá.

¿Por qué tiene el gaucho que huir de la autoridad? ¿Qué es lo que ha hecho? Sigue Fierro:

Pues si usté pisa en su rancho
y si el alcalde lo sabe

lo caza lo mesmo que ave
aunque su mujer aborte...
¡no hay tiempo que no se acabe
ni tiento que no se corte!

Y al punto dése por muerto
si el alcalde lo bolea,
pues ahí nomás se le apea

---

[12] Shumway, N., *La invención de la Argentina, Historia de una idea*, Buenos Aires, Emecé, 1993, pág. 289.

[13] *ibid.*, pág. 289.

[14] *ibid.*, pág. 290.

con una felpa de palos.
Y después dicen que es malo
el gaucho si los pelea.[15]

¿Cuál es, entonces, el delito? A esta pregunta fundamental la responden sólo dos versos, muy ambiguos que le dan sentido a todo el poema: "Si usté pisa en su rancho" y "si el alcalde lo sabe"; eso es todo. "Si usté pisa en su rancho" es, entre otras cosas que uno podría conjeturar, una forma de decir que usted es propietario de su rancho, que pisa en él como el gallo "pisa" las gallinas para fecundarlas. Significa que usted es dueño de sus cosas. El delito entonces consiste en ser autónomo, y cuando el alcalde -o sea, la autoridad- se entera de que usted es autónomo y tiene propiedades, entonces se "completa" el delito que el gaucho cometió y va a ser ineludiblemente castigado por eso.

Los detalles son extensos, pero incluyen un paso involuntario por el ejército por negarse a votar a favor de un determinado candidato, la corrupción de los militares, la arbitrariedad, la tortura, la deserción y la comprobación de la pérdida de todo lo que tenía. Como resultado de estas injusticias se convierte en gaucho malo, y asesina sin justificación, con desprecio, machismo y racismo. La justicia lo busca y la partida del Sargento Cruz lo cerca hasta que Cruz se convierte a la causa de Fierro, lo salva y huyen juntos a territorio indio. Así, para la tradición cultural argentina Martin Fierro es el símbolo del excluido, del perseguido injustamente, y su encuentro con Cruz es el símbolo de la gauchada, de la solidaridad fraterna, de la valentía de alzarse contra la autoridad y luchar junto a los más débiles.

---

[15] Hernández, J., *El gaucho Martin Fierro. Canto II*, Buenos Aires, Losada, 1969.

Sin embargo, Borges describe ese encuentro con palabras que suenan desafinadas: "[...] esa desesperada noche en la que un sargento de la policía rural gritó que no iba a consentir el delito de que se matara a un valiente, y se puso a pelear contra sus soldados, junto al desertor Martín Fierro". Cruz es un "sargento de la policía rural", alguien con permiso estatal para portar armas, y con obligaciones y normas que definen su cargo. Sin embargo, se pone a pelear "contra sus soldados", contra aquellos a quienes debería cuidar de la violencia y las amenazas de los delincuentes. Cruz, en cambio, los mata, hiere o pone en fuga. Esta traición a los suyos nunca fue vista como tal porque, como surge del poema, Fierro es la representación de los suyos, de Cruz mismo, de quienes tienen la valentía de resistirse a la autoridad. Es por eso que, en oídos argentinos, hablar del "desertor" Martin Fierro suena extraño, suena a acusación, a delación, a traición.

Esa resignificación de Fierro llama la atención. El Fierro que todos los argentinos leímos es un héroe nacional, *El gaucho Martin Fierro* es *el* libro nacional, y en esta breve frase final de la cita de Borges, Cruz deja de ser la encarnación de la "gauchada" argentina para convertirse en un traidor a los suyos por defender a un criminal y, junto con él, enfrentar y matar a los representantes de la ley que tenían la obligación de aplicarla deteniendo a un desertor, un homicida. Esta lectura del Martin Fierro en términos de acusación no es sólo una interpretación literaria, sino que se alinea con cierta forma de entender la construcción de autoridad política en la Argentina, para la cual efectivamente el Martin Fierro es un hecho de desobediencia.

Facundo: fiscal

Quienes construyeron el Estado nacional en la Argentina a mediados del siglo XIX crearon, junto con las instituciones políticas, obras literarias que intentaron generar las narrativas necesarias para que estas instituciones funcionaran con eficacia. Una de estas obras, quizá la mejor obra literaria argentina del siglo XIX, es *Facundo*, del polifacético Domingo Faustino Sarmiento,[16] una figura descollante de la construcción del Estado argentino y uno de sus primeros presidentes constitucionales. El *Facundo* fue escrito en 1845, unos treinta años antes que el *Martin Fierro* y, a pesar de que se presenta como la biografía de un caudillo sangriento, es a la vez un ensayo geográfico, antropológico, costumbrista, y sobre todo, un diagnóstico político.

El *Martín Fierro* fue escrito por Hernández a la vuelta de una batalla perdida, casualmente contra el presidente Sarmiento. A la vuelta del exilio al que lo confinó esa derrota escribe el poema en un hotel de la Plaza de Mayo, frente a la Casa Rosada, frente al presidente Sarmiento, contra él. Un Sarmiento triunfante, treinta años después de haber escrito el *Facundo*, es el presidente de un Estado que su diagnóstico ayudó a imaginar y que ahora es una realidad. Los dos escritores se enfrentan literaria y políticamente. Borges ha dicho: si el *Facundo* es la acusación, el *Martín Fierro* es la defensa, pero ¿cuál era la acusación del *Facundo*? ¿De qué se está defendiendo Martín Fierro? La acusación forma parte del diagnóstico de los intelectuales que organizaron constitucionalmente la Argentina a mediados del siglo XIX. En efecto, para ellos –entre

---

16 Sarmiento, D. F., *Facundo. Civilización y barbarie*, Buenos Aires, Emecé, 1999.

otros, Alberdi, Sarmiento, Echeverría- los problemas de la Argentina eran la anarquía y la pobreza.

De acuerdo con sus narrativas, desde el comienzo del siglo XIX, la Argentina había estado sufriendo confrontaciones permanentes, comenzando con la guerra de la independencia, después la guerra civil y la anarquía, y culminando con la brutal dictadura de Rosas. La Argentina había ganado la lucha por convertirse en autónoma respecto de España, pero había perdido dramáticamente el desafío de organizar la convivencia pacífica de sus ciudadanos. La Argentina no pudo crear un sistema de autoridad aceptado por consenso, un esquema de derechos y respeto mutuo que legitimara algún tipo de orden social para defender los derechos de sus habitantes. El primer rasgo de este diagnóstico es, entonces, la anarquía, la existencia de múltiples autoridades y reglas sin un esquema institucional que coordinara la acción colectiva. El segundo rasgo es la pobreza, el otro enemigo a derrotar. De hecho, cruzar el territorio argentino tiene que haber sido una experiencia exasperante para esa generación. Un vasto desierto atravesado por ríos no navegados era todo lo que había por ver, una llanura fértil a la espera de producir los bienes que el mundo necesitaba.

No obstante, el primer problema trajo consigo su propia solución. La proliferación de autoridades había disminuido durante la represión ejercida por Rosas, y la centralización del poder en Buenos Aires había probado que era posible contener las ambiciones incompatibles de los caudillos. Por lo tanto, a la anarquía debía oponérsele la concentración de poder en pocas manos, a través de la creación de un sistema institucional que supusiera una alta concentración del poder. Las *Bases* de Alberdi[17]

---

[17] Alberdi, J. B., *Bases y puntos de partida para la organización política de la República Argentina*, San Miguel de Tucumán, Top Graph, 2002.

y la Constitución de 1853 son la traducción institucional de esta propuesta. Algunas de sus características son: un hiperpresidente (tomado de la Constitución chilena), el control de constitucionalidad en la voz última de una Corte Suprema federal que disciplina la interpretación de la Constitución a nivel nacional, códigos federales que le quitaban a las provincias la capacidad de reglamentar el derecho sustantivo, un Congreso bicameral con representación muy indirecta, con un grupo muy pequeño de senadores con poder de veto respecto de la Cámara de Diputados y requisitos de edad y de riqueza que excluían a las mayorías, etc. En fin: concentración de poder para terminar con la anarquía.

La pobreza, por otro lado, era imputada al hecho de vivir en un desierto,[18] escasamente poblado[19] por una raza tan inútil para el progreso[20] como para la democracia.[21] Ciertamente, de acuerdo con las descripciones lite-

---

18 "¿Qué nombre daréis, qué nombre merece un país compuesto de doscientas mil leguas de territorio y de una población de ochocientos mil habitantes? Un desierto. ¿Qué nombre daréis a la Constitución de ese país? La constitución de un desierto. Pues bien, ese país es la República Argentina; y cualquiera que sea su Constitución no será otra cosa por muchos años que la Constitución de un desierto. Pero, ¿cuál es la Constitución que mejor conviene al desierto? La que sirve para hacerlo desaparecer" Alberdi, J. B., *Bases y puntos de partida...*, *op. cit.*, cap. XXXI.

19 "El progreso moral, la cultura de la inteligencia descuidada en la tribu árabe o tártara, es aquí no sólo descuidada, sino imposible. ¿Dónde colocar la escuela para que asistan a recibir lecciones los niños diseminados a diez leguas de distancia en todas las direcciones?", en Sarmiento, D. F., *Facundo, op. cit.*

20 "Por lo demás, de la fusión de estas tres familias [españoles, indígenas y negros] ha resultado un todo homogéneo que se distingue por su amor a la ociosidad e incapacidad industrial", en Sarmiento, D. F., *op. cit.*

21 "[...] lo que hay es poco y malo. Conviene aumentar el número de nuestra población y, lo que es más, cambiar su condición en sentido ventajoso a la causa del progreso [...] Con tres millones de indígenas, cristianos y católicos, no realizaréis la república ciertamente. No la realizaríais tampoco

rarias del *Facundo* y debido a una larga tradición forjada por las necesidades y oportunidades del desierto, los gauchos desarrollan las pocas habilidades requeridas por su medio ambiente: andar a caballo, matar vacas y cruzar ríos, y no mucho más. Estas actividades no exigían las habilidades o emociones que Sarmiento entendía como necesarias para llevar adelante un modelo capitalista de desarrollo:[22] devoción al trabajo, vergüenza (la cual proviene de la coexistencia cercana en ciudades) y envidia (la cual inspira la competencia por una mayor cantidad y calidad de bienes). En la generosa geografía del "desierto", el gaucho no es vulnerable a la tentación de hábitos tan ajenos a sus intereses inmediatos.[23]

---

con cuatro millones de peninsulares, porque el español puro es incapaz de realizarla allá o acá. Si hemos de componer nuestra población para nuestro sistema de gobierno, si ha de sernos más posible hacer la población para el sistema proclamado que el sistema para la población, es necesario fomentar en nuestro suelo la población anglosajona. Ella está identificada con el vapor, el comercio y la libertad, y no será imposible radicar estas cosas entre nosotros sin la cooperación activa de esa raza de progreso y civilización", en Alberdi, J. B., *Bases y puntos de partida..., op. cit.*, cap. XXX.

22 "He aquí el fin de las constituciones hoy día: ellas deben propender a organizar y constituir los grandes medios prácticos de sacar a la América emancipada del estado oscuro y subalterno en que se encuentra [...] Hoy debemos constituirnos, si nos es permitido este lenguaje, para tener caminos de fierro, para ver navegados nuestros ríos, para ver opulentos y ricos nuestros Estados [...] Nuestros contratos o pactos constitucionales en la América del Sur deben ser especie de contratos mercantiles de sociedades colectivas, formadas especialmente para dar pobladores a estos desiertos, que bautizamos con los nombres pomposos de Repúblicas", en Alberdi, J. B., *Bases y puntos de partida..., op. cit.*, cap. X.

23 "[...] el estímulo falta, el ejemplo desaparece, la necesidad de manifestarse con dignidad que se siente en las ciudades no se hace sentir allí en el aislamiento y la soledad. Las privaciones indispensables justifican la pereza natural, y la frugalidad en los goces trae enseguida todas las exterioridades de la barbarie. La sociedad ha desaparecido completamente; queda sólo la familia feudal, aislada, reconcentrada; y habiendo sociedad reunida, toda clase de gobierno se hace imposible; la municipalidad no

Hay muchas soluciones posibles para el "problema" de una raza escasa e inconveniente, tales como su eliminación, la enseñanza de nuevos hábitos a las generaciones futuras, y la incorporación de otras razas. Es materia discutible si la eliminación del gaucho en la frontera india y en la guerra contra el Paraguay fue una política deliberada, pero es verdad que mientras estos enfrentamientos ocurrían, la Argentina estaba generando el proyecto de educación pública obligatoria más ambicioso que Latinoamérica había visto,[24] y comenzaba la búsqueda de un número imprevisto de inmigrantes que inundarían su territorio por cientos de miles.[25]

Resumiendo, si los problemas de la Argentina eran la anarquía y la pobreza, la propuesta resultante fue la concentración del poder en pocas manos, la educación, y sobre todo, la inmigración.[26] Este proyecto no tiene nada

existe, la policía no puede ejercerse y la justicia civil no tiene medios de alcanzar a los delincuentes", en Sarmiento D. F., *Facundo, op. cit.*

24 Halperín Donghi, T., *Una nación para el desierto argentino*, Buenos Aires, Editores de América Latina, 1997, pág. 115.

25 *ibid.*, pág. 116.

26 "Así el fin providencial de esa ley de expansión es el mejoramiento indefinido de la especie humana, por el cruzamiento de las razas, por la comunicación de las ideas y creencias, y por la nivelación de las poblaciones con las subsistencias. [...] Por desgracia su ejecución encontró en la América del Sur un obstáculo en el sistema de exclusión de sus primeros conquistadores [...] Las trabas y las prohibiciones del sistema colonial impidieron su población en escala grande y fecunda por los pueblos europeos, que acudían a la América del Norte, colonizada por un país de mejor sentido económico; siendo esa una de las principales causas de su superioridad respecto de la nuestra [...] Nos hallamos, pues, ante las exigencias de una ley que reclama para la civilización el suelo que mantenemos desierto para el atraso [...]. El socialismo europeo es el signo de un desequilibrio de cosas, que tarde o temprano tendrá en este continente su rechazo violento, si nuestra previsión no emplea desde hoy los medios de que esa ley se realice pacíficamente y en provecho de ambos mundos [...] Europa, lo mismo que América, padece por la violación hecha al curso natural de las cosas. Allá sobreabunda, hasta constituir un mal, la

que ver con pretensiones democráticas, temor de las minorías o mayorías, obsesiones federalistas o formalidades que controlen el poder discrecional de los jueces. El proyecto consistía en la creación de un Estado nacional que posibilitara el gobierno, lo que no era otra cosa más que poblar el desierto. Esto se convertiría posteriormente en el *leitmotiv* de la generación de 1880: orden y progreso.

Así que la estructura institucional argentina, de Sarmiento y su *Facundo*, de Alberdi y sus *Bases*, que se arma finalmente en la década de 1860 (y que termina con la creación de los códigos federales, en particular el Código Civil), constituye el Estado nacional. Pero a diferencia, por ejemplo, de Chile, el proceso no fue pacífico. La Argentina siempre tuvo, para bien o para mal, quienes opusieron resistencia al proyecto de creación de un Estado nacional excluyente. El *Martín Fierro* es la denuncia de los derrotados en el proceso de creación de nuestro Estado nacional.

Ahora se entiende la frase de Borges: el *Facundo* acusa al gaucho de impedir el progreso argentino, de desobedecer cometiendo delitos, de no permitir la creación de una estructura institucional que defienda los derechos individuales (propiedad y libertad de religión, sobre todo) que sostengan el capitalismo y permitan persuadir a los europeos del Norte de inmigrar. Y el *Martin Fierro* lo defiende diciendo que esa forma particular de construcción de progreso es discriminatoria, excluyente, no democrática. Una división que se repetirá en la historia argentina: derechos sin democracia y democracia sin derechos. Al definir a Martin Fierro como un desertor, Borges se suma

población de que aquí tenemos necesidad vital. ¿Llegarán aquellas sociedades hasta un desquicio fundamental por cuestiones de propiedad, cuando tenemos a su alcance un quinto del globo terráqueo deshabitado?", en Alberdi, J. B., *Bases y puntos de partida...*, *op. cit.*, Introducción, págs. 1-2.

a las filas de los acusadores. Como evidencia adicional de esta postura, afirma famosa y polémicamente que si el *Facundo* hubiera sido nuestro libro de cabecera, nuestro libro nacional, en lugar del *Martín Fierro,* otro hubiera sido nuestro destino, y mejor.[27] Éste es el origen de la tragedia argentina, la violenta controversia entre quienes capturan el poder institucional excluyendo a los otros, y los que se resisten a la exclusión desobedeciendo.

Autoridad ilegítima y violencia ilegítima. El orden (necesario, trágico) de la barbarie: una espiral infinita de violencia

Es interesante advertir cómo se repite esta idea de que la desobediencia se legitima cuando se considera a la autoridad como ilegítima. El gaucho desobedece porque la autoridad que reclama obediencia es ilegítima, y se queja que no se lo comprenda: "Y después dicen que es malo / el gaucho si los pelea". Esta queja es equivalente a otros lamentos trágicos, como el de Electra, recogido por Weil: "En estas condiciones no puedo ser ni razonable, amigas, ni buena. Aquellos a quienes se hace demasiado mal no pueden evitar volverse malos".[28] La inevitabilidad del mal en quienes han sido maltratados da lugar, en la literatura gauchesca, a un arquetipo que se conoce, desde el *Facundo* como "el gaucho malo". En el caso del encuentro entre Cruz y Fierro, la historia personal que el primero cuenta es prácticamente equivalente a la que conocemos de Fierro: una afrenta de la autoridad (en este caso el adulterio de su mujer con su jefe, un comandante del

---

[27] Borges, J. L., "Prólogo con un prólogo de prólogos", en *Obras completas IV*, Buenos Aires, Emecé, 1996.

[28] Weil, S., "Electra", en *La fuente griega,* Madrid, Trotta, 2005, pág. 66.

Ejército) da lugar a la comisión de un asesinato por parte de Cruz, quien huye. Luego de un tiempo y con varios asesinatos de los que dar cuenta, un favor de un amigo le permite llegar a un juez que lo convierte en policía antes del encuentro con Fierro.

La desobediencia de ambos, entonces, a pesar de excusarse en la resistencia a la autoridad ilegítima, corrupta, no lleva a la construcción de otro tipo de autoridad, esta vez legítima (como el caso de Robin Hood y algunos *westerns* en los que el cowboy vengativo se calza finalmente la estrella y se convierte en autoridad aclamada por la comunidad para instaurar el *rule of law*). La desobediencia de ambos, como veremos más adelante, la de Orestes (y como la que soñara Electra), es también ilegítima. En el caso de Cruz y Fierro, matan sin razón, aleatoriamente, con excusas discriminatorias, racistas, sin excusas, porque sí. En el caso de Orestes, la desobediencia a la autoridad (ilegítima, regicida) de Egisto y de Clitenmestra, asesinos de Agamenón, es a su vez también homicida, regicida, matricida. Así se mueve la espiral de la violencia: autoridad ilegítima contra desobediencia ilegítima.

Una vez identificada la tragedia -los dos tienen razón y los dos no la tienen- Borges se regodea en las posibilidades narrativas de la infinita espiral de violencia, y agrega un ingrediente más, un componente trágico por excelencia: el destino. Así, en "Biografía de Tadeo Isidoro Cruz" (BTIC), Borges conjetura la historia desde el punto de vista del sargento Cruz:

> El criminal salió de la guarida para pelearlos, Cruz lo entrevió, terrible, la crecida melena y la barba gris parecían comerle la cara, un motivo notorio me vela referir la pelea. Básteme recordar que el desertor malhirió o mató a varios de los hombres de Cruz. Éste, mientras combatía en la oscuridad (mientras su cuerpo combatía en la oscuridad), empezó a comprender. Comprendió que un destino no es

> mejor que otro, pero que todo hombre debe acatar el que lleva adentro. Comprendió que las jinetas y el uniforme ya lo estorbaban. Comprendió su íntimo destino de lobo, no de perro gregario; comprendió que el otro era él. Amanecía en la desaforada llanura; Cruz arrojó por tierra el kepis, gritó que no iba a consentir el delito de que se matara un valiente y se puso a pelear contra los soldados, junto al desertor Martín Fierro.[29]

A la excusa de la reacción criminal frente a la ley, basada en la ilegitimidad de la autoridad, Borges le agrega la inevitabilidad, la animalidad (el orgulloso y temible lobo frente al lamentable perro gregario) de la maldad de quien no tiene otra opción sino obedecer a su destino. Así, la tragedia no tiene salida. La autoridad ilegítima desata el destino de quienes se le resisten criminalmente. Así se construye la inacabable repetición de la violencia que constituye el *orden de la barbarie*: un oxímoron que, en la mejor tradición borgeana, desata el infinito.[30] De esta forma, el encuentro de Cruz con Fierro deja de ser sólo el encuentro fraterno entre dos que se unen para resistir a la autoridad injusta, el símbolo de la gauchada que se repite entre el policía y el infractor. Es también el destino inevitable de dos que se reconocen como iguales, dos que son el mismo.

El malevo: un gaucho sin excusas

Así como Borges cuenta (explica, defiende) la posición del gaucho en "Biografía de Tadeo Isidoro Cruz" (BTIC), también le presta lenguaje al estereotipo de la violencia

---

[29] Borges, J. L., "Biografía de Tadeo Isidoro Cruz", en *El Aleph, Obras completas I*, Buenos Aires, Emecé, 1996.

[30] Avaro, N., "La Enumeración", en Sarmiento-Hernández-Borges-Arlt, *Los clásicos argentinos*, Rosario, Editorial Municipal de Rosario, 2005.

urbana, al personaje que es al tango y a la ciudad lo que el gaucho es al folklore y al campo: el malevo, el compadrito. En "Hombre de la esquina rosada" (HER), Francisco Real aparece en un burdel para buscar a Rosendo Juárez, un malevo como él, pero famoso, y desafiarlo a pelear. Luego de atravesar la pista de baile y de ser humillado por todos sin reaccionar, se enfrenta con Juárez: "Yo les he consentido a estos infelices que me alzaran la mano, porque lo que estoy buscando es un hombre [...] Quiero encontrarlo pa que me enseñe a mí, que soy naides, lo que es un hombre de coraje y de vista".[31] Para sorpresa de todos, Juárez dice algo que no se escucha y se niega a pelear. Su compañera, la Lujanera, le alcanza un cuchillo que Juárez arroja por una ventana. Real ahora dice: "De asco no te carneo... y alzó, para castigarlo, la mano. Entonces la Lujanera se le prendió y le echó los brazos al cuello y lo miró con esos ojos y le dijo con ira: -Dejálo a ése, que nos hizo creer que era un hombre".[32] Luego Real y la Lujanera se van juntos.

La historia está narrada en primera persona por un admirador de Juárez, quien cuenta que al poco tiempo de haber salido del baile, Real regresa para morir de una herida de puñal, en el suelo del burdel. Esto es lo que cuenta la Lujanera: "[...] en eso cae un desconocido y lo llama como desesperado para pelear y le infiere esa puñalada y que ella jura que no sabe quién es y que no es Rosendo. ¿Quién le iba a creer?".[33] La llegada de la policía apura la huida de muchos. El narrador vuelve a su rancho y adivina la presencia de la Lujanera. "EL hombre de la esquina rosada" termina así: "Entonces, Borges, volví a sacar el cuchillo corto y filoso que yo sabía cargar aquí, en el cha-

---

31 Borges, J. L., "Hombre de la Esquina Rosada", en *Ficciones, Obras completas I, op. cit.*, pág. 331.

32 *Ibid.*, pág. 331.

33 *Ibid.*, pág. 333.

leco, junto al sobaco izquierdo, y le pegué otra revisada despacio, y estaba como nuevo, inocente, y no quedaba ni un rastrito de sangre".[34]

Del culto de la amistad que enfrenta al poder ahora pasamos, unos años después, hacia el 1900, a "la secta del cuchillo y del coraje".[35] La violencia ahora ocurre ya sin siquiera la necesidad de una excusa. En el culto del coraje, la barbarie es el puro orden de la infinita sucesión de muertes y de venganzas. La violencia es infinita, y como el destino, inevitable. Nadie la puede detener, y si alguien se subleva, como Juárez, otro tomará su lugar, como el narrador. La Lujanera es quizá la metáfora de ese destino de violencia que pasa de mano en mano y que define lo que significa ser hombre, ser alguien. "[L]a guerra servía, como la mujer, para que se probaran los hombres".[36]

La literatura argentina contra la ley

> "¿Cuál es la tradición argentina? Creo que podemos contestar fácilmente y que no hay problema en esa pregunta. Creo que nuestra tradición es toda la cultura occidental, y creo también que tenemos derecho a esa tradición, mayor que el que pueden tener los habitantes de una u otra nación occidental."
>
> J. L. Borges[37]

---

[34] *Ibid.*, pág. 334.

[35] ¿Dónde estará (repito) el malevaje / Que fundó en polvorientos callejones / De tierra o en perdidas poblaciones / La secta del cuchillo y el coraje?, en Borges, J. L., "Tango", *El otro, el mismo, Obras completas II*, Buenos Aires, Emecé, 2007, pág. 203.

[36] Borges, J. L., "La otra muerte", en *El Aleph, Obras completas I, op. cit.*, pág. 571.

[37] Borges, J. L., "El escritor argentino y la tradición", *Discusión, Obras Completas*, Buenos Aires, Emecé, 1974, pág. 272.

Como dije, Borges afirma que si el *Facundo*, la imposición de la civilización sobre la barbarie, hubiera sido nuestro libro nacional, otro hubiera sido nuestro destino, y mejor.[38] Esta cita mostraría a un Borges alineado con la imposición elitista, excluyente, del progreso, un Borges banalmente autoritario. Sin embargo, su literatura lo salva de esa banalidad y produce la inevitabilidad del orden de la barbarie, su repetición infinita, la violación permanente de los dictados de la ley escrita. En ese sentido Josefina Ludmer[39] señala:

> [...] uno de los fundamentos de la escritura de Borges es el tratamiento transgresivo, o la confrontación, de toda legalidad, literaria y jurídica.

Borges efectivamente arma su literatura apropiándose del canon occidental, y lo hace con toda la extensión del derecho de propiedad clásico, que incluye la capacidad de destruirlo: "Los argentinos, los sudamericanos en general [...] podemos manejar todos los temas europeos, manejarlos sin supersticiones, con una irreverencia que puede tener, y ya tiene, consecuencias afortunadas".[40] Esta postura avalaría lo que aquí identifiqué como una instancia más del mecanismo borgeano en el cual un oxímoron abre el infinito y permite la literatura. En este caso particular, permite la aparición de la literatura argentina: un tema europeo (el bandido perseguido, el violento honorable) que se destruye por la repetición infinita, la cual, una vez planteada, no deja nada más que decir, es la presencia infinita de la violencia (argentina), pero el fin del género literario (europeo) del bandido.

---

[38] Borges, J. L., "Domingo Faustino Sarmiento: Facundo", en "Prólogo con un prólogo de prólogos", *Obras completas IV*, *op. cit.*, pág 154.

[39] Ludmer, J., "Borges contra la ley", en www.udesa.edu.ar/files/Events/archivos/JLudmer-Borges.pdf.

[40] *Id.* nota 36.

En la misma propuesta de Ludmer, Borges le escribe el final a la saga de Martin Fierro en un cuento que se llama, justamente, "El fin" (un texto de 1953) en el que viola tanto el canon literario de la literatura gauchesca como la legalidad que Martin Fierro había aceptado en la segunda parte del poema, llamado también justamente, *La vuelta de Martin Fierro*. En él un José Hernández domesticado, que intenta volver a la política y alejarse de la desobediencia violenta, muestra esta posibilidad cambiándole el destino a su personaje: Martin Fierro vuelve de su vida con los indios a enfrentarse cantando con el hermano del Moreno a quien asesinó en la primera parte del poema. Luego de evitar la pelea, quitarle a su contrincante la posibilidad de la venganza, y a la tragedia su posibilidad de repetición, sale a reencontrarse con sus hijos, a quienes les aconseja trabajar, no matar, no robar, respetar la ley. En palabras de Ludmer, Borges

> toma *La vuelta de Martin Fierro*, el clásico de la Argentina, y le pone otro final y otro desenlace. En "El fin" se ve su tratamiento de la ley (contra la ley) en los dos sentidos del término: como canon literario y como canon jurídico al mismo tiempo. "El fin" es una "corrección" o tergiversación de *La vuelta*, que funciona como ley en tanto texto canónico o clásico. Pero además, en *La vuelta*, Martín Fierro representa "la ley" establecida en los consejos a sus hijos: el hombre no mata al hombre, el robo es un delito.
>
> [...] *La vuelta* es el texto pacífico y de integración de los gauchos en el proyecto nacional. La guerra a cuchillo se transforma en guerra puramente verbal en la payada de Fierro y el negro; en 1879, en el momento de la unificación jurídica y la constitución del Estado, las disputas se solucionan con diálogo. Y por lo tanto el negro no pudo vengar a su hermano asesinado por Martín Fierro en 1872 [...] *el negro*.[41]

---

[41] *ibid.*

En "El fin", Martin Fierro deja a sus hijos y vuelve a buscar al hermano del negro, que lo estaba esperando para ofrecerle la posibilidad de la venganza. Luego de un breve diálogo, el negro lo mata en una pelea a cielo abierto. Nuevamente Ludmer:

> Aquí interviene Borges para violar el texto sagrado. En "El fin" Martín Fierro se separa de sus propios consejos, reniega de sí mismo, viola la ley que transmitió a sus hijos, asume la antigua justicia y saca el cuchillo. Pero el negro se tiende en una puñalada final y venga por fin a su hermano mayor: en 1953, el negro hace justicia: una justicia oral, familiar. Allí Borges da otra vuelta a *La vuelta*, o le inventa un verdadero fin que no es más que otro principio, porque el negro que mata al viejo Martín Fierro para vengar a su hermano mayor se transforma en el mismo Martín Fierro de *La ida*: había matado a un hombre, se había "desgraciado", y no tenía destino sobre la tierra. Borges viola y cierra el clásico, y lo hace retornar a su punto de partida, a la Ida del negro, al Martín Fierro de un negro.[42]

La tragedia no permite renunciamientos, nadie escapa a la lógica inevitable de la sucesión de venganzas, ni Martin Fierro, ni el negro. En ella ambos pierden, y como Cruz y Fierro, son el mismo. La cita de Borges, el fin de "El fin" es: "Limpió el facón ensangrentado[43] en el pasto y volvió a las casas con lentitud, sin mirar para atrás. Cumplida su tarea de justiciero, ahora era nadie. Mejor dicho era el otro: no tenía destino sobre la tierra y había matado a un hombre".[44] Es la aparición de la literatura, otra vez el mecanismo del oxímoron que desata el infinito: la "tarea de justiciero", la venganza, se le impo-

---

[42] *ibid.*, nota 331.

[43] Como Martin Fierro luego de matar a su hermano: "Limpié el facón en los pastos", y como la frase final del narrador de "El hombre de la esquina rosada": "[...] y no quedaba ni un rastrito de sangre".

[44] Borges, J. L., "El fin", en *Ficciones, Obras completas I, op cit.*

ne como una obligación, como un destino, y le quita su identidad, su capacidad de decisión, (otra vez) su destino: "No tenía destino sobre la tierra" (destino-no destino: el oxímoron). Pero algo se agrega: "Y había matado a un hombre", lo que genera una vez más la posibilidad de la venganza (en este caso la de los hijos de Fierro, quienes, violando la ley paterna, volverían a buscar al negro como hizo su padre, y así, al infinito). Borges no se detiene allí, desarrolla su literatura a través de la apropiación del canon occidental, y lo hace con toda la extensión de los derechos clásicos de propiedad, es decir, comprendiendo incluso la capacidad de destruirlo: "[...] los argentinos, los sudamericanos en general [...] podemos manejar todos los temas europeos, manejarlos sin supersticiones, con una irreverencia que puede tener, y ya tiene, consecuencias afortunadas".[45]

La lógica de la destrucción normativa procede también contra "el canon literario de la lengua: el Quijote de Cervantes".[46] En "Pierre Menard, autor del Quijote", el narrador cuenta la historia de Pierre Menard, un francés que a comienzos del siglo XX intenta escribir el Quijote. "No quería componer otro Quijote -lo cual es fácil- sino *el Quijote*".[47] Menard apenas pudo escribir los capítulos IX y XXXVIII. y un fragmento del XXII. Otra vez Ludmer:

> Veamos qué hace con el canon literario de la lengua: el Quijote de Cervantes. Los clásicos son el punto de partida de la literatura de Borges porque el texto clásico funciona siempre como ley a transgredir en su escritu-

---

45 Borges, J. L., "El escritor argentino y la tradición", en *Discusión, Obras Completas, op. cit.*

46 Ludmer, J., "Borges contra la ley", *op. cit.*

47 Borges, J. L., "Pierre Menard, autor del Quijote", en *Ficciones, Obras completas I, op. cit.*

> ra. Esto ya se ve en su primer texto de ficción, "Pierre Menard autor del Quijote", donde le cambia el autor, o le inventa otro autor, al clásico. En el título mismo hay, entonces, un delito contra el derecho de autor, contra el mismo Miguel de Cervantes. Y en el relato se cuenta otro delito contra el Quijote: un plagio de dos capítulos realizado por un francés a comienzos del siglo XX. En otros términos, "Pierre Menard, autor del Quijote", una falsa atribución y un plagio, es un doble ataque al texto clásico desde el punto de vista del derecho: contra los derechos de autor y contra el carácter inviolable del texto. Borges piensa o escribe a partir del clásico de la lengua para violarlo en tanto título y texto. Y con esto debuta en la ficción en 1939.
> [...] Dos problemas, entonces, en la escritura de Borges: por un lado el tratamiento del canon literario, del texto clásico que hay que atacar, tergiversar, plagiar, cambiarle de autor, cambiarle el sentido y el final. Y por el otro lado el tratamiento del canon jurídico o de la ley escrita que hay que atacar para ejercer la venganza: la ley pierde siempre. Como pierde Narciso Laprida, "hombre de cánones y de leyes", en el "Poema conjetural".[48]

Como en las dos primeras partes de la *Orestíada*, como en *Edipo*, como en *Antígona*, la ley pierde siempre. La tragedia se construye en la inevitabilidad de la violación de la ley, de alguna ley. La ley, como dice Ludmer, siempre pierde. Si es esta la forma de armar sociabilidad en la Argentina, si la gauchada es la complicidad en la violación de la ley, entonces la posibilidad de crear estado de derecho o cualquier tipo de autoridad legítima, que cuente con el consentimiento de los afectados por sus decisiones, se vuelve imposible, porque por principio la identidad de los actores se constituye a partir de la violación de la ley, incluyendo su lenguaje, y su literatura.

---

[48] Ludmer, J., "Borges contra la ley", *op. cit.*

Una salida posible

Volvamos brevemente a Menard. Es cierto que Menard cuenta la historia de un plagio, pero es mucho más que eso. Si Menard fuera sólo la narración de la estafa de un farsante no sería literatura, o no sería literatura borgeana. La idea de alguien que pretende escribir el Quijote ("inútil agregar que no encaró nunca una transcripción mecánica del original; no se proponía copiarlo. Su admirable ambición era producir unas páginas que coincidieran -palabra por palabra y línea por línea- con las de Miguel de Cervantes"[49]) da lugar a uno de los más maravillosos relatos de Borges. Las metodologías para hacerlo, sugeridas y descartadas, son una excusa más para volver a consultar el texto. En particular, aquí me interesa referirme a la valoración de los textos idénticos de Cervantes y Menard en el siguiente fragmento, que comienza enunciando de nuevo el oxímoron y el infinito:

> El texto de Cervantes y el de Menard son verbalmente idénticos, pero el segundo es casi infinitamente más rico. (Más ambiguo, dirán sus detractores; pero la ambigüedad es una riqueza.)
> Es una revelación cotejar el *Don Quijote* de Menard con el de Cervantes. Éste, por ejemplo, escribió (Don Quijote, primera parte, noveno capítulo):
> *[...] la verdad, cuya madre es la historia, émula del tiempo, depósito de las acciones, testigo de lo pasado, ejemplo y aviso de lo presente, advertencia de lo por venir.*
> Redactada en el siglo diecisiete, redactada por el "ingenio lego" Cervantes, esa enumeración es un mero elogio retórico de la historia. Menard, en cambio, escribe:
> *... la verdad, cuya madre es la historia, émula del tiempo, depósito de las acciones, testigo de lo pasado, ejemplo y aviso de lo presente, advertencia de lo por venir.*

---

[49] Borges, J. L., "Pierre Menard, autor del Quijote", *Ficciones, Obras completas I, op. cit.*

> La historia, *madre* de la verdad; la idea es asombrosa. Menard, contemporáneo de William James, no define la historia como una indagación de la realidad sino como su origen. La verdad histórica, para él, no es lo que sucedió; es lo que juzgamos que sucedió. Las cláusulas finales -*ejemplo y aviso de lo presente, advertencia de lo por venir*- son descaradamente pragmáticas.
> También es vívido el contraste de los estilos. El estilo arcaizante de Menard -extranjero al fin- adolece de alguna afectación. No así el del precursor, que maneja con desenfado el español corriente de su época.[50]

El texto no importa, lo que lo define, lo que lo crea, lo que lo valora es la interpretación, la imposición de un contexto. Si asumimos que lo escribió Cervantes es una obra, si lo escribió Menard es otra. No hay texto, hay lecturas, infinitas lecturas. Hay la pura libertad de la práctica del leer. El texto no es la letra, es la actividad de interpretarlo. Y si no hay texto, no hay plagio. Plagiar el Quijote supondría escribirlo de forma idéntica, y eso es imposible porque el Quijote de Cervantes es un hecho único e irrepetible. Como dice Borges en el acápite citado al comienzo de esta parte, "nuestra tradición es toda la cultura occidental, y [...] tenemos derecho a esa tradición". Somos sus dueños, no sus plagiarios, nos adueñamos de ella para leerla y transformarla.

Detrás de la acusación de violador de la ley que se le hace a Borges, se esconde la idea formalista de que la ley es texto no interpretable, meras órdenes que se imponen por la fuerza. Borges en Menard niega esa imputación y afirma que la ley (la literatura) es apenas una invitación al diálogo, una sugerencia de la forma en que ciertos textos pueden ser leídos, una propuesta de contextos dentro de los cuales entender el significado de ciertos símbolos.

---

50 *ibid.*

Borges rompe el supuesto de que la literatura es una lista de textos canónicos y propone listas inverosímiles no de textos sino de formas interesantes de leerlos. La literatura es una forma de leer, no de escribir. Es un diálogo entre el escritor y sus infinitos lectores o mejor aun, sólo entre los lectores.

Ahora el derecho. El derecho que pierde en los relatos y poemas de Borges es el que busca imponerse como texto. La ley que siempre pierde es la letra de la ley, así como también pierden quienes la dicen: los letrados. Así, en el "Poema Conjetural" se relata el asesinato de un soldado argentino, abogado, letrado, a manos de los gauchos:

> [...] Yo, que estudié las leyes y los cánones,
> yo, Francisco Narciso de Laprida,
> cuya voz declaró la independencia
> de estas crueles provincias, derrotado,
> de sangre y de sudor manchado el rostro,
> sin esperanza ni temor, perdido,
> huyo hacia el Sur por arrabales últimos.
> [...] Yo que anhelé ser otro, ser un hombre
> de sentencias, de libros, de dictámenes
> a cielo abierto yaceré entre ciénagas;
> pero me endiosa el pecho inexplicable
> un júbilo secreto. Al fin me encuentro
> con mi destino sudamericano [...].[51]

El formalismo de pensar que la ley es puro texto y el positivismo ideológico que ordena la aplicación y el cumplimiento de la ley sin interpretación no invitan al diálogo. Intentan imponer la pura voluntad de quien cree tener la autoridad de hacerlo. Y frente a esa imposición sólo hay sometimiento o resistencia, no diálogo. La felicidad de Laprida es la de haber encontrado su lugar en la narración

---

[51] Borges, J. L., "Poema Conjetural", en *El otro, el mismo, Obras completas II, op, cit.*, pág. 867.

del destino sudamericano: la muerte violenta. Laprida es parte ahora de la infinita sucesión de muertes y de venganzas. El es los otros (los victoriosos bárbaros: los gauchos), y no es nadie. ¿Cómo se sale de la tragedia? ¿Cómo termina la sucesión infinita de muertes? ¿Cómo nacen los procedimientos del derecho para hacer morir la tragedia?

Lo que sigue es un intento de responder a estas cuestiones a partir de la tragedia de Esquilo, *La Orestíada.*

La Orestíada. El nacimiento del derecho

En *La Orestíada*, la tragedia se arma una vez más a partir de la aplicación formal de las leyes contradictorias del honor filial y de la prohibición del matricidio, es la disputa entre Apolo y las Furias por la suerte de Orestes. El primero lo defiende sosteniendo la justificación del asesinato de Egisto y Clitenmestra por ser ellos los culpables del asesinato de Agamenón, el padre de Orestes. Las Furias, por su parte buscan el castigo de Orestes por matricida. Los dos tienen razón, los dos están equivocados. La contradicción entre normas lleva a que todo está prohibido y todo permitido, a que no hay norma, en definitiva, a la anarquía de la violencia permanente.

Orestes, a instancias de Apolo, busca refugio en el templo de Atena, las Furias, a instancias del espíritu de Clitenmestra, lo persiguen. El templo es un límite para las Furias, un refugio para Orestes. Atena inquiere por las razones de la disputa y las Furias se quejan porque Orestes no quiere confesar. Aquí Atena pronuncia una aseveración notable: "Prefieres la justicia que habla a la que obra" le dice al Coro de las Euménides, las Furias. El diálogo continúa así:

> Corifeo: ¿Cómo? Explícate, pues no carecemos de sabiduría.
> Atenea: Quiero decir que con juramentos la injusticia no triunfa.
> Corifeo: Entonces interroga y pronuncia una sentencia justa.
> Atenea: Así, ¿me confías a mí la decisión de la causa?
> Corifeo: ¿Cómo no? Te honro dignamente tal como te mereces.[52]

Las Euménides han entrado en el diálogo propuesto por Atena y acordado jugar el juego del juicio. Es el comienzo del fin. A este acuerdo sigue un proceso con testigos, jurado y reglas de decisión: en caso de empate de los jurados, Atena se guarda el voto decisivo. Previsiblemente, las demandas de las dos partes se enfrentan y empatan en capacidad de persuasión: los jurados traen un voto dividido y Atena decide. Su decisión favorece a Orestes y es francamente arbitraria. Atena, no nacida de mujer alguna, misóginamente decide contra la madre.

Las Euménides están coléricas, pero Atena no termina su trabajo en la sola enunciación unilateral de la sentencia. No deja el texto solo. El diálogo continúa con Atena persuadiendo a las Eumenides para que se queden en Atenas, contribuyendo a la realización de la justicia con sus poderes de intimidación. El discurso de la diosa es una pieza oratoria de persuasión clásica de una estadista: amenazas, promesas de recompensas, lenguaje amable pero firme en palabras que el interlocutor pueda entender. Empatía y distancia.[53]

El círculo trágico de la violencia se detiene cuando las partes dejan de lado los monólogos para aceptar el diálogo reglado, cuando la ley no es sólo el texto sino

---

[52] Esquilo, *Orestíada*, versión electrónica en http://www.esquilo.org/las_eumenides.asp.

[53] Véase Kronman, A., *The Lost Lawyer*, Cambridge, Harvard University Press, 1996, cap. 2.

que se convierte en una práctica argumental compartida, en un proceso para generar decisiones con capacidad de ser obedecidas, autoridad eficaz, derecho. Como *El Quijote* se convierte en literatura cuando alguien lo lee en diálogo con quien se imagina que lo escribió, así las leyes se convierten en derecho cuando alguien entra en diálogo con otro con el objetivo de interpretarlo, aplicarlo y obedecerlo.

¿Cuál es el gesto que hace posible el diálogo? En el caso de Menard la aceptación por buena de la afirmación de que el texto que leo fue escrito por él. La confianza en que lo que el otro dice es verdad, el acuerdo en ser iguales. En el caso de *La Orestíada*, la conciencia de ambas partes de que están en una situación de empate, de igualdad: las Furias no pueden matar a Orestes, Orestes no puede escapar. El hecho del empate los ata en una situación de la que no pueden salir: sólo pueden reeditar otro empate, el que conduce al espiral infinito de violencia. La oferta de Atena les permite a las Furias aceptar el empate y dejar atrás la creencia de que pueden ganar. Si la decisión de Atena hubiera sido final, el problema hubiera continuado: o Atena se volvía autoritaria y reprimía a la parte perdedora, o la violencia volvía a perseguir a los contrincantes. La sentencia afirma la vida, sin demasiadas razones, pero no queda allí. Tiene en cuenta a la parte perdedora: sigue dialogando. La destreza de estadista de Atena persuade a las Furias de dejar de ser pura voluntad de castigo y de convertirse en otra cosa: en autoridades atenienses que guardan la posibilidad de procesos dialogados que permitirán que las leyes sean obedecidas.

¿Cuándo nace el diálogo en el Martin Fierro de Borges? ¿Cómo desarmar el artefacto que arma Ludmer? En "El fin" el diálogo se presenta como pura esperanza, y tal vez con algún incentivo para que suceda. Recordemos la escena: Martin Fierro vuelve a la cita inexorable de la venganza. Vuelve a donde había dejado una pelea sin terminar: la que le daría la oportunidad al moreno para vengar la muerte de su hermano a manos de Fierro. Estas son las primeras palabras de Fierro:

> -Ya sabía yo, señor, que podía contar con usted.

El otro, con voz áspera, replicó:

> -Y yo con vos, moreno. Una porción de días te hice esperar, pero aquí he venido.

Hubo un silencio. Al fin el negro respondió:

> -Me estoy acostumbrando a esperar. He esperado siete años.

El otro explicó sin apuro:

> -Más de siete años pasé yo sin ver a mis hijos. Los encontré ese día y no quise mostrarme como un hombre que anda a las puñaladas.[54]

Lo que dispara el diálogo, luego de la aceptación de la disculpa por la demora, es la vergüenza. A esta altura del relato, la vergüenza surge de la renuencia de Fierro a mostrarse ante sus hijos "como un hombre que anda a las puñaladas".

> -Ya me hice cargo -dijo el negro-. Espero que los dejó con salud.
> El forastero, que se había sentado en el mostrador, se rió de buena gana. Pidió una caña y la paladeó sin concluirla.
> -Les di buenos consejos -declaró-, que nunca están de más y no cuestan nada. Les dije, entre otras cosas, que el hombre no debe derramar la sangre del hombre.

Un lento acorde precedió la respuesta del negro:

> -Hizo bien. Así no se parecerán a nosotros.[55]

---

[54] Borges, J. L., "El fin", en *Ficciones, Obras completas I, op cit.*

[55] *ibid.*

El otro también reconoce la vergüenza de ser uno de los hombres que derraman sangre de hombres, y pronuncia la esperanza de que el futuro sea diferente, de que los hijos de su adversario no compartan el destino de ellos dos. Luego salen a pelear, y el negro mata a Fierro. Vuelvo a transcribir el memorable final: "Limpió el facón ensangrentado en el pasto y volvió a las casas con lentitud, sin mirar para atrás. Cumplida su tarea de justiciero, ahora era nadie. Mejor dicho era el otro: no tenía destino sobre la tierra y había matado a un hombre".

La interpretación que intenté más arriba siguiendo a Ludmer proponía que aquí Borges repite el artefacto del destino del no-destino y de la ineluctabilidad de la violencia.

Sin embargo, con el recuerdo todavía fresco del breve diálogo entre ambos, se puede sugerir otra interpretación. La esperanza de ambos está puesta en la capacidad de convicción de Fierro respecto de sus hijos. ¿Habrá sido lo suficientemente persuasivo? ¿Serán los famosos consejos de Fierro tan efectivos como el ejercicio de autoridad de Atena? Tal vez se pueda resignificar el final así: Por un lado el negro "era el otro": era Fierro. Difícil, de ser así, que sus hijos lo asesinen. Por otro, "no era nadie", "no tenía destino sobre la tierra" porque "había matado a un hombre". El final de "El fin" podría ser, entonces, una advertencia, una amenaza de sanción a las generaciones futuras. Si no detienen la violencia no serán nadie, y no tendrán, como las Furias, ya más destino sobre la tierra.

En 1970, en pleno comienzo de la violencia política en la Argentina, Borges escribe "Historia de Rosendo Juárez",[56] treinta y cinco años después de "El hombre de la esquina rosada". En este relato Rosendo Juárez le explica a

---

[56] Borges, J. L., "Historia de Rosendo Juárez", en *El Informe de Brodie, Obras completas III*, Buenos Aires, Emecé, 1996.

Borges su conducta de aquella noche, pero antes le cuenta su historia. Juárez había matado a un hombre en un duelo. La causa es banal: el hombre, borracho, lo había molestado y retado a pelear. La policía le da una opción: poner su cuchillo al servicio de un partido político o la cárcel. Rechazar la cárcel le abre una vida razonable. Con esa decisión consiguió una mujer, la Lujanera, y un buen caballo. Un día un gran amigo, un carpintero, le viene a pedir consejo: su mujer lo había dejado por otro, un malevo conocido, y él quería enfrentarlo. Cuando Juárez le aconseja no pelear, su amigo le pregunta: "Y la gente qué va a decir? ¿Que soy un cobarde?".[57] Juárez le vaticina la muerte o la cárcel y le pregunta: "¿Vas a jugar tu tranquilidad por un desconocido y una mujer que no querés?".[58] El amigo no escucha y muere en el duelo. A pocos días ocurre lo que se narra en "El hombre de la esquina rosada". La explicación de Juárez es la siguiente:

> Sucedió entonces lo que nadie quiere entender. En ese botarate provocador me vi como en un espejo y me dio vergüenza. No sentí miedo; acaso de haberlo sentido, salgo a pelear. Me quedé como si tal cosa. El otro, con la cara ya muy arrimada a la mía gritó para que todos lo oyeran:
> -Lo que pasa es que no sos más que un cobarde.
> -Así será -le dije-. No tengo miedo de pasar por cobarde. Podés agregar, si te halaga, que me has llamado hijo de mala madre y que me he dejado escupir. Ahora ¿estás más tranquilo?
> La Lujanera me sacó el cuchillo que yo sabía cargar en la sisa y me lo puso, como fula, en la mano. Para rematarla, me dijo:
> -Rosendo, creo que lo estás precisando.
> Lo solté y salí sin apuro. La gente me abrió cancha, asombrada. Qué podía importarme lo que pensaran.

---

[57] *ibid.*

[58] *ibid.*

> Para zafarme de esa vida me corrí a la República Oriental, donde me puse de carrero. Desde mi vuelta me he afincado aquí. San Telmo ha sido siempre un barrio de orden.[59]

Nuevamente, como en "El fin", aunque esta vez explícitamente, la vergüenza aparece como la emoción que detiene la respuesta violenta. Aquí, y en otro gesto borgeano, la infinita sucesión de venganzas se resuelve en un oxímoron que genera la resolución pacífica: "No tengo miedo de pasar por cobarde". Soy tan valiente que estoy más allá de la violencia. Y respecto del fin de la violencia: "Ahora ¿estás más tranquilo?". Como Sócrates respecto de Critón,[60] Juárez además afirma: "Qué podía importarme lo que pensaran". Lo que piensan los demás no invita al diálogo. Más bien, el diálogo es el resultado de las certezas prejuiciosas de la comunidad, que en este caso imponían cierta forma de ser violento. Se trata de la voz autoritaria del poder social. Juárez, que había perdido un amigo por lo que piensan los demás, no estaba dispuesto a perder su vida, o la de otro, por tales sordos mandatos.

La emoción de la vergüenza aparece también en el mito de Protágoras,[61] cuando Zeus finalmente consiente en entregar la virtud de la política a los seres humanos. Platón afirma que cuando Protágoras menciona la política la explica en términos de "pudor" y justicia".[62] La vergüenza se conecta con esa idea de pudor, la conciencia de que hay otros, tan merecedores de dignidad como yo mismo y a quienes mis acciones pueden dañar, como a mí las suyas. Es la conciencia de mi dependencia respecto de otros, de ser "un perro gregario", y también de mi

---

[59] *ibid.*

[60] Platón, "Critón", *Diálogos*, México, Editorial Porrúa, 1979.

[61] Platón, "Protágoras", *Diálogos, op. cit.*

[62] *ibid.*

capacidad de ser para los otros lo que no quiero que los otros sean para mi: un lobo, como diría Cruz.[63]

En "El fin", Martin Fierro siente vergüenza frente a sus hijos, pero no puede torcer su destino; en "Historia de Rosendo Juárez", Juárez siente vergüenza frente a sí mismo y la muerte de su amigo le permite torcer su destino, resignificando la idea de valentía: no tener miedo de que los otros piensen que es un cobarde. Esta resignificación sigue haciendo posible la literatura en Borges. Es la demostración de que puede haber literatura sobre la paz, que se puede escribir literatura argentina contra la violencia. El artefacto, sin embargo, sigue siendo el mismo: la violación del canon, esta vez del canon de la violencia a través de un oxímoron (no tener miedo de tener miedo) que dispara una vida de civismo.

Alfonsín y las Madres

¿Cómo modificar la historia de la violación de las normas en la Argentina? Recordemos que en la anécdota sobre el tránsito la gauchada hacía desaparecer las normas. En efecto, el derecho no tenía voz en ese diálogo. He intentado argumentar que el silencio al que el policía y el infractor condenan al derecho es una respuesta al silencio al que la ley condenó a los argentinos en la forma de construir institucionalidad en el siglo XIX. La imposición autoritaria de la ley encuentra la desobediencia como respuesta. La gauchada, esa forma de solidaridad argentina, es la manera que han encontrado quienes niegan legitimidad a la autoridad para salvarse mutuamente. La "cruz" salvando al "fierro".

---

[63] Borges, J. L., "Biografía de Tadeo Isidoro Cruz", en *Obras Completas*, Buenos Aires, Emecé, 1972.

Esta situación ha llevado a la Argentina en el siglo XX a atravesar varias instancias de autoritarismos, resistencias criminales, y en la década de 1970 a la violación masiva de los derechos humanos, nuestro propio encuentro con el mal absoluto. Tal vez nada de esto hubiera tenido consecuencias sin la valentía y la terquedad de las organizaciones de derechos humanos, sobre todo de las Madres de Plaza de Mayo, y del triunfo del presidente Alfonsín en las elecciones de 1983. Estos dos acontecimientos obligaron a los argentinos a aceptar la existencia de las violaciones de los derechos humanos, lo que dio lugar a la aparición de la vergüenza. Varias instancias de complicidad colectiva acentuaron este sentimiento, como los que se evidencian en frases tales como "algo habrán hecho" y "los argentinos somos derechos y humanos". ¿Cómo confiar en nosotros si somos capaces de semejantes actitudes de complicidad con el mal radical?

Tal vez por eso desde 1983 la Argentina no ha sufrido más golpes de Estado y ha aprendido algunas lecciones. De las dictaduras, la importancia de la democracia, al menos entendida como el libre juego electoral y la libertad de expresión y de asociación. De las violaciones masivas de los derechos humanos, la idea de derechos y la importancia de instituciones contramayoritarias para defenderlos. Y ya en democracia, los argentinos, pero sobre todo los dirigentes políticos, aprendieron el costo social de la inflación, el impacto sobre la igualdad y el crecimiento de la mala provisión de servicios públicos, los efectos de la corrupción, del déficit público, de la incapacidad de mantener el orden sin matar gente, y de la desigualdad estructural.

Estos aprendizajes se tradujeron en instituciones novedosas. La Argentina firmó todos los tratados internacionales de derechos humanos, y desde 1994 los más importantes son parte de la Constitución nacional. Ha aceptado la jurisdicción internacional en temas de derechos humanos pero también en cuestiones comerciales y de protección de inversiones extranjeras, ha introducido acciones colectivas para defender derechos y ha creado la legitimidad colectiva de asociaciones para presentarse ante la justicia representando intereses colectivos, ha privatizado servicios públicos y creado agencias reguladoras, ha encontrado en el Poder Judicial un poder que está dispuesto a ingresar en la discusión política (la judicialización de la política así como la politización de la justicia), entre otras reformas institucionales. Comparado con el creado en el siglo XIX, estas reformas constituyen un virtual cambio de sistema político. Razonablemente, estos cambios suponen un tiempo de ajuste institucional, pero sobre todo, de ajuste conceptual. En efecto, muchos de estos cambios son aún percibidos como complicaciones en el orden normal de la política tradicional. Sin embargo, algunos actores están respondiendo de forma alentadora.

En el ámbito internacional, la Comisión y la Corte Interamericanas de Derechos Humanos han seguido de cerca varias políticas públicas creadas por el gobierno nacional o los gobiernos provinciales argentinos con respecto a la situación de las cárceles y al castigo a los responsables por las violaciones de los derechos humanos de la última dictadura, entre otros tópicos. Es interesante que en la implementación de estas decisiones internacionales, algunos problemas de ejecución o *enforcement* se han convertido, para algunos críticos, en un obstáculo a ser removido por mejores sistemas de ejecución. Sin embargo, esto es una equivocación. Los problemas de ejecución son una oportunidad para igualar a las partes y obligarlas a sentarse a conversar. Los actores internacionales cuentan con la legitimidad contramayoritaria de estar aplicando tratados internacionales de derechos humanos, las víctimas cuentan con su interés por detener la violación a sus derechos y la legitimidad que surge de los principios que los justifican, y las autoridades cuentan con la legitimidad democrática para decidir sobre oportunidad, costos y prioridades.

La vergüenza ha incitado a los ciudadanos argentinos a sentarse y hablar. Bien puede ser que Atena esté construyendo otro templo en un lugar sorprendente.

El mal ¿en el diván? Qué puede decir un psicoanalista respecto de las múltiples caras del mal

Rogelio Rimoldi [1]

Tuve la impresión entonces, en el silencio que siguió al relato del superviviente de Auschwitz, cuyo horror viscoso todavía nos impedía respirar con soltura, que una extraña continuidad, una coherencia misteriosa pero radiante gobernaba el devenir de las cosas. De nuestras discusiones sobre la novela de malraux y el ensayo de Kant donde se elabora la teoría del mal radical, *das radikal Böse,* hasta el relato del judío polaco del *Sondercommando* de Auschwitz [...] se trataba siempre de la misma meditación que se articulaba imperiosamente. Una meditación, por decirlo con palabras que Andre malraux no escribiría hasta treinta años más tarde, sobre "la región crucial del alma donde el mal absoluto se opone a la fraternidad (Semprún, 1995).

El mal: un problema complejo.

En la medida en que éste es un texto originalmente elaborado para su presentación en un foro interdisciplinario,[2]

---

1 Miembro titular de APdeBA. rrimoldi@arnet.com.ar.

2 Panel de interdisciplina "El mal entre la filosofía y el psicoanálisis", en el marco del VII Congreso Argentino de Psicoanálisis, Córdoba, mayo de 2008.

comienza con una reflexión acerca del valor de la interdisciplina en el abordaje de una problemática sumamente compleja que no admite reduccionismos, y a la que se hace justicia al llevarla a una instancia como ésta -como la de este libro- en que se la considera desde campos disciplinares diversos. Tal es mi posición respecto de lo que desarrollaré desde la perspectiva que me es propia, la del psicoanálisis. Es solamente eso: una perspectiva, una serie de hipótesis que no pretenden (y tampoco podrían) dar una visión totalizadora acerca de la cuestión del mal.

Comenzaré entonces con una reflexión acerca del trabajo interdisciplinario. Por un lado, es evidente que -por pertenecer a una misma cultura, compartiendo entonces no sólo sus categorías éticas fundamentales, sino también, en cierta medida, los juicios respecto de la aplicación de éstas- existe una serie de hechos sociales, históricos, de la vida personal de la gente, como matar, violar, llevar a cabo un genocidio, etc., respecto de los que estaríamos relativamente de acuerdo en englobar en la categoría de "malos". Ese tipo de situaciones son nuestro referente común y nos permite iniciar un diálogo. Pero, al mismo tiempo, creo que es importante evitar la ilusión de un único objeto, unificador del conocimiento, que puede ser enfocado desde distintos ángulos (disciplinas) complementarios. Pienso que cada campo disciplinar tiene autonomía epistemológica respecto de los demás y, en gran medida, define ("construye") su propio objeto, y que muchas veces los mismos términos -compartidos con las otras disciplinas- se semantizan de forma diferente, en razón de su articulación con el sistema conceptual y operacional al que pertenecen. Por ejemplo, no es la misma la posición respecto del "mal" propia del derecho, aquella que tiene *in mente* un juez a la hora de dictar sentencia, estableciendo responsabilidades, culpas y eventuales condenas, que la del psicoanálisis, que no se propone establecer juicios de valor sino tratar de captar algo del orden de las motivaciones inconscientes de quien pudiera "obrar mal".

Por supuesto, esta heterogeneidad disciplinar no nos exime del diálogo y del trabajo conjunto, sino que nos ubica en una problemática similar a aquella de "la hospitalidad", tan bien elaborada -entre otros- por Derrida y Dufourmantelle (1997). Existe una problemática de extranjería en la relación de la disciplina propia respecto de las vecinas: el desafío consiste en encontrar una forma de vínculo que respete y tolere las diferencias y esa alteridad que -como tal- nos cuestiona, nos pregunta en nuestros saberes, nuestras certezas y nuestras legalidades.[3] Pero he aquí que justamente *la relación con el otro*, particularmente en lo que respecta a la tolerancia (o intolerancia) de la alteridad -como veremos enseguida- constituye uno de los ejes alrededor de los que gira toda reflexión sobre el mal.

---

3 Sobre algunas de las dificultades de la relación entre disciplinas, un caso reciente. Una intervención del titular del nuevo Ministerio de Ciencia y Tecnología, el doctor en química Lino Barañao, en la que expresó -a propósito de las ciencias sociales- que "me gustaría ver un cierto cambio metodológico; estoy tan acostumbrado a la verificación empírica de lo que digo que a veces los trabajos en ciencias sociales me parecen teología", agregando luego que "no hay un motivo por el cual las áreas humanísticas deban prescindir de la metodología que usan otras áreas de las ciencias", suscitó un debate registrado por *Página 12* en el que -entre otros- le respondieron los sociólogos Atilio Borón y Eduardo Grüner, quienes afirmaron (entre otras cosas) que "la pretensión de que existe una sola metodología común para todas las ciencias es, a esta altura de la historia, tan insostenible como la teoría geocéntrica de Ptolomeo", y también que la producción de evidencia admite "una multiplicidad de procedimientos cuya rigurosidad y precisión se construyen desde otras premisas", y no solamente por el recurso a la prueba empírica. Y aun Grüner, pidiendo un poco de respeto por la tradición teológica en la historia del pensamiento universal, objeta el uso peyorativo del término. ¿Cómo debería tomarse el hecho de que la problemática del mal, que ha sido exclusivo objeto de consideración precisamente de la teología durante siglos, originando las teodiceas, etc., nos convoque hoy en este ámbito de intercambio secular y científico?

El mal, ¿visita los divanes psicoanalíticos?

¡Let me sit heavy on thy soul tomorrow!

William Shakespeare (*Ricardo III*, 5° acto, escena 4).

Una dificultad para el *approach* psicoanalítico al mal reside en que la *fenomenología del mal* -después habrá que ver qué queremos decir con esto- es siempre, de un modo u otro, social, mientras que el psicoanálisis nació más bien como una psicología del individuo. Es verdad que el mismo Freud dedicó varios de sus ensayos a lo social: especialmente interesan para nuestro tema *Psicología de las masas y análisis del Yo* y *El malestar en la cultura* (1930). Es cierto también que se han realizado expansiones de la teoría psicoanalítica que buscan dar cuenta *de lo inter* y aun de *lo transubjetivo* (Berenstein y Puget, 1997), pero todavía carecemos -a mi entender- de instrumentos conceptuales apropiados para dar cuenta de estas cuestiones, que por otro lado parecen requerir para su comprensión los aportes de otras disciplinas: la filosofía, la sociología, las ciencias políticas, etc.

Otra limitación, no menor, del psicoanalista es que -para ser riguroso en la producción de sus hipótesis- debe explorar y teorizar a partir de su experiencia clínica: de no ser así, existe el riesgo de la trasposición y confusión de niveles fenomenológicos y de significación. Aquí el problema es que "el mal" -encar-nado en delincuentes, criminales, perversos o psicópatas graves- no suele frecuentar nuestros consultorios y, si lo hiciese, no lo hará con el objetivo de analizarse, labor que requiere una capacidad de autocuestionamiento que -en principio- suponemos ausente en tales sujetos. Como ejemplo y ejercicio podríamos acudir aquí a una figura paradigmática del mal en la literatura: el Ricardo III de Shakespeare. Es evidente, en todo el transcurso de esta tragedia, que Ricardo -resentido por su deformidad y sobre el que se han hecho innumerables hipótesis psicoanalíticas- no se cuestiona su accionar asesino (diríamos que tal accionar es *egosintónico*). No habría allí "paciente" posible. El único momento de la tragedia en que aparece un posible analizando es durante el insomnio de Ricardo, antes de la batalla final, cuando es atormentado por los fantasmas de sus víctimas.[4]

De lo que sí hay abundante experiencia clínica psicoanalítica es acerca de las *huellas del mal* a través del tratamiento de quienes han sido sus víctimas, tanto aquellas que lo han sido en el marco de las vicisitudes de su vida personal como aquellas que han sufrido distinto tipo de violencia originadas en el marco social o político (Puget y Kaës, 1991).

Por todo esto, nos urge definir un campo semántico que permita intercambios fructíferos en esta discusión, atendiendo a la dificultad en cuanto a lo que la definición del concepto mismo de "mal" o aun de "mal radical" nos plantea.

---

4 "Ricardo: ¡Dadme otro caballo! ¡Vendad mis heridas! ¡Ten misericordia, Jesús! ¡Calla, no ha sido más que un sueño! ¡Ah, conciencia cobarde, cómo me afliges! Las luces arden como llama azul. Ahora es plena medianoche. Frías gotas miedosas cubren mi carne temblorosa. ¿Qué temo? ¿A mí mismo? No hay nadie más aquí: Ricardo quiere a Ricardo; esto es, yo soy yo. ¿Hay aquí algún asesino? No; sí, yo lo soy. Entonces, huye. ¿Qué, de mí mismo? Gran razón, ¿por qué? Para que no me vengue a mí mismo en mí mismo. Ay, me quiero a mí mismo. ¿Por qué? ¿Por algún bien que me haya hecho a mí mismo? ¡Ah no! ¡Ay, más bien me odio a mí mismo por odiosas acciones cometidas por mí mismo! Soy un rufián: pero miento, no lo soy. Loco, habla bien de ti mismo: loco, no adules. Mi conciencia tiene mil lenguas separadas, y cada lengua da una declaración diversa, y cada declaración me condena por rufián. Perjurio, perjurio, en el más alto grado; crimen, grave crimen, en el más horrendo grado; todos los diversos pecados cometidos todos ellos en todos los grados, se agolpan ante el tribunal gritando todos: "¡Culpable, culpable!" Me desesperaré. No hay criatura que me quiera: y si muero, nadie me compadecerá; no, ¿por qué me habían de compadecer, si yo mismo no encuentro en mí piedad para mí mismo?" (William Shakespeare, *Ricardo III*, 5° acto, escena 4, Buenos Aires, Losada, 1990).

Pero, ¿de qué hablamos cuando hablamos de "mal"?

En el uso común, hablamos de "malo" para referirnos a conductas dañinas

-material o simbólicamente- de unas personas para con otras personas, y distinguimos matices o grados en atención a su intencionalidad, o en general su motivación, la simetría o asimetría desde el cual se ejercen, su alcance, etc.

Es importante reconocer, como lo hace todo código penal, que el mal tiene grados: la igualación u homogeneización en este campo siempre es sospechosa de intentos de encubrimiento o banalización. Pero cuando hablo de grados no me refiero a un criterio cuantitativo sino cualitativo. No puede ser considerado de la misma forma un asesinato, como acto individual -acción condenable, en toda circunstancia-, que un genocidio con el grado de planificación, sistematicidad y masividad que le son propios. Para esto último se necesita tener el poder del Estado y, ética y políticamente, no es lo mismo matar teniendo el poder y los instrumentos "legales" del Estado que no tenerlos. Es precisamente este último tipo de crimen el que motivó la reintroducción en el pensamiento crítico de nuestra época del término kantiano de "mal radical", resignificado por su aplicación a los crímenes contra la humanidad que han marcado indeleblemente la historia del siglo XX.

Justamente, en su indagación acerca de la noción de "mal radical", el filósofo Richard Bernstein señala acertadamente "la disparidad entre la intensa pasión moral que sentimos cuando condenamos algo como malo y nuestra incapacidad para conceptuar lo que queremos decir con ese término" (Bernstein, 2005). Entiendo que esto es así, entre otras razones, por la reconocida relatividad de las categorías éticas, en virtud de su determinación cultural y epocal. Evidentemente, lo que es malo para algunos (o para algunas comunidades, o para algunas épocas), puede ser neutral, o hasta bueno para otros. Esta situación de hecho colisiona con la afanosa y crucial búsqueda de valores universales en atención a una realidad mundial acuciante y compleja, atravesada por variadas formas de violencia ejercida por el hombre contra otros hombres.

Las dificultades se multiplican cuando se pasa de la *adjetivación* (tratar de definir "lo malo") a la *sustantivación,* y nos encontramos con el concepto de "el mal", de clara resonancia teológica, y donde la noción adquiere dimensiones ontológicas de difícil abordaje desde el campo científico. Innegablemente, denominaciones como "mal absoluto" o "mal radical" se invocaron para aplicarse a violaciones masivas de derechos humanos que por su extensión, persistencia y organización son vistas como excediendo el sentido moral normal y requiriendo una semántica especial.[5]

---

[5] En mayo de 2007, a propósito de haber participado en la presentación del libro *Dilemas de la memoria,* tuve oportunidad de conocer personalmente a su autor, Jack Fuchs, un sobreviviente de los campos de exterminio nazis. Esto me permitió dialogar con alguien que, después de un período de silencio, decidió testimoniar acerca de lo vivido y también preguntarse -llevando su interpelación a diferentes ámbitos- por cuál de los componentes de la naturaleza humana podía dar cuenta, dar algún tipo de base explicativa no sólo a la política genocida del nazismo sino también de episodios similares de la historia reciente (que, por otro lado, justificaban cierto escepticismo de su parte respecto de que se pudiesen evitar repeticiones). Fuchs me planteaba que el psicoanálisis, como disciplina abocada al conocimiento de la mente humana, debía proporcionar algunas claves para la comprensión del sentido y las razones del comportamiento de los verdugos, y en muchos casos también de las víctimas. También Jack, un hombre de una notable lucidez y humanidad, me trasmitía una experiencia al parecer común a los sobrevivientes de los campos de la muerte: el sentimiento de la cuasi imposibilidad de comunicar, de trasmitir su experiencia a quienes no habían tenido que pasar por ella. Y no

Sin embargo, quienes apelan a estos términos no se han limitado a señalar esta dificultad de designación, sino sobre todo a indicar lo poco que conocemos acerca de la naturaleza del "mal radical" y la falta de instrumentos que permitan su comprensión. Carlos Nino (1997) en su libro referido a las violaciones a los derechos humanos perpetrados por la dictadura argentina, al referirse a las dificultades que plantea el enjuiciamiento y castigo de los responsables de tales delitos contra la humanidad, recuerda la afirmación de Hannah Arendt acerca de que somos "incapaces de perdonar aquello que no (podemos) castigar (e) incapaces de castigar aquello que se ha vuelto imperdonable".

Por mi parte, considero que en nuestra reflexión acerca del mal deberíamos tener *in mente* no sólo los casos de genocidio y crímenes contra la humanidad del siglo XX, cuyo epítome es Auschwitz, sino también todas aquellas conductas públicas o privadas que implican un daño -material o simbólico- a un semejante.

El filósofo Paul Ricœur consideraba que el enigma en la consideración del mal tiene su raíz en el hecho de que comprendemos bajo un mismo término fenómenos tan diversos como el mal moral (el pecado, el mal cometido) y el sufrimiento (el mal sufrido). Situación que se superaría en parte atendiendo al hecho de que una causa principal de sufrimiento es la violencia ejercida por el hombre contra el hombre, y que obrar mal es siempre dañar directa o indirectamente a otro y, por consiguiente, hacerlo sufrir (Ricœur, 1985).

En un famoso intercambio epistolar de fines de la década de 1990, Carlo María Martini, entonces arzobispo de Milán, le preguntaba a Umberto Eco acerca de los

---

sólo a no poder encontrar las palabras para expresarla, sino (y sobre todo) a no ser escuchados, no *querer* ser escuchados.

fundamentos de una ética prescindente de referentes trascendentes o universales. Respondía el profesor de la universidad de Bolonia: "La dimensión ética comienza cuando entran en juego los otros. Cualquier ley, por moral o jurídica que sea, regula siempre relaciones interpersonales, incluyendo las que se establecen con quien las impone" (Eco y Martini, 1995-1996). Creo que este mismo principio es al que se alude en la cita de Semprún (1995) en el epígrafe: "La región crucial del alma donde el mal absoluto se opone a la fraternidad".

Recurriendo a una suerte de definición operativa, inspirada en una intervención del abogado Martín Böhmer,[6] podría proponerse la siguiente distinción. El "mal común" (el opuesto del "bien") es aquel que se define en el marco de "reglas de juego éticas" propias de una determinada cultura o comunidad y que, dentro de ese marco, resulta previsible y explicable. En cambio, el "mal radical" sería aquel que por sus características excede tal marco y, por lo tanto, se ubica en un "más allá" no sólo de lo previsible sino también *prima facie* de lo comprensible, de lo representable, de lo nombrable. "Auschwitz", en tanto acontecimiento que significa una ruptura y un quiebre en la tradición y nos fuerza a repensar el sentido del mal y la responsabilidad humana.

Me parece interesante destacar la clara analogía de esta definición de "mal radical" con lo que desarrollaré más adelante a propósito de la noción psicoanalítica de pulsión de muerte, entendida como definiendo un dominio situado en un "más allá" de lo que puede ser procesado en el marco de lo que "hace sentido" en el aparato psíquico.

---

6 En una reunión científica en la Asociación Psicoanalítica de Buenos Aires, 2008.

Ahora quisiera distinguir algunos de los diferentes planos en los que se pueden desarrollar los aportes del psicoanálisis a la problemática del mal. Si estas diferentes dimensiones no se distinguen, agregan confusión a un tema ya de por sí difícil. Por otro lado, y dado que este artículo está dirigido a un público no especializados, deberé realizar un recorrido por algunos conceptos harto conocidos por los psicoanalistas. Me voy a ceñir a dos cuestiones fundamentales que pueden prestarse a confusión y deben se diferenciadas: a) cuáles son las hipótesis del psicoanálisis respecto del surgimiento y desarrollo de las categorías de "bueno" y "malo" en el sujeto, y b) si el mal tiene el estatuto de un concepto teórico con el que el psicoanalista piensa y trabaja y, de ser así, cuales serían sus posibles acepciones.

Cerraré mi exposición planteando la cuestión de si intentar "explicar/comprender" el mal, atendiendo a sus posibles determinaciones en el sujeto y en la sociedad, sería lo mismo –o conllevaría necesariamente el peligro de– "justificarlo" (en un sentido absolutorio).

Cómo se desarrolla en el sujeto la noción de mal, según el psicoanálisis. El mal como principio explicativo en el psiquismo

En la concepción del desarrollo psíquico postulada por Freud, en una primera etapa, el niño –regido por el principio del placer/dolor– categoriza como "malo" todo aquello que atenta contra la satisfacción de las pulsiones básicas, las de autoconservación y las sexuales; es decir, es "malo" todo aquello que lo frustra o le produce dolor. Ese dolor, aunque proviniese de su propio cuerpo, es considerado ajeno, así como también su eventual agente, estableciéndose una primitiva configuración en que el Yo es la sede de todo lo bueno, y lo ajeno al Yo de lo malo. Todo lo vivido como ajeno al Yo, aunque fuese a partir de la externalización de aspectos de éste, pasa a ser odiado. Podría decirse que este niño, todavía amoral, vive instalado en una *weltanschauung* paranoica.

En el modelo teórico del desarrollo emocional debido a Melanie Klein, a grandes rasgos, podría relacionarse este primer momento freudiano con la "posición esquizo-paranoide" y los modos narcisistas de relación de objeto: momento proyectivo, autorreferencial, y en que la ansiedad dominante corresponde a la defensa del Yo respecto de ataques provenientes del mundo externo. Lo que me interesa resaltar en este aspecto es el *carácter explicativo de la noción de mal para el niño*, en tanto no solo sirve para categorizar cualquier experiencia de sufrimiento, sino también, y fundamentalmente, para hallar su *causa* en la intencionalidad malévola de un agente exterior (los "objetos malos").

Será en un momento lógica y cronológicamente posterior del desarrollo que surgirán los fundamentos de la ética y, con ello, el miramiento por aquello que es ajeno al Yo, es decir, del objeto, del otro. Para Freud, las categorías morales se establecen en el individuo a partir de ese paso decisivo en la subjetivación que es el sepultamiento y/o represión del complejo de Edipo, y su consecuencia estructural: el establecimiento del sistema superyó-ideal del Yo en el aparato psíquico. Estas instancias representan la internalización no sólo de la norma *princeps* de la prohibición del incesto, sino también de los valores e ideales propios de una cultura, y que, por lo tanto, determinarán lo que es deseable (el bien) y lo que es indeseable (el mal). Con la represión primaria, se produce una escisión fundante del sujeto y una "mudanza de los afectos" en que lo que es bueno para un sistema (el sistema *Icc* de la primera tópica, sede de las pulsiones) pasa a ser malo para el otro (el sistema *Prec*, en el que están representados los valores culturales). *Para esta concepción, el mal es subsidiario de algún tipo de falla en los mecanismos psíquicos destinados a controlarlo, fallos en la represión, constitución imperfecta del superyó, etc. que permitirían expresiones instintivas (sexuales o agresivas) transgresoras de la legalidad constitutiva del aparato psíquico.*

A partir de este esquema explicativo, Freud pudo referirse al "malestar en la cultura" como proviniendo del sacrificio de la satisfacción pulsional que el ser humano debe realizar para poder convivir con otros. Digamos que *la fraternidad -la prevalencia del "otro" como semejante-, desde la perspectiva que estamos examinando, se sustentaría en la represión/sublimación de las mociones incestuosas tanto como de las parricidas y fratricidas, tal como lo expresa el mito de la horda primitiva.* La represión de sectores importantes de nuestra sexualidad, a la vez que la vuelta contra nosotros mismos de la agresividad son las principales fuentes del "malestar en la cultura". Este malestar, generado entonces a partir del superyó, se liga asimismo al sentimiento inconciente de culpa, que se origina -en el individuo normal o el neurótico- más en las fantasías desiderativas reprimidas que en sus actos.

De modo que aquel estado de cosas inicial va matizándose con la maduración psíquica, y aquella visión maniquea y paranoica del mundo va dando lugar a otra más realista en donde el sujeto se ve a sí mismo y a sus semejantes como "ni tan malos ni tan buenos", etc. *Sin embargo estas modalidades primitivas subsisten en el psiquismo, se reactivan en momentos de crisis, o alcanzan expresión (o incluso manifestación social) a nivel de la psicopatología, las ideologías, los fanatismos religiosos, políticos y deportivos, etc.* Creo que la persistencia en el psiquismo de estas formas arcaicas de pensamiento son un aporte del psicoanálisis para la comprensión de fenómenos como las "cazas de brujas" medievales y contemporáneas, y en general todas las persecuciones donde un sector de la sociedad adquiere la función de "chivo expiatorio".

Podría correlacionarse este segundo estadio de la concepción freudiana -el de la instalación de las categorías éticas- con la llamada "posición depresiva" infantil descripta por Melanie Klein, caracterizada por la consideración por el objeto y la responsabilidad por la propia agresión y eventuales daños infligidos a éste. Se experimenta en esta etapa la importancia del otro para la propia supervivencia, se reconoce lo malo (el odio y la envidia) y lo bueno (el amor y la gratitud) propios, se empieza a comprender que el destino del Yo está inextricablemente ligado al de los objetos y el daño de éstos entraña siempre un daño al Yo.

Dicho sea de paso, esto último representaría la "solución psicoanalítica" a la aporía señalada por Ricœur en lo que hace a la definición de "mal" indistintamente como "lo que hace sufrir al sujeto" (el mal sufrido) y "el mal cometido" (el sufrimiento producido a otros).

Sin embargo, acá también el mal -ligado ahora al sentimiento inconciente de culpa- funciona como principio explicativo: el sufrimiento se explica aquí a partir de la culpa y algún tipo de expiación representado por la enfermedad o la desgracia individual o colectiva. Desde la peste de Tebas, que desencadena aquella legendaria investigación en la que Edipo termina descubriéndose a sí mismo culpable, hasta las concepciones de la enfermedad como pecado (*i.e.* el sida como castigo a los pecados de homosexualidad, promiscuidad sexual o adicción).

Creo que una de las razones principales de esta funcionalidad del mal como principio explicativo de todo sufrimiento (sea bajo su forma paranoide o su forma culposa) es que se fundamenta en esto una fantasía de control omnipotente sobre sus supuestas causas.

La aceptación de lo desconocido, del azar, y en general de la complejidad del mundo, constituyen un insulto al narcisismo generando ansiedades que no siempre son toleradas. También señalan el ámbito propio de esa otra categoría -mayor- de "mal", vinculada precisamente a aquello que queda por fuera de los instrumentos explicativos del sujeto: el ámbito de lo traumático, del sin sentido, del "terror sin nombre".

Cuál es el lugar del mal en la teoría y en la técnica psicoanalítica

Existe una complejidad producida en el campo psicoanalítico por la coexistencia de diversos modelos teóricos que, apoyándose en la obra pionera de Freud, han llevado adelante desarrollos heterónomos. Una divisoria de aguas está planteada -como lo ha sido también en el campo filosófico- en lo que hace a si el ser humano nace "bueno" (y será entonces su interacción con el medio lo que determina su destino de maldad o de bondad), o si viene al mundo con algún tipo de predisposición originaria hacia "la maldad". Este dilema está inscripto -no podía ser de otra forma- ya en el mismo itinerario seguido por Freud que interpretó en un primer momento la enfermedad como proveniente del exterior (la teoría traumática o de la seducción como causa del enfermar), pasando en un segundo momento a sostener la primacía de la realidad psíquica. También, en momentos sucesivos, consideró los orígenes de la destructividad primero como reactivos y luego como primarios.

Sin embargo parecería que hay cierto acuerdo -que comparto- en lo que hace a que lo que podríamos ligar a una fenomenología del mal tiene su fundamento en alguna forma destructiva del narcisismo, y se define por una operatoria específica en la relación del sujeto con su "otro", sea su otro del mundo interno como su otro de la realidad sentimental, familiar o social. Este tipo particular de vínculo objetal destructivo se caracteriza por maniobras tendientes a la desubjetivación: "maldad" implicaría así un repudio a la subjetividad del otro, que deja de ser considerado como un semejante humano -se lo "cosifica"- y mediante este procedimiento se puede disponer de su vida, de su cuerpo, de su sexualidad, de sus bienes.

En la teoría psicoanalítica, la existencia de este tipo de estrategias de desubjetivación, es decir, de "la maldad", fue conceptualizada primero a partir del narcisismo y luego a partir de los desarrollos sobre la pulsión de muerte. Otros desarrollos psicoanalíticos retoman la idea de la desubjetivación a través de conceptos tales como la envidia primaria en Melanie Klein, el goce y el superyó en Jaques Lacan o lo "negativo" en Andre Green.

Si se parte de Freud, la noción de mal absoluto es de discutible pertinencia en la teoría (metapsicología). En lo que hace a la noción teórica que más se le acerca, la de *pulsión de muerte,* siempre se la considera fusionada en mayor o menor grado con su opuesto, la pulsión de vida, en las variadas dimensiones de la conducta humana. El mal en su estado más puro siempre sería una consecuencia de una "desintrincación pulsional" extrema pero nunca absoluta.

Pero, antes de intentar un breve recorrido acerca de diversos acercamientos psicoanalíticos a la noción de mal en la teoría, quiero referirme a un punto que me parece fundamental: *la noción de mal no tiene -no debe tener- un lugar en la técnica psicoanalítica.* En los dominios de la técnica psicoanalítica, el analista -en virtud de la *regla de abstinencia-* debe ubicarse en una posición de neutralidad ética y atenerse a la tarea de guiar el proceso de la cura por los caminos de la dialéctica transferencia/contratransferencia. Esta consigna se hace más imperiosa en tanto son precisamente los analizandos que presentan personalidades con tendencia a la acción y la trasgresión quienes tratan de colocar al analista en el lugar de un juez que debe reprobar o aceptar (eventualmente hacerse cómplice) su conducta, con la finalidad de que abandone su lugar y función como analista. Si se tratase de un caso en el que el analista llegara a evaluar su imposibilidad de abstenerse de una condena moral de la conducta del paciente, no debe aceptar ese caso en análisis. Debe *abstenerse de analizar*. Considero que existe sólo una definición del mal o "lo malo" basada en la teoría de la técnica psicoanalítica: lo malo es todo aquello (del orden de la resistencia) que se opone, sea desde el analizado o del analista, al proceso analítico. Y justamente es la violación de la regla de abstinencia por parte del analista lo que origina el tipo de cuestionamiento ético que más importa respecto a su desempeño como tal.

Ahora, pasando a examinar el mal en la teoría psicoanalítica, y para arribar a aquel nudo conceptual señalado arriba como más pertinente a este tema, el del narcisismo y su elaboración, en lo que hace a la consideración del otro como "semejante pero diferente" o quizás mejor como "diferente pero semejante", habrá que referirse primero a la pulsión de muerte y sus relaciones con el narcisismo tanático.

Agresión, pulsión de muerte, destructividad primaria y narcisismo tanático

En tanto se vea la agresión, y aun el odio, como una expresión defensiva o quizá como reacción ante la frustración, es decir -en última instancia-, como una reactividad del psiquismo emparentada a la autoconservación, no se la podrá ligar a ninguna concepción de una maldad originaria. En cambio, a partir de la introducción de la *pulsión de muerte* (Freud, 1920), se puede pensar en la existencia en el psiquismo de una fuerza primariamente destructiva, una suerte de entropía mental, que amenaza permanentemente la integridad del aparato y su vínculo libidinal con los objetos. *En el ensayo de 1920 se inaugura además una zona teórica, un "más allá" que permitirá dar cuenta de aquello que -por quedar fuera de las posibilidades de significación- insiste ominosamente a través de la repetición.*

A partir de la introducción de la noción de pulsión de muerte por Freud, se abren dos vías de desarrollo teórico y clínico en el psicoanálisis posfreudiano que voy a intentar resumir: una que toma más la cuestión de una destructividad primaria y la lleva adelante con Klein y la noción de envidia primaria y los desarrollos poskleinianos. Y otra que se basa mayormente y dirige su indagación hacia ese "mas allá" que plantea que nuestro aparato psíquico será siempre insuficiente respecto de la pulsión. Es en este lugar donde aparece una nueva clínica que tiene como paradigma la compulsión de repetición, la alucinación negativa, la reacción terapéutica negativa. Tomaremos las importantes contribuciones de Andre Green que, desde esta perspectiva, aportan a la comprensión del mal desde el psicoanálisis.

La envidia primaria: ¿es el lugar del "mal radical" en la teoría psicoanalítica?

Entre los autores posfreudianos, Melanie Klein es quien incorpora más sistemáticamente a la teoría la noción de una destructividad primaria, ligada a la pulsión de muerte, introducida por Freud en 1920. La emplea rigurosamente en su tarea clínica y pronto la incorpora con igual énfasis a los desarrollos teóricos provenientes de ella. El amor y el odio en las relaciones objetales, y los mecanismos que el *self* emplea para enfrentar las ansiedades que estas pulsiones primarias generan, se transforman en una clave explicativa principal en la obra de esta autora. Culminan en el concepto de *envidia primaria,* que es introducido formalmente en 1957. Se trata de un sentimiento profundamente hostil hacia el objeto bueno, *en virtud de su bondad* (y no por frustración, celos, etc.). Es primario, innato, y su monto congénito origina perturbaciones diversas en el desarrollo: "[...] inconscientemente es percibida como el mayor pecado de todos porque ataca y daña el objeto bueno, que es fuente de vida" (Klein, 1957). Es decir, que, desde esta perspectiva, estaríamos en presencia de un ser humano que nace provisto de una dotación innata de envidia, cuyo procesamiento psíquico y eventual fracaso en ser modulado por el amor explicaría la irreversible tendencia de algunos hacia la maldad.

Wilfred Bion, en la estela kleiniana, concibió el vínculo objetal (inicialmente el del bebé con su madre) como constituido por una tríada emocional de amor, odio y conocimiento. La envidia primaria de Melanie Klein se reformula acá como "ataques al vínculo" y sus correspondientes consecuencias antiemocionales y antiepistemológicas: el vaciamiento emocional de las relaciones internas y externas y los ataques a la verdad.[7]

En la obra de Donald Meltzer, la noción de mal está claramente planteada a propósito de su teoría de las

---

[7] Acá es pertinente otra ilustración literaria de este tipo de funcionamiento mental: la novela *1984* de George Orwell ([949], Barcelona, Destino, 1957).

perversiones, ligadas en el pensamiento de este autor a la noción de perversidad. Un sexto protagonista de la escena primaria[8] paradigmática de estos cuadros, denominado *outsider,* es considerado portador de un tipo de maldad que consiste en la emulación envidiosa de los padres en el mundo interno, proponiéndose como una mejor alternativa que ellos a las partes infantiles de la personalidad. Se produce una escena análoga a lo descrito por Milton en *El paraíso perdido.* El "ángel caído" del mundo interno -que se estructura por la unión del objeto malo con las partes malas del *self*- se propone una captación de las partes infantiles bajo el lema "Mal, se tú mi Bien". Sus recursos se basan en la seducción y en la oferta de una suerte de "protección mafiosa" contra diferentes tipos de sufrimiento o dolor mental. Cuando la ansiedad dominante es la persecución proveniente de los bebés atacados y muertos en el interior de la madre (terror sin nombre), están dadas las condiciones para que se instale un sistema de tiranía/sumisión en el mundo interno. Esta estructura del mundo interno tiende naturalmente a socializarse (a involucrar a terceros), y, por consiguiente, proporciona -desde esta perspectiva teórica- el componente subjetivo de toda explicación posible de los sistemas totalitarios sociales.

Dado que venimos considerando al mal radical o mal sustantivo definido por una operación de supresión de la subjetividad del otro,[9] vale la pena examinar más esta noción de tiranía, introducida en otro contexto

---

8 Este autor, basándose en el clásico historial freudiano del Hombre de los Lobos, describe una escena primaria con cinco protagonistas: la madre, el padre, el niño, la niña y el "bebé interno". En las perversiones se agrega un sexto personaje: el *outsider.*

9 Otro de cuyo cuerpo desubjetivado, deshumanizado, se puede disponer tanto para su explotación, violación, o destrucción.

teórico, pero cuya descripción es muy similar. Meltzer discrimina la tiranía respecto de aquellas figuras clínicas ligadas a la organización narcisista como las perversiones (especialmente el sadomasoquismo), las adicciones, etc. El modo a través del cual el tirano *crea* a su esclavo consiste en la destrucción del objeto interno de esa otra persona[10] para asumir luego la función de ese objeto (en su aspecto de superyó más que de ideal del Yo) con fines de dominación, etc. En sus fundamentos el sadomasoquismo forma parte de la vida sexual y, por cierto, puede extrapolarse a la vida social. La tiranía y la sumisión parecen aproximarse más a las descripciones de Más allá del principio de placer.

Andre Green y el narcisismo tanático

Consideraré ahora los desarrollos de Green que hizo importantes avances al retomar el tema del narcisismo y relacionarlo con la pulsión de muerte, como fundamento de una "clínica de la negatividad", operando a través de una política de desinvestidura libidinal de los objetos. Al referirse a las formas de lo que denominó "narcisismo tanático", señaló la función desobjetalizante de la pulsión de muerte, llegando a afirmar que "si la destructividad contra el otro ha de llegar lo bastante lejos, la condición indispensable para la realización de ese proyecto es desobjetalizarlo, es decir, retirarle su propiedad de semejante humano. Ahora bien desobjetalizar es deslibidinizar, situación incompatible con el goce sádico" (Green, 1988).

---

[10] Recuérdese que en la teoría kleiniana el "objeto interno" es el núcleo organizador de la personalidad.

A partir de esta distinción plantea dos formas de relación con el mal: a) la primera es comprensible y puede ser explicada con los instrumentos teóricos psicoanalíticos clásicos, por pertenecer al dominio de aquello que adquiere significación psíquica a partir de la dinámica de la investiduras libidinales; mientras que b) otra segunda resulta incomprensible, inexplicable. Así, para esta perspectiva respecto del mal moral, en parte se encuentran causas que se analizan, se comprenden, se explican y hay otra parte que escapa a toda causalidad. A pesar de ello, Green sostiene que decir que el mal es sin por qué no exime de la pregunta ¿por qué?

Propone dos respuestas posibles: la primera refiere que el primer origen del mal moral es fruto de una desmentida: "Todo mal está en el otro, por lo tanto si elimino al otro, responsable del mal, elimino el mal". Esta posición paranoica descansa en una idealización de sí. El mal es en consecuencia un factor de mantenimiento de la cohesión narcisista. La segunda respuesta es más inquietante: el mal es sin por qué, porque su razón de ser consiste en proclamar que todo lo que es carece de sentido, no obedece a orden alguno, no persigue ningún fin, depende sólo del poder que se pueda ejercer para imponer su voluntad a los objetos de sus *apetitos*: no dice de sus *deseos*, porque el término sería demasiado civilizado. El mal es sin por qué porque no existe un porqué. Para Green el mal es sin por qué porque es pura desligazón, es no sentido total, fuerza bruta. Tal es el sentido de esta destrucción del sentido que afirma que el bien es un no-sentido.

¿"Explicar/comprender", atendiendo a la noción de determinismo inconciente, es lo mismo que "justificar"?

Primo Levi alguna vez afirmó que "Auschwitz no debe ser comprendido porque comprenderlo es ya justificarlo". Hay que reconocerle razón en cuanto a que cierto tipo de "explicación exhaustiva" no solo psicopatológica o psicoanalítica sino también histórica y política puede desembocar insensiblemente en alguna forma de relativización, banalización o aun justificación. Si bien, para cumplimentar su tarea, tanto el psicoanalista como el historiador o el científico social deben abstenerse de juzgar tratando de comprender la naturaleza de los vínculos entre "causas" y "efectos", y tal posición responde a la ética propia de su carácter disciplinar, existe el temor de que en tanto explicar consiste en articular algo nuevo y desconocido con el corpus del conocimiento ya aceptado, se corra el riesgo de anular el carácter de excepcionalidad del "acontecimiento Auschwitz". Sin embargo, renunciar a pensar, renunciar a intentar comprender Auschwitz puede ser también como lo señala Eduardo Grüner (2001)– "un retroceso ante el espanto que nos causa la intuición, presentida por la Escuela de Frankfurt, de que es nuestro propio pensamiento (el de cierta forma de la razón moderna) el que ha hecho posible tanto la "muerte de Dios" como la existencia de Auschwitz". Además creo que es fundamental distinguir el acto de investigar y establecer hipótesis explicativas de un determinado hecho, del "mal" uso o usos posibles que se pueda llegar a hacer de tales explicaciones, por ejemplo en el sentido de su relativización, banalización, etc.

Por otra parte, si la problemática del mal está ligada a la libertad, como lo sostiene Safransky, cabe la pregunta acerca de hasta qué punto alguien puede pensar por su cuenta, juzgar y decidir libremente, es decir, con independencia de las fuertes determinaciones provenientes tanto de su mundo interno como del mundo cultural al que pertenece, incluyendo en este último concepto el microcosmos de ciertas comunidades étnicas o ideológicas particulares.

Sin tener respuestas acabadas a este respecto, debo concluir recordando que el psicoanálisis, desde las primeras definiciones freudianas a las más recientes, se plantea un objetivo terapéutico que, al promover el conocimiento por parte del paciente de sus motivaciones inconcientes, le va otorgando márgenes de libertad que lo colocan a la vez en grados crecientes de responsabilidad en relación con sus objetos internos y también en lo que hace a las vínculos con su entorno familiar y social. Esto también subraya la responsabilidad social del psicoanalista que, como una vez le escuché decir a David Liberman, en la medida que es promotor de salud en la persona de su paciente, también lo es respecto de su entorno, y tanto más si la profesión o inserción social de éste lo colocan en capacidad mayor de influir sobre él.

Bibliografía

Agamben, Giorgio: *Pensar Auschwitz,* Valencia, Pre-textos, 2005.

Arendt, Hannah [1963]: *Eichmann en Jerusalén.Un estudio sobre la banalidad del mal,* Barcelona, Lumen, 2003.

Berenstein, Isidoro y Puget, Janine: *Lo vincular,* Buenos Aires, Paidós, 1997.

Bernstein, Richard: *El mal radical,* Buenos Aires, Lilmod, 2005.

Delacampagne, Christian: *La banalización del mal. Acerca de la indiferencia*, Buenos Aires, Nueva Visión, 1999.

Derrida, Jaques y Dufourmantelle, Anne [1997]: *La hospitalidad*, Buenos Aires, Ediciones de la Flor, 2000.

Eco, Umberto y Martini, Carlo Maria [1995-1996]: *¿En qué creen los que no creen?*, Buenos Aires, Planeta, 1997.

Freud, Sigmund [1920] *Más allá del principio del placer*. Buenos Aires, Amorrortu, 1982.

Freud, Sigmund [1921] *Psicología de las masas y análisis del yo*, Buenos Aires, Amorrortu, 1982.

Freud, Sigmund [1930]: *El malestar en la cultura*, Buenos Aires, Amorrortu, 1982.

Fuchs, Jack: *Dilemas de la memoria*, Buenos Aires, Norma, 2007.

Green, Andre: "¿Por qué el mal?", en *La nueva clínica psicoanalítica y la teoría de Freud*, Buenos Aires, Amorrortu, 1993.

Grüner, Eduardo: *El sitio de la mirada*, Buenos Aires, Norma, 2001.

Kertész, Imre [1975]: *Sin destino*, Barcelona, Acantilado, 2005.

Klein, Melanie [1957]: *Envidia y gratitud*, Buenos Aires, Hormé, 1973.

Meltzer, Donald: *Estados sexuales de la mente*, Buenos Aires, Kargieman, 1974.

Milton, John [1667]: *El Paraíso perdido*, Madrid, Cátedra, 2004.

Nino, Carlos [1997]: *Juicio al mal absoluto*, Buenos Aires, Ariel, 2006.

Orwell, George [1949]: *1984*, Barcelona, Destino, 1957

Puget, Janine y Kaës, René (comps.) [1991]: *Violencia de Estado y psicoanálisis*, Buenos Aires, Lumen, 2006.

Ricœur, Paul [1985]: *El mal. Un desafío a la filosofía y a la teología*, Buenos Aires, Amorrortu, 2007.

Safransky, Rüdiger [1997]: *El mal o el drama de la libertad*, Barcelona, Tusquets, 2000.
Semprún, Jorge [1995]: *La escritura o la vida*, Buenos Aires, Tusquets, 2004.
Shakespeare, William [1593]: *Ricardo III*, Buenos Aires, Losada, 1990.

¿CÓMO HABLAR DEL MAL DESDE EL PSICOANÁLISIS?

Delia Torres de Aryan y Raquel Duek de Escandarani

No hay nada que decir, pero es necesario seguir hablando.

Samuel Beckett

Apertura

Haremos un recorrido por el pensamiento de autores que nos ayudan a ampliar nuestra posición de analistas y desplegar una reflexión acerca del psicoanálisis y la Shoa, para aproximarnos al tema del mal.

Psicoanalistas en su práctica clínica, pensadores, historiadores, compartimos interrogantes epistémicos acerca del lugar del testimonio, nos enfrentamos al tema de la verdad y la posibilidad lógica de la transmisión de una historia basada en hechos. Cómo hablar del pasado, cómo recuperar la palabra de los protagonistas, la voz de quienes fueron testigos, victimarios y víctimas, muchos de ellos impelidos o renuentes al relato, otros temerosos de una escucha vacía o descreída. Cómo hablar del mal sin categorías psicopatológicas psicoanalíticas que no sólo no lo explican sino ni siquiera describen los problemas que el concepto del mal plantea y hasta pueden obturarlos.[1]

---

[1] La denominación *perversión* es poco feliz en psicoanálisis, por su semejanza con perversidad y la condena social que convoca poco propicia

Ante la guerra y los lager, el *logos* retrocede con respeto por temor a banalizar, "explicando" lo que tal vez no pueda ser más que una descripción y un reconocimiento que en el mismo movimiento intenta encontrar una brújula que nos aleje de esas experiencias que se yerguen admonitorias y amenazantes. Se trata de un conjunto de fenómenos que no pueden comprenderse usando categorías causales ni tampoco separadas en su análisis. Nuevas formas de nación estado crean grandes masas humanas más semejantes a lo que era la esclavitud en la antigua Grecia, dando origen a nuevas subjetividades con las que nos encontramos en la consulta.

¿Qué es elaborar el pasado?

Analizando y sobreviviente tratan de narrar la utópica reconstrucción del pasado en los reflejos fragmentarios y cambiantes que ofrece "el espejo roto de la memoria" según la metáfora que acuñara García Márquez. "La memoria, aficionada a recuperar el pasado, es también hostil y propensa a eliminarlo, o con mayor perversidad, a operar contracciones y metamorfosis del olvido, tan concreto y poblado como el recuerdo".[2]

¿Qué es entonces la verdad? Para Nietzsche[3] es un movimiento de metáforas y metonimias, relaciones humanas que han sido realzadas, extrapoladas y adornadas poética y retóricamente, y que con el tiempo las personas las consideramos indudables, como

para pensar en psicoanálisis. El término *mal* también favorece el mismo deslizamiento desafortunado con *maldad*.

2 Bianciotti, H. [1978], *La busca del jardín*, Barcelona, Tusquets, 1996.

3 Nietzsche F. [1873], *Sobre verdad y mentira en sentido extramoral*, Madrid, Tecnos, 1998.

la existencia de los astros. "*Las verdades son ilusiones de las que se ha olvidado que lo son*." Por eso Giorgio Agamben habla de una "aporía de Auschwitz que es, la misma aporía del conocimiento histórico: la no coincidencia entre hechos y verdad, entre comprobación y comprensión".[4]

Borges también se ocupa de esta paradoja al decir bellamente "la verdad, cuya madre es la historia, émula del tiempo, depósito de las acciones, testigo de lo pasado, ejemplo y aviso de lo presente, advertencia de lo por venir. La historia, madre de la verdad; la idea es asombrosa. Menard [...] no define la historia como una indagación de la realidad sino como su origen. La verdad histórica, para él, no es lo que sucedió; es lo que juzgamos que sucedió. Las cláusulas finales -ejemplo y aviso de lo presente, advertencia de lo por venir- son descaradamente pragmáticas".[5]

En sus palabras Borges comparte la dimensión ficcional de la verdad con Nietzsche.

Freud habla de la "desfiguración" de la verdad, "pero no la verdad material sino la verdad histórico-vivencial. Y nos atribuimos el derecho de corregir cierta desfiguración que esta verdad ha experimentado con su retorno".[6] Pensamos que considera el análisis una tarea imposible precisamente porque la verdad es imposible, "el vínculo analítico se funda en el amor por la verdad, es decir, en el reconocimiento de la realidad objetiva, y excluye toda ilusión...analizar sería la

---

4 Agamben, G. [1999], *Lo que queda de Auschwitz. El archivo y el testigo. Homo Sacer III*, Valencia, Pre-Textos, 2002.

5 Borges, J. L. [1944], *Ficciones. Pierre Menard, autor del Quijote, Obras Completas* 1974, pág. 449.

6 Freud, S. [1937], *Moisés y el monoteísmo*, Buenos Aires, Amorrortu Ediciones, vol, XXIII, pág. 124.

tercera de aquellas profesiones 'imposibles' [...] las otras son educar y gobernar".[7]

"El material para nuestro trabajo lo tomamos de distintas fuentes: de lo que nos indican los datos que nos da el paciente, de sus asociaciones libres, de lo que nos muestra en sus transferencias, de lo que nos ofrece la interpretación de sus sueños y de lo que le traicionan sus actos fallidos. Todo este material nos permite reconstruir tanto lo que le ha sucedido alguna vez y luego fue olvidado como lo que le está ocurriendo en la actualidad sin que él lo comprenda".[8]

Aparece así un otro sentido, muchísimo más amplio, tal vez el menos evocado cuando decimos "construcciones", que atañe a la totalidad del trabajo del análisis llevado a cabo por analizando y analista que no está orientado a "recordar" sino a construir lo que le está ocurriendo en el espacio-tiempo de la transferencia.

En esta perspectiva, no arqueológica, Piera Aulagnier[9] concibe la construcción como una escena fantasmática que es efecto de la estructura del deseo. Del conjunto de las interpretaciones surge un suplemento gracias al cual el analista realiza sus construcciones. Ese plus es algo que no estaba antes y que crea el trabajo de la interpretación, aportando un fragmento de verdad como *aletheia*, desocultación, y como sinceridad, autenticidad vivencial, que pertenece a la historia del conflicto pulsional, es decir, construye, no reencuentra. La interpretación, para el analista, apunta a la causa inconsciente que se manifiesta en el sujeto, en sus dudas y certezas acerca de la realidad y sus por qué. El analista trabaja apoyándose en puntos,

---

[7] *Ibid* [1937], *Análisis terminable e interminable*, Buenos Aires, Amorrortu Ediciones, vol. XXIII, pág. 249.

[8] *Ibid*, [1937], Esquema de psicoanálisis, Buenos Aires, Amorrortu Ediciones, vol. XXIII, pág. 138.

[9] Aulagnier, P., *El sentido perdido*, Buenos Aires, Editorial Trieb, 1980.

muy pocos, de certeza identificatoria del analizante que comparte con su medio social, teorías acerca de la causalidad de aconteceres corporales, naturales, sociales y son puestos de manifiesto siempre desde el atravesamiento inconsciente intransferible que hace que cada análisis, cada sujeto, sea único y exclusivo.

Si bien no existe una verdad definitiva, W. Baranger decía "la verdad siempre es anteúltima", no se puede pensar que la verdad es sólo un error que aun no fue reconocido como tal. Si la historia que nos trae el analizante sólo es vista como construcción fantasmática, si excluimos de la historia el papel que tuvo la realidad que atravesaron, las experiencias que realmente han vivido, estaríamos sometiendo al analizante a la misma violencia y abuso de poder causantes del sufrimiento psíquico por el que vinieron a consultar.

Aulagnier es una de las primeras psicoanalistas que no eludió el compromiso ético de encontrar un lugar a la realidad social en sus reflexiones metapsicológicas. Uno fácilmente la puede imaginar intercambiando con Castoriadis, su presencia se siente en su obra, por ejemplo en su concepto de contrato narcisista.

La autora nos enseña que si en la escena de la realidad en la infancia o más tarde surge un acontecimiento que impone de manera exclusiva una sola forma de fantasmatización, se produce un fenómeno de telescopaje que hace imposible la constitución de la represión si se trata de un niño, o de la *durcharbeitung*, la elaboración propia de la fantasmatización si es un adulto. En esas situaciones, las reacciones psíquicas están en función de la escena de la realidad familiar o social y no del deseo, y obligan al sujeto a ocupar exclusivamente la posición de perseguidor o perseguido.[10]

---

[10] "¿Qué es la realidad para el psicoanalista?", panel del Simposium "El malestar en nuestra Cultura" [1986], *Revista de Psicoanálisis APA* (Asociación Psicoanalítica Argentina) nº 4, t. LI, *Homenaje a Willy Baranger*, 1994.

Si la restitución integral del pasado fuera posible, sería aterrador, como lo mostró Borges en "Funes el memorioso". La memoria es por fuerza una selección.

Frente a esta memoria y olvido desvencijados, Lacan lee a Freud para afirmar que la verdad sólo puede ser medio dicha, aparece en el lapsus, en el error exitoso, que es un modo fecundo de la equivocación porque en lo que aparece descentrado se muestra el sujeto, manera en que aparece lo inalterable de la verdad. Lo inalterable sigue siendo la apuesta a la verdad y extrae un concepto fundamental:

"El error sólo se define en términos de verdad. En el análisis la verdad surge por el representante más manifiesto de la equivocación: el lapsus, la acción que impropiamente se llama fallida, los actos fallidos son actos que triunfan, nuestras palabras que tropiezan son palabras que confiesan, unas y otras revelan la verdad de atrás, en el interior de lo que se llama asociaciones libres, imágenes de sueño, síntomas, se manifiesta una palabra que trae la verdad. Si el descubrimiento freudiano tiene un sentido sólo puede ser: La verdad caza al error por el cuello en la equivocación."[11]

Filosofía, literatura, psicoanálisis intentan cercar una verdad a partir de una materia prima con representaciones que pertenecen al orden de lo imaginario, de lo alegórico, no por ello falsas. La obra de arte o literaria, los sueños, actos fallidos, lapsus, son textos ficcionales de los que el inconsciente se vale para no y sí decir, para medio decir una verdad. "No hay nada que decir [...]", porque todo relato aloja en la hondura de su trama un vacío, un agujero, "[...] pero es necesario seguir hablando", ya que, como psicoanalistas, nuestra tarea imposible, analizar,

---

[11] Lacan, J. [1975], *Los escritos técnicos de Freud*, Buenos Aires, Paidós,1981, pág. 386.

nos enfrenta a expresar lo inexpresable, a representar lo irrepresentable, a presentar lo impresentable. El analizando coincide en un sentido con el sobreviviente, que sobrelleva la soledad que le impone la esencial laguna de su testimonio, los supervivientes dan testimonio *"de algo que no podía ser testimoniado, comentar sus testimonios ha significado de forma necesaria interrogar a aquella laguna o, mejor dicho, tratar de escucharla"* (*ibid.* 4, p. 10).

El lenguaje, ¿lo crea todo?

Ferrater Mora afirma que la hermenéutica permite comprender a un autor mejor que lo que el propio autor se entendía a sí mismo, y a una época histórica mejor que lo que pudieron comprenderla quienes vivieron en ella.

El campo de la hermenéutica moderna,[12] heredera del pensamiento heideggeriano, se ha convertido en un lenguaje común.[13] [14] Heidegger plantea que el lenguaje no es un medio que permita al yo aprehender la realidad, sino que el lenguaje crea tanto al yo como a la realidad. Desde esta perspectiva, la identidad de las cosas no preexiste a la palabra, sino que es la palabra la que precede a las cosas o los hechos, los crea, los constituye. "No hay hechos, sólo interpretaciones", dirá Nietzsche y nosotros como psicoanalistas, en la sesión, también pensamos en términos de la interpretación que hace el analizando de su vida y a su vez ofrecemos una interpretación de su relato. El lenguaje para este autor domina nuestro pensamiento y nuestras prácticas, constituye nuestra subjetividad

---

[12] Scavino, D., *La filosofía actual. Pensar sin Certezas*, Buenos Aires, Paidós, 1999.

[13] Vattimo, G., *Filosofía, política, religión*, Oviedo, Ediciones Nobel, 1996.

[14] Vattimo, G., *Introducción a Heidegger*, Barcelona, Gedisa, 2006.

y la realidad, idea que impregna, si no todo, buena parte del pensamiento de Lacan y su forma de entender el inconsciente. Por eso el giro lingüístico es considerado un "constructivismo radical", porque considera que las teorías científicas no descubren la realidad sino que la crean, no existirían hechos, sólo interpretaciones.[15]

El problema de la verdad
"Ni Dios puede"

¿Es el lenguaje la única corriente que instituye tanto la realidad como la subjetividad? Distintos pensadores se han ocupado de poner límites a este constructivismo radical.

La existencia de todo genocidio es sistemáticamente negada y el número de víctimas sistemáticamente minimizado. El genocidio armenio continúa siendo negado por Turquía y no cuenta con el reconocimiento oficial y legal de países claves en el conjunto internacional. También ha podido ser fuente de inspiración, "a Hitler le gustaba recordar el genocidio armenio, vean, les decía a los suyos, se puede exterminar impunemente a todo un pueblo. Hagamos lo mismo con los judíos".[16]

Humberto Eco, entre otros epistemólogos, viene a plantear que si bien hay tantas interpretaciones como lectores o historiadores posibles, no toda "lectura" es plausible, y graciosamente comenta que a Santo Tomás (V,2,3) se le preguntó si una mujer que ha perdido su virginidad

---

[15] Dreizik, P. [2003], "Raíces Filosóficas del pensamiento psicoanalítico francés actual", en *Segundas Jornadas Pensamiento Psicoanalítico Francés Contemporáneo*, Buenos Aires, APdeBa. 2005.

[16] Todorov, T. [2002], *Deberes y delicias*, Buenos Aires, Fondo de Cultura Económica, 2003, pág. 233.

puede ser reintegrada a su condición originaria, a lo que parece que el santo contestó que ni siquiera Dios puede hacer que lo que ha sido no haya sido, porque esta violación de las leyes naturales repugnaría a la naturaleza.[17]

Vilcapugio y Ayohuma en la clínica

La inadecuación entre el discurso y la cosa que designa hace que la Verdad se entienda de distintas maneras, y que como concepto despierte cierto escepticismo y goce de descrédito, pero la diferencia entre mentira y verdad no debería ser considerada una "duda epistemológica", debemos ubicar una barrera infranqueable entre "hechos" e "interpretación" .

Si la verdad lógico-metafísica se ve siempre confrontada con la prueba de la verdad y la falsedad, y el principio de no contradicción, en la correspondencia entre lo dicho y las cosas, en el plano del decir, mi enunciación es siempre verdadera, lo opuesto de *Aletheia* no es lo falso, la mentira o el ocultamiento, sino el olvido. En el decir del paciente se revela la verdad, se la pone de manifiesto, *Aletheia* no está sometido a la prueba de la contradicción. El decir es irrefutable. Aunque lo dicho sea contradictorio, y sobre todo si lo es, allí se manifiesta una Verdad en el plano del decir. *Aletheia* es una forma del *logos* no sólo como verdad sino también como evocación de la palabra del Otro. Lo importante en esta interpretación no es entonces lo que "yo" quiero decir sino lo que, a mi pesar, o aunque me niegue a aceptarlo, dice el Otro. Veámoslo en una viñeta clínica.

[17] Eco, H. [1990], Los límites de la interpretación, Barcelona, Lumen, 2000, pág. 50.

"Cuando nacieron las mellizas eran tan feas que el padre les decía Vilcapugio y Ayohuma" y así les dijo siempre Vilca y Uma, bruto el paisano", dice un analizando en sesión. Algo empieza a entenderse de determinados acontecimientos de su vida actual, las peleas con sus hijos, el recuerdo aporta una atmósfera que permite descubrir un sentido oculto hasta ese momento, pero la verdad factual, material, como la llamaba Freud, es que en las batallas de Vilcapugio y Ayohuma los "criollos perdieron", los españoles ganaron y nada puede modificar ese resultado.

Aportes de la historia

Los historiadores se esfuerzan en comprender, explicar e interpretar el pasado, seleccionando datos de una información siempre fragmentaria y opaca. ¿Qué valor tiene el testimonio de la memoria viva y hablada en ese trabajo historiográfico que realiza el historiador? ¿Cómo se transforma el testimonio en prueba documental? Pese a que en los testimonios de la singular desdicha de los campos de concentración se reconoce una excepción a tal proceso, se habla de la crisis del testimonio al confrontarlo con los límites de la representabilidad, la reflexión histórica de la enormidad del hecho de la Shoah prosigue desde variadas perspectivas historiográficas.

Carlo Ginzburg,[18] ubicado en una de ellas a partir de su teoría del indicio, hace un valioso aporte al debate sobre la naturaleza de los hechos históricos. Atendiendo las relaciones del historiador con la verdad y la historia, cree que el pasado tiene que ponerse al servicio de la justicia, para que, por más selectiva que nuestra memoria pueda

---

[18] Ginzburg C., "El lado obscuro de la historia", en 'www.kaosenlared.net/noticia.php?id_noticia=16557'.

ser, el pasado sea reconocido, y podamos asomarnos finalmente a la verdad. Busca y descifra vestigios en la microhistoria, casi como un detective revela lo grande en lo pequeño, combina la comprensión de las abstractas fuerzas actuantes en la historia con el análisis de incidentes aparentemente azarosos e insignificantes que sólo resultan inteligibles en el marco de una realidad histórica de mayor alcance; considera que la cronología, pura y simple, es una de las más poderosas armas de que disponen los historiadores.

El cuerpo

Desde otro punto de vista, Robert Kraft[19] estudió las características de la memoria traumática como una manera nada trivial de cercar aspectos de la verdad histórica. Describe dos diferentes formas representacionales: una, en términos de fogonazos experienciales, de sonidos, olores, sensaciones corporales, no verbales, que adquieren un carácter casi alucinatorio en la repetición en el presente de lo vivido en los campos y una otra "memoria narrativa". A la primera no modificable la llama "memoria nuclear". Los sujetos pierden el hilo en la entrevista, entran en un estado que Kraft describe como hipnagógico. Ejemplifica de la siguiente manera:

"Tras una hora de testimonio, Jolly Z, sobreviviente de la Shoa, dice: estoy segura de que somos guiados por necesidades internas de ver o de negar cosas que nos rodean. Pero mmm... [Agita la cabeza y mira hacia abajo

[19] Kraft, R. N., "Memoria emocional en sobrevivientes del holocausto. Un estudio cualitativo de testimonios orales", en D. Reisberg y P. Hertel (comps.), *Memory and Emotion*, Nueva York, Oxford University Press, 2004, págs. 347-389.

durante cinco segundos.] Se me fue la idea. Estoy de nuevo allí. [Señala a sus espaldas con el dedo.] Estoy de vuelta allí". Le preguntamos a Jolly qué ve cuando está "de vuelta allí", y responde: "Barro. Y sólo gris, y barro. [Agita la cabeza.] Mmm... cuerpos. [Llora.] Oh, yo sé lo que estaba intentando decir".

Recordemos que una alteración corporal puede asociarse a un sonido, una escena del encuentro con el otro de la que puede no saberse ni conocer su sentido; en estas huellas corporales, allí, reposa el uso personal e idiosincrásico que tendrán las palabras. Las significaciones básicas del sujeto derivan de la articulación entre la sensorialidad de las experiencias tempranas con lo lingüístico de la representación de palabra, que en última instancia coincidirán con códigos socialmente compartidos que se manejan en un proceso secundario, nunca se tendrá acceso por sí mismo a la significación. Es decir, el inconsciente está estructurado como un lenguaje en donde las palabras, su sonoridad, están indisociablemente unidas al efecto de placer o sufrimiento inscripto en el cuerpo, como modificación libidinal. El sujeto ignora que siempre será tributario de la falsa lectura que aporta el fantasma, ese fantasma es también la respuesta, la interpretación, que se da el sujeto de lo que es. Por un lado, las experiencias corporales son puestas en palabras, pero la experiencia corporal es inconmensurable con las palabras, que son de distinto orden, pero aun así las palabras son parte de la experiencia corporal. Primerísimos niveles psíquicos que se agitan en las reediciones traumáticas como aparecen en el fragmento de la sobreviviente que evocamos. La experiencia de un cuerpo dentro de otro cuerpo, el pecho dentro de la boca, es una matriz inicial, primera realización concreta de lo que funcionará más tarde como modelo abstracto de la escena primaria, he ahí el aporte y límite de lo biológico en la vida psíquica porque la vida psíquica no sigue un modelo progresivo de adaptación ni maduración que va de lo más simple a lo más complejo, ni es regido por una ley biológica. El lenguaje verbal desempeña un papel esencial bajo la forma de representaciones de palabra, pero no están en la raíz ni en el origen del inconsciente. El inconsciente está estructurado como un lenguaje y sus signos sonoros son indisociables de un placer o sufrimiento inscripto en el cuerpo secundario a un primer estadio representacional de encuentros corporales que es preverbal. El lenguaje verbal es secundario en todo sentido. Las primeras inscripciones del cuerpo que llegarán a ser zonas erógenas, en parte nunca se ordenarán bajo el estatuto inconsciente ni preconsciente y pueden aparecer en toda situación traumática no sepultable por la memoria y el olvido, son la vivencia misma, no articulable. En el nivel de los primeros signos de percepción, las experiencias de sufrimiento hacen impacto en la dinámica pulsional favoreciendo los aspectos desobjetalizantes de la pulsión de muerte, lo displacentero de la experiencia con el otro se transforma en rechazo a zonas del propio cuerpo que "desaparecen" para retornar bajo la forma de alucinaciones corporales o peligrosos pasajes al acto.

Estas ideas se apoyan en el concepto de "carne universal" de Merleau-Ponty (*ibid.* 15, p. 22), en donde plantea la existencia de una zona de intersubjetividad entre sujetos que no tienen que ver con el lenguaje estrictamente, una zona vinculada al cuerpo propio en contacto con otro cuerpo, que remite a movimientos cenestésicos, un nivel prelingüístico, un núcleo, una posibilidad de acceso al otro anterior a "un lenguaje estructurado como un lenguaje", un "lado salvaje" que permitiría comprender y compartir con un extraño, o un otro salvaje. Esta perspectiva quedó sesgada por el estructuralismo dominante, pero es desarrollada creativamente por Aulagnier con su idea de pictograma.

Congreso de IPA, Berlín, 2007

Como psicoanalistas nos es difícil pensar que algo puede suceder sin tener una razón de ser, sin una determinación personal. Nuestro trabajo consiste en preguntarnos cuál es el compromiso subjetivo en el acontecer de la vida de cada cual.

La epistemología de la modernidad nos daba una seguridad que hoy la física tanto como la filosofía ponen en tela de juicio. Los estados de conmoción social hicieron que una generación entera de psicoanalistas tuviese que emigrar de Alemania a partir de 1933.

¿Con qué instrumentos acercarnos a considerarlo, cómo alcanzarlo? Es que el eje social en la constitución de la subjetividad da sentido de pertenencia a un conjunto, en esta situación podemos ver el sufrimiento padecido por imposición de una relación de poder que vectoriza la vida de las víctimas, los victimarios y sus descendientes a partir de una bifurcación insospechada hasta ese momento.

Éste es un tema que fue tratado en el último Congreso de IPA, Berlín, 2007. Allí, la psicoanalista alemana judía Marion Oliner presentó su experiencia infantil de haber sido separada a los seis años de sus padres y adoptada por una familia tras una emigración forzada a Estados Unidos. Al final de su exposición "un analista alemán en la audiencia ofreció a Oliner una disculpa pública por el tratamiento que ella y su familia habían recibido de los alemanes".[20] Tiene el valor de toda disculpa, pero ¿en carácter de qué hablaba ese analista que le pidió disculpas?,

[20] "Reflexiones sobre el Congreso de la API en Berlín", en Psicoanálisis Internacional. La Revista de Actualidad de la API., V. 16, diciembre de 2007, pág. 9.

¿en carácter de que ella era judía?, ¿no consideraba que Oliner era alemana?

En las "Reflexiones..." post congreso, Harold Blum[21] a modo de síntesis concluye que las presentaciones reafirmaron la importancia de la memoria autobiográfica. Se debe atender a que el énfasis clínico en el "aquí y ahora" no venga a alentar la evitación defensiva de recuerdos traumáticos. Cuando nos concentramos solamente en el presente, la memoria y la reconstrucción colectivas se devalúan, como ha ocurrido con las conspiraciones sociales del silencio. La omisión total o la evocación sin fin, es una alternativa estéril que debe evitarse en los sujetos y en la memoria colectiva para permitir que nos volquemos hacia el porvenir.

El espacio identificatorio, se juega en una permanente remodelación de lo reprimido. La represión puede orientarse hacia un exceso o una falta, en ambos casos la capacidad vincular se empobrece. La falta de represión lleva a la repetición de un mismo patrón relacional que impide todo devenir, tal es lo que sucede si un acontecimiento dado no se cierra y no se constituye como acontecimiento pasado, esto implica que buena parte del capital libidinal queda adherido a la repetición de lo mismo.

El exceso de represión, a su vez, se traduce a menudo en una mera sobreinvestidura desafectivizada de los objetivos, "como si no hubiera pasado nada"; puede semejar una depresión de la que se diferencia, porque en la depresión está sobreinvestido el pasado como momento de felicidad perdida, como un momento de nostalgia, duelo, culpa y en estos cuadros de represión excesiva, no hay momentos épicos previos a los que pueda fijarse la memoria y a los que se puede volver a investir como prueba

---

[21] *Ibid*, "Reflexiones sobre el Congreso de la API en Berlín", H. Blum, pág. 6.

de que se ha vivido una historia a la que vale la pena volver. El exceso de represión hace que se constituya el pasado pero como un pasado desafectivizado, no hay emoción en el relato. La reorganización del espacio identificatorio inserta al sujeto en el registro de su singularidad y vectoriza y decide a su vez acerca de la elección de objetos soporte de deseo. Para investir la espera de un encuentro es necesario que haya quedado investido el recuerdo de un ya vivido afortunado.

El mal en la Biblia
El libro de Job. El inocente sufre

Desde la más remota Antigüedad los pensadores se han ocupado del espinoso problema del hombre bueno que sufre y del malo feliz. Varios mitos griegos también lo plantean. Edipo sufre por un pecado que él no era consciente de estar cometiendo. Job[22] se plantea, ¿por qué Dios es injusto con un hombre bueno y religioso?, pregunta que sustenta toda su razón de ser por fuera de todo marco religioso. Sus amigos piensan que si sufre es por culpa de sus faltas, como en Argentina 1977 "algo habrá hecho"; Job sabe que no es así. El libro de Job plantea un arduo problema, un hombre justo sufre y es castigado. La reflexión en Job se profundiza en Eclesiastés,[23] donde se abordan temas de vigencia permanente como la injusticia humana, política y social, y en muchas de sus frases se trasluce un relativismo del esfuerzo del hombre frente a la inevitabilidad de sufrimientos y penurias.

---

[22] *Job*, libro bíblico del *Antiguo Testamento*. En el Tanaj hebreo se ubica entre los Proverbios y el Cantar de los Cantares.

[23] El Libro del Eclesiastés (Kohélet, en hebreo), libro bíblico del *Antiguo Testamento*.

Eclesiastés. Si no hay justicia, aprovecha, vive el instante

Eclesiastés exhorta a disfrutar de las dulzuras que Dios ofrece al hombre. La conclusión principal del protagonista refleja el conocido concepto del Carpe diem:[24] disfruta del día, disfruta del momento.

Quizá la mejor síntesis de su propuesta existencial se encuentre en Eclesiastés 9: "Anda, come con alegría tu pan y bebe de buen grado tu vino [...] Vive la vida con la mujer que amas [...]Cualquier cosa que esté a tu alcance el hacerla, hazla según tus fuerzas, porque no existirá ni razones ni ciencia ni sabiduría en el infierno a donde te diriges".

Al plantearse el mismo problema que Job, "¿hay en este mundo sanción para el mal y recompensa para el bien?", llega como en él a una respuesta negativa. En el mundo no hay diferencia entre el bien y el mal, aunque se lo premie con bienes, títulos y honores, sólo se alcanzan vanidades.

El mal y la imagen Las cantidades santifican

Woody Allen dramatiza estas ideas sobre el mal del que se sale indemne en su film *Match Point*. Al comienzo, el personaje central, Chris, lee *Crimen y castigo* de

---

[24] "*Carpe diem*" es una locución latina que significa "disfruta el día, aprovecha el día, no lo malgastes" (que es distinto de disfrutarlo o malgastarlo). Fue acuñada por el poeta romano Horacio (*Odas*, 11.8): Es una exhortación a no dejar pasar el tiempo que se nos ha brindado para disfrutar los placeres de la vida dejando a un lado el futuro, que es incierto. Asimismo se puede traducir como "aprovecha el momento", "vive el momento", es decir, "aprovecha la oportunidad y no esperes a mañana, porque puede ocurrir que mañana la oportunidad ya no exista", consoultado en http://es.wikipedia.org/wiki/Carpe_diem.

Dostoievski, a quien Allen evoca para contrastar el siglo XIX, terreno de la moral y de la culpa, con el XXI, que nos dice que es mejor tener suerte que talento. Del azar de la caída de una pelota o una pulsera depende la vida. El joven protagonista decide salvar su ascendente posición social cometiendo dos crímenes innecesarios y absurdos. Woody Allen reinterpreta a Raskalnikov desde el cinismo de una sociedad en el que el "mal menor" es necesario para salvar un falso bien superior, por lo que se infiere que los bienes o las cantidades materiales santifican.

Otro aporte histórico del cine al tema del mal es *Monsieur Verdoux*, film de Chaplin de 1947 del que Lacan hizo referencia en "Kant con Sade".[25] El personaje principal es un empleado de banco que ha sido despedido después de treinta años de trabajar eficiente y fielmente en una empresa que debe reducir su personal. Así, es llevado a seducir y matar mujeres de fortuna y obtener el dinero que necesita para mantener a su esposa e hijo, crímenes que, desde su perspectiva, no lo llevan a considerarse un asesino. Podríamos decir que parafrasea de esta manera la frase de Lacan: hay con quien "no" se puede ser caritativo, tal es el *quid*. El film concluye cuando Verdoux es conducido a la guillotina después de defender su accionar diciendo que sus actos no son peores que aquellos que los soldados u hombres de negocios llevan a cabo todos lo días. De allí su impactante frase: "Asesinar a una persona hace de uno un canalla, asesinar a millones, un héroe. Las cantidades santifican sin duda".

Todorov (Ibíd 17, p. 224/225 y 222), con inquietante claridad, hace mención a este mal en nombre del bien: "No hay mal sin razón ni bien sin mezcla, todo mal se acompaña de una razón que no necesariamente es un

[25] Lacan, J. [1966], *Escritos*, Madrid, Siglo XXI, 1980, vol. 2, págs. 337-362.

mal, recíprocamente la idea de un bien sin mezclas acarrea consecuencias imprevistas e indeseables que no se pueden menospreciar con el pretexto de que el objetivo es noble... la política totalitaria se funda en una visión maniqueísta del mundo que lo divide entre amigos y enemigos, unos a defender en cualquier circunstancia y otros a eliminar a cualquier precio. Los agentes (del totalitarismo) siempre creyeron obrar para el bien, se percibían como benefactores de la humanidad".

Freud[26] agrega un aporte fundamental a este tema cuando ve el mal en la crueldad del superyó, que se instala por renuncia pulsional y como autoridad internalizada, y en su satisfacción paradójica: cuanto menos ataca el yo su objeto, más culpable se siente, o dicho a la inversa: cuanto más ataca el yo su objeto, menos culpable se siente. Paradoja similar a la que queda encadenado Job cuando, refiriéndose a Dios, exclama: "Si digo que soy justo, él me condena, y si soy inocente, él me pone en la injusticia. ¡Yo soy inocente!". Freud plantea que la agresión dirigida hacia afuera salva al sujeto de la autoagresión, o sea, preserva su vida. En cambio, si la persona se abstiene de aplicar en su vida buena parte de sus componentes pulsionales destructivos, esa destrucción incrementa el masoquismo en el yo, culpándolo y castigándolo, o es acogida por el superyó, quien se vuelve despiadado con el yo. El superyó, no sólo no le asegura bienestar cuando le ordena transgredir un mandato categórico: "No matarás", agresión culturalmente indeseada, sino que hace del sujeto su esclavo y le exige: ¡goza!, goce del más allá del placer. El mal se satisface en Henry Verdoux y en el protagonista de Allen, sin atisbos de piedad.

---

[26] Freud, S. [1924], *El problema económico del masoquismo*, Buenos Aires, Amorrortu Ediciones, V. XIX, pp. 175-176.

"La cantidad despersonaliza a las víctimas y en un instante nos insensibiliza: un muerto es una tristeza, un millón de muertos es una información." [27]

¿Mil palabras pueden más que una imagen?

Las fotografías poseen un lenguaje y guardan secretos. Cuando sacamos una foto ¿para quién lo hacemos? ¿De qué sentimientos se acompaña, qué queremos atrapar en esas imágenes? ¿Qué tiempo descubrimos en una foto de los abuelos? ¿Qué revelan y qué ocultan esas fotos? Cuando fotografiamos un lugar distante maravilloso y exótico, ¿para qué lo hacemos?, ¿para no vivirlo, para poner una distancia con esa visión demasiado fuerte, para llevarnos algo de esa magia y después descubrir que nuestra foto no interesa a nadie? Cuando una foto se hace antigua, ¿qué es lo que la hace antigua, el color del papel, la solemnidad de la pose?

Hay fotos sin pose. Esta es una rotunda afirmación, lo anterior son preguntas que surgieron a lo largo de distintos análisis. Diversas temporalidades se articulan en una foto. Al sacar una foto, allí, al mismo tiempo que se vive un hecho singular, se lo está guardando para que luego lo miren otras miradas, la del sujeto y los otros, en otro momento y lugar. Vivo ahora, pero desdoblándome para un lugar en el futuro. En la foto se articulan dos temporalidades, un tiempo de certeza de imagen de cosa corporal y uno de la duda que impone todo pensamiento. Es un borde de desrealización, se sabe que esa realidad existió aunque no se puede dejar de pensar "no debe ser cierto".

---

[27] Todorov, T. [1991], *Frente al límite*, México, Siglo XXI, 2007.

El funcionamiento psíquico se acompaña de un fondo protorrepresentacional que es representación del afecto y afecto de la representación, y se expresa en metáforas corporales como "siento el cuerpo hecho pedazos". Estas protorrepresentaciones están regidas por la ley del todo o nada, del amor o del odio sin modulaciones, si irrumpen en la vida psíquica desestructuran el espacio del yo y precipitan al sujeto al abismo del asesinato, el suicidio o las alucinaciones. Que se exprese en las metáforas no implica un uso metafórico, es decir, simbólico, sino todo lo contrario, es una imagen de cosa corporal que se muestra en las metáforas con comillas.

Walter Benjamin ha destacado el valor cultural, exhibitivo y artístico que tienen las fotografías. ¿Qué valor tienen las fotos de los *lager*? ¿Son testimonio o hiperrealidad, cómo y cuándo se pueden mirar? Tenemos en nuestro campo una gran prevención por la captura de sentido y la fijación que genera toda imagen en la "era de la imagen", como se ha llamado a nuestro tiempo. Con una imagen se puede violar, una foto puede tener un núcleo no metaforizado que requerirá un duro trabajo de apropiación e historización.Una de nosotras analizó a un hombre que no podía volver a su país de origen porque tenía una condena pendiente por violación. Experimentaba hacia su padre, que lo había engendrado en sus 16 años, un odio frío y un profundo amor por la mujer que lo había criado. Un día empezó a recibir fotos anónimas de su "mami", caquéctica, emaciada y terminal, que llegaban implacablemente mostrando el deterioro progresivo hasta su previsible muerte un año después, sin una palabra. La repetición del enfoque, la misma cama, la misma ventana y hasta la misma luz, hacía que no hubiera nada para ver, nada para volver a mirar, nada para historizar. Todo era previsible e idéntico, un tiempo de certeza de cosa corporal concluido.

Estas fotos así enviadas eran una suerte de violación por hiperrealidad, como lo son las alucinaciones corporales en la vida del sujeto. Al principio, llenaban la sesión de un vacío, de una nada, que ocupaba todo y en el que ambos, terapeuta y paciente, quedábamos unidos en el silencio y la impotencia, aunque habláramos.

En el envío de las fotos sin palabras había una materialización del odio que entraba en el tiempo-espacio de la sesión con eficacia contundente. Es la misma eficacia contundente de las fotos de los *lager* a cuya realidad como documentos que develan significaciones históricas no se debe renunciar, sobre todo si pensamos en el maligno hecho de que no hay fotos de los *gulag*. Una imagen puede más que mil palabras o mil palabras pueden más que una imagen son enfoques igualmente válidos. Como son válidas, complementarias y fuertes las fotografías de un cadáver emaciado o mil.[28]

El mal y la escritura ¿Holocausto?

Sandor Marai[29] ambienta su novela en la Europa de 1941, tercera Nochebuena desde que comenzó la guerra, en un hotelito de montaña, donde sus siete huéspedes están forzados a recluirse por el mal tiempo. Imagina un diálogo entre un ateo y un creyente en el que discurren sobre el porqué de la guerra luego de un acontecimiento inesperado: el suicidio de una pareja de amantes alojada en el hotel. En ese intercambio se deslizan incesan-

---

[28] A comienzos de 2008 hemos tenido la dolorosa experiencia de ver ciudadanos argentinos, aborígenes del Chaco, en el mismo estado de emaciación que nos mostraron las fotos de Auschwitz.

[29] Sandor, M. [1945], *La hermana*, Barcelona, Salamandra, 2007.

temente tres sentidos del significante "sacrificio": como renuncia al amor, como ofrenda a Dios y como inmolación humana en la guerra, sin diferenciar si hay consenso de la víctima o no, en el así llamado "sacrificio", creando un clima de inquietud notable. Lamentablemente, la misma significación equívoca se ha impuesto en el uso de "holocausto" para nombrar el genocidio judío y cabe preguntarse, ¿en este equívoco no hay una conjetura, una hipótesis fuerte de que fue una ofrenda a Dios? El deslizamiento de sentido permite afirmar furtiva y peligrosamente que la Shoa, que significa "catástrofe", fue un Sacrificio, un Holocausto, una ofrenda, una expiación necesaria, si la deducimos de la conversación. Es el creyente (Z.) quien la inicia de la siguiente manera (Marai, 1945, pág. 48):

Z.: –¿Sabe?, probablemente sea necesario hacer sacrificios [...].
–Se refiere a la pareja de suicidas, ¿verdad? [...].
Z.: –A ellos... y a todos los que están agonizando en este momento. Y a los que morirán mañana y siempre [...].
–Todos los pueblos de la historia han creído en el sacrificio, pero a veces cuesta entender la razón del mismo. Sobre todo la del sacrificio humano...
Z.: –Pues hay que hacer sacrificios, de lo contrario no hay cambio ni salvación [...]. El valor del sacrificio no depende de si la víctima, voluntaria o no, cree en la redención [...]. Cada vez creo más en el sacrificio [...].Y lo que ahora sucede en el mundo no es más que sacrificio. ¿Cree que los pueblos, toda la humanidad, asumen terribles sufrimientos, vierten ríos de sangre, destruyen las instituciones y los edificios más bellos sin motivo alguno? [...]. ¿De verdad cree que todo esto lo causa la voluntad de un puñado de personas perversas y malvadas? La inercia con que la gente obedece a los líderes de la guerra, ¿es realmente tan

inexorable que millones de personas son incapaces de defenderse de ella y de sus regímenes políticos, y ejecutan a ciegas todas las formas de autodestrucción?
–No, no lo creo, pero la inercia de las masas es un fenómeno extraordinariamente complejo. Y también es cierto que unas pocas personas y unos pocos regímenes, como Vd. dice, con la ayuda de una férrea estructura de corte policial son capaces de imponer su voluntad a millones de personas durante largo tiempo. No menospreciemos la realidad [...].
Z.: –La gente desea sacrificarse porque sólo así puede esperar reencontrarse con Dios. Quieren sacrificio... por eso lo asumen todo. Porque sin Dios no pueden vivir.

Paradojas

Articularemos *Homo sacer* (HS) y *devoto* (D), figuras jurídicas del derecho romano arcaico que asocia la vida humana a lo sagrado con la figura del *musulmán* y la paradoja del *Soberano* (S) en la perspectiva de Giorgio Agamben, tema que retomaremos en la perspectiva hobbesiana en el apartado "El peso del poder".

HS es sancionado como persona sacra con todos los atributos de potencia divina, prosperidad, felicidad, salud y fecundidad que tiene lo sagrado. Dice la ley: "Si alguien mata a aquel que es sagrado por plebiscito, no será considerado homicida", pero llamativamente HS no puede ser ofrecido en sacrificio.[30]

El D es el ciudadano que en la antigua Roma ofrendaba su vida para salvar a la ciudad de un peligro grave,

[30] Agamben, G. [1995], *Homo Sacer. El poder soberano*, Valencia, Pre-Textos, 2006,págs. 939-4 y 102-103.

se "sacrificaba".[31] HS y D están consagrados a la muerte, y la semejanza de ambas situaciones se pone de manifiesto cuando el D sobrevive después de estar destinado a morir. El D sobreviviente no puede ser restituido al mundo profano ya que a través de su consagración se salvó la comunidad, al no morir deviene HS, no es reintegrable. En *Poder soberano y nuda vita,* Agamben describe al HS como un sujeto que existe exiliado dentro de la ley y plantea la paradoja que sólo porque la ley puede organizar a los sujetos como HS y así excluirlos de ella, es que puede dar a los sujetos una identidad.[32]

Para los griegos la vida existía de dos maneras, una es la vida natural biológica *Zoe* y la vida política, en griego: *Bios.*[33] El efecto de HS crea un cisma entre la vida biológica y la política. Como "vida desnuda", el HS se haya sometido a los estados soberanos de excepción en donde tienen vida biológica pero no tienen vida política, no son propiamente ciudadanos. Esto hace que vivan en situaciones de precariedad en las que cualquiera puede apropiarse de su vida, como *nuda vita,* sin que merezca castigo. En los estados de excepción se impone el terror, ubicando la vida biológica en el centro de los cálculos del Estado, como lo veremos en el apartado "Auschwitz y después" con el tema de los

---

[31] *Sacrificium* es el acto generalmente incruento por el que algo se hace sagrado entregándolo a la divinidad. Antes del sacrificio, en la antigua Roma, se procedía a la *Inmolatio,* que era el esparcimiento sobre la cabeza de la víctima de la "mola salsa", mezcla de agua y harina salada ritual, que llevaban a cabo las vestales en medio de grandes celebraciones anuales de ofrenda a los dioses.

[32] Pensemos en los cartoneros que no pagan impuesto, en las villas de emergencia con sus habitantes que se cuelgan de la luz y en cualquier ciudadano que ha quedado excluido de la cadena de consumo.

[33] En esta reflexión Agamben continúa la descripción de la *nuda vita* de los refugiados que Hannah Arendt realiza en *Los orígenes de totalitarismo* [1951], Barcelona, Alianza, 2006.

feticidios. HS está fuera del derecho humano y del derecho divino, muere impunemente, está en manos de la crueldad.

En el *musulmán,*[34] aquel que en los campos de exterminio había perdido toda capacidad de resistencia, "cadáver ambulante, muerto vivo", vida humana despojada de toda humanidad, el concepto de HS encuentra su paradigma. Dice Agamben "lo intestimoniable tiene un nombre: el musulmán". De esa manera centra el concepto de testimonio en lo imposible, lo que los protagonistas no pueden decir, los verdaderos testigos serían el vacío, la laguna que los constituye como tales a través de la humanidad de la que se los desposeyó. El sobreviviente, *"sabe que tiene que dar testimonio de la imposibilidad de testimoniar"* (*ibid.* 4, p.34)

¿Por qué soberano (S), devoto superviviente, *Homo sacer,* cartonero o musulmán comparten el mismo paradigma? La paradoja del S señala que al ser el S el que decide sobre el estado de excepción, al tener el poder de suspender la ley, está al mismo tiempo fuera y dentro del ordenamiento jurídico. La aclaración "al mismo tiempo" no es trivial: sería "yo, el soberano, que estoy fuera de la ley, declaro que no hay un afuera de la ley". El S tiene dos vidas, una natural y una sagrada, gobierna por derecho divino, y aunque actualmente no sea visto de esta manera, la misma idea aparece cuando el gobernante es juzgado mediante leyes especiales, en juicios no comunes. Los "dos cuerpos del rey", han sido

[34] "Con el término *Muselmann* (*musulmán*), ignoro por qué razón, los veteranos del campo designaban a los débiles, los ineptos, los destinados a la selección [ ] un hombre demacrado, con la cabeza inclinada y las espaldas encorvadas, en cuya cara y en cuyos ojos no se puede leer ni una huella de pensamiento", en Levi, P. [1945-1947], *Si esto es un hombre,* Madrid, El Aleph, 2003.

estudiados agudamente por Kantorowicz[35] explorando los rituales fúnebres de los reyes en Roma y el medioevo, donde se hacían dos ceremonias con dos cuerpos, uno de cera, para representar en él la dignidad, el "cuerpo sagrado" del rey. Agamben sostiene que esta duplicación de cuerpos pone de manifiesto la paradoja del S, de poder estar como HS y D adentro y afuera al mismo tiempo del régimen jurídico.

¿Qué nos aportan estas paradojas a la comprensión de los *lager*? Las articulamos con lo que afirma Freud en un escrito de 1910 en que no dejó de hacer notar el término latino *sacer* en su doble sentido de "sagrado y maldito" cuando estudia el sentido contradictorio de algunas palabras.[36] Algunos autores establecen también una relación entre el sacer latino con la categoría del tabú". (*ibid.* 30, p. 102,3)

Como en el decir del paciente en que se revela la verdad no sometida a la prueba de la contradicción, estos contrasentidos de las palabras ponen de manifiesto el mismo régimen de funcionamiento del inconsciente que vemos en los sueños, donde no existe el "no", lo que aparece en el sueño vale por lo que presenta y su opuesto. Si con el título de "¿Holocausto?" decíamos: "Lamentablemente la misma significación equívoca se ha impuesto en el uso de 'holocausto' para nombrar el genocidio judío", Freud afirma que se trata de un sentido antitético concomitante: no hay oposición ni contradicción. La Shoah es masacre, pero también es interpretada como sacrificio, ofrenda a Dios, holocausto.

---

[35] Grüner, E. (2007) Curso "Crisis de la Representación", las clases están impresas en la Biblioteca de APdeBA.

[36] Freud S. [1910], *Sobre el sentido antitético de las palabras primitivas*, Buenos Aires, Amorrortu Ediciones, V. XI, pág. 151.

Lo indestructible destructible

El hombre es lo indestructible y por esa razón puede ser infinitamente destruido
es un ser que se falta infinitamente a sí mismo,
no hay esencia humana para destruir o para reencontrar.

A la salida de Dachau, Robert Antelme, 35 kilos, presencia sin identidad y, como escribiría su amigo Dionys Mascolo, "*un Ecce homo*[37] *sin sujeto, muestra de nadie, muestra no de un hombre, sino el Hombre reducido a su esencia irreductible*", es sacado del campo y en el viaje de regreso, "*infernal y maravilloso*[38]", no parará de hablar, "*habla sin fin*", habla sofocada y sofocante por querer decir la indecible verdad que lo humano entraña. Un decir que un año después se hizo escritura en su único libro llamado *La especie humana*.

Para Blanchot[39], íntimo amigo de Antelme, él y todos lo sobrevivientes al escribir, más que testimoniar sobre la realidad concentracionaria, ofrecer un estudio histórico o relato autobiográfico, ponen de manifiesto la experiencia imposible de haber llegado a ser "el otro" para sí mismo. En su ensayo complejo y fecundo concluye que el sobreviviente no habla para dar testimonio, ni por la culpa de sobrevivir, ni por la vergüenza de haber sido elegido negativamente por el destino (*ibid.* 4, p. 108) "no se trata de contar ni testimoniar, sino esencialmente de *hablar*" (Blanchot, 1969, pág. 226). Habla porque hablar es la forma de resca-

---

[37] *Ecce Homo*, "he aquí el hombre", palabras de Poncio Pilatos cuando presentó a Jesús flagelado, destruido, con la corona de espinas, que también hace referencia a lo que quedó, el resto, indestructible del hombre torturado.

[38] Presentación de *La especie humana*, de Antelme, R., Montevideo, Trilce, 1996. En http://www.arenalibros.com/Ficha_Especie_Antelme.htm

[39] Blanchot, M. [1969], *El diálogo inconcluso*, Caracas, Monte Ávila, 1970.

tar su humanidad perdida, entrar en la audición humana porque durante su permanencia en el lager estuvo privado de sí, obligado a ser otro para sí mismo.[40] [41]

"Será por ello que cada vez que alguien pregunta ¿Quién es 'el Otro'?, pienso en el libro de Antelme", dirá Blanchot (1969, 39 pág. 220) reafirmando con él la crítica que le hace a la filosofía occidental que se presenta como una reflexión sobre lo mismo, que excluye todo lo que se presenta como otro y que, a su entender, ha conducido a los genocidios y las persecuciones del siglo XX. ¿Quién es 'el Otro'? es un interrogante de alcance inconmensurable ya que desafía la imposibilidad de acceder a lo propiamente originario del otro. Blanchot se interna en esta diferencia irreductible planteando tres tipos de relaciones posibles entre los hombres: 1) tratar de hacer al otro idéntico a sí; 2) una relación de éxtasis, de fusión, en la que el "Yo" deja de ser soberano, pues la soberanía aquí está en el Otro. El habitante de los campos de concentración está como nadie

---

40 Más adelante, su mujer, Marguerite Duras, hizo esta observación: "Ha escrito un libro sobre lo que cree haber vivido en Alemania: la especie humana. Una vez escrito, hecho, editado el libro, no ha hablado más de los campos de concentración alemanes. Nunca pronuncia esas palabras. Nunca más. Nunca más tampoco el título del libro". (Presentación de *La especie humana, op. cit.*) Observación de un silencio elocuente luego de un hablar desenfrenado, como el silenciamiento de quienes, ya lejos de la experiencia, se han suicidado.

41 Paul Celan, quien también vivió la experiencia de los campos de trabajo y la muerte de sus padres a manos de los nazis, experimentó la pérdida de la capacidad de hablar, de la que pudo salir como poeta. En su discurso de aceptación del Premio de Literatura de la ciudad de Bremen en 1958 en referencia a su mutismo dijo: "[ ] la lengua no se perdió a pesar de todo. Pero tuvo que pasar entonces a través de la propia falta de respuesta, a través de un terrible enmudecimiento, pasar a través de las múltiples tinieblas del discurso mortífero. Pasó a través y no tuvo palabras para lo que sucedió; pero pasó a través de lo sucedido. Pasó a través y pudo volver a la luz del día, 'enriquecida' por todo ello". (Extraído de "La aporía de Auschwitz" del ensayista y poeta Rafael Castillo Zapata, en http://noticias.eluniversal.com/verbigracia/memoria/N230/segunda.shtml)

en el extremo mismo de la impotencia, todo el poder humano está fuera de él, porque está fuera de la posibilidad de una existencia en primera persona, esa soberanía del individuo que al hablar dice "Yo" y Blanchot llama *alteridad radical*. Es como si en los *lager* no hubiera más Yo que el de los dominadores. Pero su poder, que todo lo puede, tiene un límite, y es ahí, en este límite, donde aún puede afirmarse aquel que ya no puede nada, el deportado, justo en ese límite de su posibilidad, "en la pobreza, en la sencillez de una presencia que es lo infinito de la presencia humana" (Blanchot, 1969, pág. 223). El poderoso busca destruir ese *sentimiento último de pertenencia a la especie* (*ibid.*, pág. 224), pero aun matándolo no logra ser el dueño de esta relación que no depende del dominio y que no se puede medir en términos de poder. Y es ahí donde fracasa el poder más ostentosamente, aunque eso no suponga la victoria de la víctima, y menos aún su salvación, porque este último punto de pertenencia a la especie ha quedado reducido a pura necesidad, está por fuera del poder, necesita algo para poder afirmarse, pues ha perdido el ego con el que lo podía hacer. Esa afirmación que le falta al desposeído puede surgir de un ego fuera de él, que no sólo tome conciencia de la desgracia, sino que la tome a su cargo reconociendo en ella una injusticia cometida contra todos, o sea, encontrando en ella el punto de partida de una reivindicación común a todos los humanos en un testimonio no sólo de la existencia de los campos sino que sería la sustancia misma de la desubjetivación (*ibid.*, pág. 226); 3) lo que denomina relación del *tercer género*, que no aspira a la unidad narcisística como las otras dos, sino al conocimiento y el desconocimiento que se da en la diferencia. Es en esta última, en la que el gran Otro no nos remite ni a nosotros mismos ni a lo Uno, es una relación hacia la que hay que aventurarse. Los hombres entre sí hablan y se encuentran en un esfuerzo por vislumbrar otra forma de habla y otra clase de relación con el Otro, ni de ficción ni de hipótesis sino siempre en juego, sesgada y de compromiso. Se trata, en este caso, de una relación en un "entre" que es un vacío, una separación infinita, dicha desde sí, con aquello que está radicalmente fuera del alcance de cada cual (*ibid.*, págs. 98-124). No hay entonces, ni simetría, ni reciprocidad, ni unidad, ni igualdad posible, sólo afuera, pura exterioridad. De esta manera se "funda la relación dejándola no fundada" (*ibid.*, pág. 123), es la extrañeza entre uno y otro, los interlocutores hablan sólo para dar expresión a lo extraño. En esta relación de tercer tipo "hay lenguaje, porque no hay nada en 'común' entre quienes se expresan, separación que es supuesta, no superada sino confirmada, en cualquier habla verdadera" (*ibid.*, págs. 105-106). Para este autor, sólo el discurso oral sería plenitud de discurso. Hablar con alguien es acceder a no integrarlo en el sistema del conocimiento, es no obligarlo a romper su diferencia, siendo así hablar es un exilio que puede ser morada (*ibid.*, pág. 218).

Blanchot afirma que la pregunta ¿quién es el Otro? debe reemplazarse por "¿qué sucede con la comunidad humana cuando tiene que responder a esa relación de extrañeza entre hombre y hombre [...]?" (*ibid.*, págs.121-135).

¿Qué pasa en el *lager* con las relaciones de tercer género? El *lager* es un enmarañamiento de hombres sin vínculo, un magma de otros frente a un yo (*moi*) asesino que sólo quiere matar. Considera que los intercambios con los otros deportados tenían apariencia de sociedad, pero en ningún caso podía dar lugar a una relación del tercer género, allí no cabe ningún lenguaje, la posibilidad de expresión es nula, todo cuanto se dice es esencial, pero en verdad no es oído por nadie, no hay nadie para recibir como palabra la presencia infinita e infinitamente silenciosa del otro; no hay tercer género posible, porque hablar es dar vida a la presencia silenciosa del otro, cada uno ya no tiene más relación con las palabras y debe vivir esa retención del habla solitariamente, rechazando cualquier relación de falso lenguaje con los poderosos, porque esa relación sólo comprometería definitivamente su porvenir. Antelme decía, el SS puede matarnos, el verdugo puede matar a un hombre, pero no puede transformarlo en otra cosa, no puede hacer que no seamos humanos, no puede reducir su sentimiento último de pertenencia a la especie. Hablar, hablo, hablaré, de eso no pueden desposeerme, esa palabra me hace tan humano como mi torturador, quien de eso quiere apropiarse mediante mi martirio, porque en la medida en que yo puedo hablar o no, soy habitado por Otro que reside en el "entre" de la relación uno con otro, que me habita y me constituye como lo que soy, especie humana, no mero deshecho, no mero resto.

Se entiende entonces que "el hombre es lo indestructible, significa que la destrucción del hombre no tiene límites [...]. Indestructible significa aquí no, que resista infinitamente a la propia destrucción, sino una relación humana en su condición primordial, como relación con el otro [...] en que no pueden transformarlo en no humano. Lo indestructible no existe ni como esencia ni como relación. El hombre es lo indestructible que puede ser infinitamente destruido [...] el hombre es lo que puede sobrevivir al hombre" (Blanchot, 1969, pág. 221).

Agamben comenta: "El hombre puede sobrevivir al hombre, es lo que queda después de la destrucción del hombre, no porque haya en alguna parte una esencia humana... sino porque el hombre está escindido, porque el hombre tiene lugar en la fractura entre el viviente y el hablante, entre lo no-humano y lo humano, el hombre tiene lugar en el no-lugar del hombre, en la frustrada articulación entre el viviente y el logos", nosotros como psicoanalistas diríamos que el hombre tiene lugar entre necesidad y deseo (Blanchot, 1969 4, pág. 141).

"Ser judío" en Blanchot

Apoyado en la descripción del tercer tipo de relación, Blanchot se interna en su concepción de "ser judío", la que es pensada como modelo mismo del pensamiento de la diferencia a partir de un movimiento perpetuo marcado por la errancia. "Ser judío" trasciende la "judeidad", a la que Blanchot no pertenecía, para transformarse en un lugar privilegiado que permite reflexionar distintas cuestiones en las que está en juego la subjetividad y la mirada del otro.

Se vale de palabras antecedidas por el prefijo "ex", aludiendo a lo que está "fuera", "más allá" del espacio, del tiempo: **éx**odo, **ex**ilio, **ex**periencia, **ex**terioridad, **ex**tranjero, prototipos del afuera y la alteridad, lo que desde otra perspectiva hace posible el acceso a la palabra.

El judío viene a mostrarnos que debemos vivir listos para partir, que ésa es la única forma que tenemos para mantener la justicia y la libertad, dar la vida por un ideal, encontrar una verdad nómade.

Los judíos aparecen en la historia ligados a un viaje sin regreso, a diferencia de Ulises, representante de un pensamiento ligado al retorno. Abraham (3300 a. C), al partir de Ur hacia Canaan, funda el derecho a comenzar, y afirma que la creación, la verdad del comienzo, está en la separación, en el éxodo, en el atravesamiento del desierto, que hace que los esclavos que partieron de Egipto se transformaran en un pueblo. El éxodo indica no estar satisfecho con lo que se tiene. El exilio, la dispersión propia de ser judío, impide toda relación con lo uno, con la identidad, el poder.

Blanchot ve una contradicción no dialéctica ni dialectizable entre estar y errar, hay una residencia en el errar, un movimiento nómade que no es privación de una morada, así el judío afirma en el devenir una forma de ser.

Es un movimiento por el cual se sale de sí, es un volcarse hacia fuera, un romper el cerco del sí mismo para acoger al otro. El otro, el extraño, el extranjero cuya extranjería, es decir, su alteridad, no podrá nunca ser reducida a identidad, no podrá nunca ser objeto de posesión, de uso ni sometimiento.

En el capítulo "Ser judío" (Blanchot, 1969, pág. 213) escribe: "¿Qué significa ser judío? ¿Por qué existe la judeidad? (...) Existe para que exista la idea de éxodo y la idea de exilio como movimiento justo; existe, a través del exilio y por la iniciativa que es el éxodo, así la experiencia de lo extraño se afirma en nosotros de manera irreductible, y debido a esa experiencia de éxodo y alteridad se hace posible el acceso a la palabra".

El judío en su errancia, no encuentra una maestría, su exploración no le hace dominar lo que busca. En cada momento, como todo poeta en cada obra, vuelve a cuestionarlo todo, a hacer lectura de lecturas, interpretación de interpretaciones mientras se espera la llegada del Mesías, que por definición nunca podrá llegar.

¿Alguien querrá escuchar?

El verdadero problema no estriba en contar... sino en escuchar.

(Semprún, J., 1995)

Ya en su título *La escritura o la vida* Jorge Semprún[42] brega con la misma cuestión con la que se encontró Antelme. Lo que en la narración oral parece la misma historia repetida con las mismas palabras, al ser escrita hace evidente que son versiones distintas. En lo oral,

[42] Semprún, J. [1995], *La escritura o la vida*, Buenos Aires, Tusquets, 2004.

la diferencia entre significante y significado no se pone de manifiesto y permite soñar con una relación directa entre la palabra y la cosa; con la escritura "el verbo se hizo carne", es decir, el significante puso de manifiesto la radical desemejanza con la cosa, ¿lo intuyó Sócrates y prefirió que su pensamiento perdurara como una narrativa mítica? Semprún expone la gran dificultad a la que se enfrentó a su regreso del *lager*, su lucha entre la necesidad de escribir y la imposibilidad para hacerlo, la dificultad para elegir entre una angustiante reconstrucción de su experiencia y una vida basada en el olvido. Él defiende la idea de que los testimonios tienen que pasar por el artificio literario para poder trasmitir algo de aquellas experiencias.[43]

Escribe, "una duda me salta sobre la posibilidad de contar. No porque la experiencia vivida sea indecible. Ha sido invivible, algo del todo diferente, como se comprende sin dificultad. Algo que no atañe a la forma de un relato posible, sino a su sustancia. No a su articulación, sino a su densidad. Sólo alcanzarán esta sustancia, esta densidad transparente, aquellos que sepan convertir su testimonio en un objeto artístico, en un espacio de creación. O de recreación. Únicamente el artificio de un relato dominado conseguirá transmitir parcialmente la verdad del testimonio" (Semprún, 1995, pág. 25).

---

[43] Desde la perspectiva de la plástica surge el mismo concepto. La violencia en el cuerpo como metáfora del país es esencial en la obra de Carlos Alonso. Su exposición de 1976 "El ganado y lo perdido" es una mezcla de reses y seres humanos, que resultó premonitoria de lo que pasaría al año siguiente. Menta Alonso "es lo que dice Picasso cuando dice que la pintura es una mentira, pero una mentira que nos acerca a la verdad. Éso es la relación entre la noticia y el relato. La noticia es una cosa, pero el relato es eso, Es eso", artículo "Carlos Alonso y Andrés Rivera. Conversación en Unquillo", en *Revista Ñ*, nº 232, marzo de 2008.

Tanto Primo Levi como Semprún han renunciado a la "objetividad" y han convertido su testimonio en expresiones literarias, cada uno en su estilo personal.

Dice Semprún: "Me siento incapaz, hoy, de imaginar una estructura novelesca, en tercera persona. Ni siquiera deseo meterme por ese camino. Necesito pues un 'yo' de la narración que se haya alimentado de mi vivencia pero que la supere, capaz de insertar en ella lo imaginario, la ficción, una ficción que sería tan ilustrativa como la verdad" (págs. 181-182). Y conjetura el siguiente diálogo: "-Estábamos preguntándonos cómo habrá que contarlo, para que se nos comprenda. -No es ése el problema, exclama otro enseguida. El verdadero problema no estriba en contar, cualesquiera fueran las dificultades. Sino en escuchar [...] ¿Estarán dispuestos a escuchar nuestras historias, incluso si las contamos bien? La verdad que tenemos que decir (en el supuesto que tengamos ganas ¡muchos son los que no las tendrán jamás!) no resulta fácilmente creíble [...] Resulta incluso inimaginable. -Quedan los libros, los relatos literarios, al menos los que superen el mero testimonio-. Tal vez. Pero el envite no estribará en la descripción del horror [...] El envite será la exploración del alma humana en el horror del mal [...] ¡Necesitaríamos un Dostoievski!" (págs. 139 y144).

La creación literaria apunta hacia la construcción de mundos posibles, no reales, sino verdaderos, y sobre todo, habitables para nosotros, que estamos hechos en gran medida de palabras, lo que consigue la creación literaria es develarnos una posibilidad del ser que ignorábamos antes de su lectura.

El mal es
Una definición posible

Rudiger Safranski[44] afirma que: "El mal no es un concepto: es más bien un nombre para lo amenazador, algo que sale al paso de la conciencia libre y que ella puede realizar, le sale al paso en la naturaleza, allí donde ésta se cierra a la exigencia de sentido, el caos, en la contingencia, en la entropía, en el devorar y ser devorado, en el vacío exterior, en el espacio cósmico, al igual que en la propia mismidad, en el agujero negro de la existencia".

No es un concepto porque se llaman conceptos a las construcciones mentales por medio de las cuales comprendemos las experiencias que emergen de la interacción con nuestro entorno. El mal no es un concepto, el autor sustantiva el mal como amenaza.

Safranski habla de *conciencia libre* porque entiende que sin libertad no existiría la posibilidad de ser agente del mal, o como plantea Todorov, si la conducta de los sujetos sólo está determinada por las órdenes de un superior, si no hay libertad para elegir una u otra conducta "tampoco hay lugar para vida moral alguna" (Safranski, 1997, 30, pág. 39).

Entendemos por *sentido*, surgiendo desde el concepto de "sin sentido" (*non sens*) de Deleuze,[45] como dador, donador de sentido. El sentido es pensado como producto, como efecto. Dice Deleuze (el sin sentido) es: "Lugar sin ocupante y ocupante sin lugar...es a la vez exceso y defecto, casilla vacía y objeto supernumerario...cada término no tiene sentido sino por su posición relativa a todos los otros términos... (pero esta posición relativa)... de-

---

[44] Safranski, R. [1997], *El mal o el drama de la libertad*, Buenos Aires, Tusquets, 2005, pág. 251.

[45] Deleuze, G. [1969], *Lógica del Sentido*, Barcelona, Paidós, 2005, págs. 85 y 88.

pende a su vez de la posición absoluta de cada término en función de la instancia x determinada como sinsentido, y que circula sin cesar a través de las series".

No debemos ver en esta conceptualización de "sin sentido" ninguna semejanza con la filosofía del absurdo, porque sin sentido acá es lugar vacío.

Dice Freud,[46] nos olvidamos [...] que en nuestra vida todo es azar. Azar que entra en el conjunto de las leyes y necesidad de la naturaleza, y carece de relación con nuestros deseos y nuestras ilusiones. El azar de fenómenos inéditos y originales, imprevisibles, no depende de nuestro saber. Muchas veces no podemos predecir lo que va a ocurrir. Siempre perdurará una distancia entre las construcciones que nuestra teoría posibilita y lo que nunca podremos saber sobre la "realidad". Poincaré fue el primero en intuir que aunque conociéramos las leyes naturales exactamente, un sistema dado podría ser tan sensible en las condiciones iniciales que pequeñísimas diferencias al comienzo podrían incrementarse con el transcurrir del tiempo, haciendo que cualquier predicción sea imposible. Se llama *caos* a la desorganización de estos procesos que parecen contener elementos de azar cuando en realidad son determinísticos. Están determinados por lo que él llama extraño atractor, que son los elementos responsables de las trayectorias caóticas.[47]

Safranski menciona la *entropía* como figura posible del mal. La segunda ley de la termodinámica refiere que en la transformación de la energía, por ejemplo en el trabajo, siempre hay un resto, una parte que no puede transformarse en trabajo y que a lo largo del tiempo en las sucesivas transformaciones va aumentando porque

---

[46] Freud S. [1910], *Un recuerdo infantil de Leonardo da Vinci*, Buenos Aires, Amorrortu Ediciones, V.XI, pág. 127.

[47] Wagensberg, J., *Proceso al azar*, Buenos Aires, Tusquets, 1986, pág. 192.

van sumándose los restos. En psicoanálisis, la entropía, es la medida en que la energía psíquica no puede ser transferida después de haber sido revestida o catectizada en un objeto, lo que Freud llamó viscosidad de la libido. David Liberman incluyó en sus reflexiones el concepto de entropía, cuyo empleo considera muy metafórico, pero mantiene escrupulosa analogía con el empleo que se le da en la física y lo aplica a las trayectorias caóticas que puede seguir la transferencia. El *agujero negro* de la existencia, ese vacío imposible de llenar es probablemente lo que da fuerza a la obediencia debida, como veremos más adelante.

La banalidad del mal. El mal de la banalidad

Todorov[48] nos enseña que la primera reacción al pensar el tema del mal es erigir un muro entre quien piensa el tema y los responsables, asesinos o torturadores, y estigmatizar su monstruosidad. Dividir a los humanos entre gente común y monstruos es al menos discutible. En las situaciones de violencia es el victimario el que plantea el problema, dado que es el que pudo elegir, al menos hasta cierto punto, y ha elegido torturar o matar. ¿Por qué? Del lado de la víctima no hay nada que comprender porque no pudo elegir, cuestión que remite a Obediencia Debida, como señalaremos en *Eichmann en Jerusalén*, de Hannah Arendt, y en *Auschwitz y después*, de Charlotte Delbo.

Esta reacción por la que el yo se atribuye todo lo bueno y adjudica al afuera todo lo malo, dañino o persecutorio es propia del "yo de placer purificado" como lo describiera Freud. Al comienzo de la vida psíquica saber y

[48] Todorov, T. [2002], *Deberes y delicias*, Buenos Aires, Fondo de Cultura, 2003, pág. 217.

certeza coinciden, lo malo, extraño y exterior son al principio idénticos, constituye uno de los ejes nunca abandonados de nuestra relación con la realidad, se establece de una vez y para siempre, si bien con modulaciones. Es éste el funcionamiento inherente a todo fanatismo: se anulan las diferencias y el mal siempre es el otro, porque es difícil reconocer las propias pulsiones agresivas y violentas.

Hannah Arendt[49] plantea al mal radical como una manera histórica y políticamente cristalizada de reducir a los hombres a la condición de *superfluos*, reemplazables o innecesarios, lo que es equivalente a aniquilar su pensamiento, el hombre ya no es sacrificado por cometer delitos sino simplemente por la facticidad de su nacimiento. La declinación del Estado- Nación a partir del siglo XIX oculta el problema no resuelto de una nueva organización de los pueblos. El problema de encontrar una forma de convivir con las diferencias se manifiesta, en lo que ahora llamamos globalización, como racismo, expansionismo, antisemitismo u otras formas de intolerancia. Para la autora no existe antisemitismo independiente de una circunstancia política dada, que es la que constituye el fenómeno, ni mera repetición de lo mismo. Esto la lleva a rechazar las teorías generalizadoras del chivo emisario o del antisemitismo eterno. Arendt trabaja la dimensión política de la subjetividad subrayando, y esto es fundamental, que la subjetividad no es pura interioridad. Sitúa en los modos de estar con otros la posibilidad de producir malestar o producir humanidad.

Los instrumentos totalitarios concebidos para hacer a los hombres superfluos se hallan en tácita conspiración con acontecimientos políticos, sociales, económicos. Algunos, o a la larga todos los actores de ese escenario

---

[49] Arendt, H. [1951] *Los orígenes del totalitarismo, op. cit.*

dado serían eliminables, porque los manipuladores del sistema también se consideran tan superfluos como los demás. Los asesinos totalitarios son extremadamente peligrosos porque no les preocupa si ellos mismos resultan finalmente vivos o muertos. El peligro hoy proviene de grandes masas de población desarraigadas que constantemente se tornan superfluas si seguimos pensando en términos utilitarios.

"Los nazis [...] y su "solución" para el problema de las masas humanas económicamente superfluas y socialmente desarraigadas, constituyen tanto una atracción como una advertencia. Las soluciones totalitarias pueden muy bien sobrevivir a la caída de los regímenes totalitarios bajo la forma de fuertes tentaciones, que surgirán allí donde parezca imposible aliviar la miseria política, social o económica de una forma digna" (*ibid.*, pág. 616).

La revista *Barcelona* del 1º de febrero de 2008, en humor gráfico representa un soldado con una bandera con el diseño de la de Estados Unidos pero con los colores de la Argentina, que dice a un niño desnutrido: "Niño, tu pobreza es ser fuente de riqueza en todo el mundo civilizado, por lo tanto la proclamo patrimonio de la humanidad".

Una *ideología* es la lógica de una idea que quiere ser aplicada a la historia que ya no puede ser pensada como el despliegue de un proceso en constante cambio y hasta puede tratar de explicarla mediante alguna "ley de la naturaleza". Así, por ejemplo, "la raza" es la "idea" por la que puede explicarse la historia de manera consecuente; utiliza su "idea" como instrumento de explicación. La ideología da por cierto que el movimiento de la historia y la idea constituyen un proceso lógico que se corresponden entre sí. Que, pase lo que pase, todo sucede según la lógica de una "idea". Pretende obturar los misterios de todo proceso histórico, los secretos del pasado, las complejidades del presente, las incertidumbres del futuro, merced a la lógica inherente a sus respectivas ideas. El peligro de cambiar la necesaria inseguridad del pensamiento filosófico por una ideología, implica el peligro de cambiar la libertad inherente a la capacidad de pensar por la camisa de fuerza de una lógica en la que encaja cada pieza.[50]

El mal está directamente ligado al totalitarismo, que no es un gobierno ilegal manejado por un tirano de manera arbitraria, todo lo contrario, lejos de ser ilegal, recibe su legitimación de leyes y lejos de manejar el poder en interés del tirano asienta en una ley que aspira a ser universal o de la naturaleza, como es plantear la superioridad de una raza o la inferioridad de otra, y detrás de esta "idea" se encolumna el pueblo. Y si la ley es de la naturaleza o de la historia, el terror es legal, se puede eliminar a los individuos a favor de la especie, sacrificar a las "partes" a favor del "todo" (*ibid.*, 50, págs. 619-623) Describe tres elementos específicos del totalitarismo, *terror* que "apretando a los hombres unos con otros" sustituye su pluralidad por un "hombre único", anulación de la capacidad de deducción lógica que separa los pensamientos de la realidad y la *desolación*, a la que considera una de las experiencias más radicales y desesperantes del hombre, es expresión de la destrucción del mundo común y se apoya en la experiencia de no pertenecer más a ese mundo. Así, en la Alemania nazi, gran número de ciudadanos alemanes descubrieron que ya no lo eran más, ahora eran judíos. Diferenció el aislamiento de la desolación. El aislamiento es propio de las tiranías y deja espacio para la esfera privada y la capacidad de pensar. La tiranía no se basa en el terror arbitrario e

---

[50] Morin Edgar, en esta línea, asevera que la misma civilización desencadena la barbarie vinculada al poder del Estado y la desmesura de la barbarie de la conquista y la dominación (Morín, E. [2005], *Breve historia de la barbarie en Occidente*, Buenos Aires, Paidós, 2007).

indiscriminado, sino que selecciona a sus víctimas y no destruye del mismo modo su estatuto de ciudadano.

La autora considera que Kant sólo aporta una racionalización pobre cuando trata de explicar el mal por una "mala voluntad pervertida" comprensible por una carencia de valores en la conducta del hombre, porque para ella el mal es sin por qué, escapa a toda comprensión, simplemente "es".

Eichmann en Jerusalén:

Un libro que ha cambiado nuestra manera de ver el mundo.

Tzvetan Todorov

El mal radical es lo que Arendt llama la "banalidad del mal" en *Eichmann en Jerusalén.* Sabemos que su informe del juicio escandalizó a la comunidad judía,[51] era necesario mucho coraje moral para seguir adelante con su idea de banalidad del mal, que dio lugar a muchos trabajos en la línea de "¿es Arendt antisemita?".

A lo que Arendt contesta: "El debate si es eso lo que fue, las manipulaciones de la opinión... produjeron consecuencias inesperadas, Hitler dejó de ser un tema para alemanes y judíos para despertar el interés de la opinión pública en cuestiones éticas fundamentales".[52]

Los interesados en una reflexión sobre genocidios no deberíamos obviar la lectura de las respuestas y comentarios de Eichmann en el juicio para tener una impresión

---

51 Laquear, W., "Una réplica a Arendt", en *Una revisión de la historia judía y otros ensayos,* Buenos Aires, Paidós, 2005, pág. 181 y sigs.).

52 Arendt, H. [1963], *Eichmann in Jerusalem,* Penguin Books XX, 1994, pág. 283 [trad. cast.: *Eichmann en Jerusalén.Un estudio sobre la banalidad del mal,* Barcelona, Lumen, 2003].

de primera mano. Pareciera que habla un tonto mayúsculo para colmo grandilocuente, que no tiene idea de lo que le conviene decir; se presenta con la misma fuerza que el nudo de verdad material que se impone a Robert Kraft en sus entrevistas a sobrevivientes. Así por ejemplo, cuando durante meses repitió una y otra vez a un judío alemán que llevaba adelante el interrogatorio que, si sólo tuvo el rango de teniente coronel en las SS y nunca fue promovido, no fue porque no se hubiese esmerado. O cuando ya condenado a muerte viva a sus tres "patrias": Alemania, Austria y Argentina (¡) y añade "nunca las olvidaré" (Arendt, 1963, pág. 252) como si las que estuviesen a punto de expirar fuesen "sus patrias" y no él. O cuando asevera: "Para mí, el éxito alcanzado por Hitler era razón suficiente para obedecerle". Para Eichmann, la palabra de Hitler era la Ley, por eso resulta una ironía, un sarcasmo cuando Arendt dice: "Eichmann no era un Yago, un Macbeth [...] Ricardo III, es decir, no era un Shakespeare" (*ibid.*, pág. 287).

Para Lacan existe una ética del verdugo, porque éste actúa en nombre del bien supremo. En este esquema, en el lugar de sujeto es donde se va a colocar a la víctima porque es la que asume todo el peso de la subjetividad del sujeto, porque el que se encuentra del otro lado es el sujeto trascendental, ese que dice "yo obedezco órdenes" (*ibid.*, pág. 25).

Arendt no se detiene en la descripción de escenas escalofriantes, más bien, quiere dar a entender qué es lo que puede ocurrir en la mente del "hombre moderno" (Arendt, 1963). Eichmann sería el arquetipo de esta modalidad de ser humano que sin culpa dijo que en ningún momento había sentido odio o desprecio hacia el pueblo judío; simplemente, "cumplía órdenes, no tenía otra posibilidad, cumplía con su deber"(*ibid.*). La obediencia era un valor sagrado para él, por eso pudo afirmar que sería capaz de enviar a su padre a la muerte. Eichmann fue el encargado de redactar el acta que ordenaba eliminar a once millones de judíos, y declaró: "En aquel momento sentí algo parecido a lo que debió sentir Poncio Pilatos, me sentí libre de toda culpa" (*ibid.*), para él no había nada que confesar; sus actos habían sido órdenes cumplidas. En la base de la participación en los hechos más terribles puede encontrarse no la diabólica elección del mal o el placer ante el sufrimiento ajeno, sino la mera superficialidad. El alejamiento de la realidad, la incapacidad de pensar y juzgar y, por lo tanto, la tendencia a soportar y seguir clichés y órdenes, incluso las más terribles.

Para Arendt era un "hombre normal" que, por una serie de circunstancias en las que su voluntad no tomó parte, se vio envuelto en la gran masacre. Si no hubiera estado allí, probablemente jamás habría matado y, en vez de haber organizado deportaciones en masa, habría cooperado en cualquier otro trabajo que no hubiera requerido un exceso de imaginación. Dijo el doctor Servatius, defensor de Eichmann en el juicio: se va a juzgar a un hombre por los mismos actos que, de haber sido otros los vencedores, le hubieran otorgado honores y distinciones, afirmación que abre a un complejo debate sobre los alcances de la justicia. El subtítulo de *Eichmann en Jerusalén, Un informe sobre la banalidad del mal*, viene a decir que el mal que causó era un mal que vino dado desde un puesto anónimo en un sistema totalitario; nada lo exculpa, pues pudo haberse negado, como aquellos que al ver cuál era la "tarea" decidieron no participar, sin recibir sanciones.[53] [54]

Lo que inquieta profundamente del pensamiento de Hannah Arendt es que sugiere con toda claridad en su li-

---

[53] Arendt, H., *Responsabilidad y juicio*, Barcelona, Paidós, 2007, pág. 233.

[54] Browning, Ch. R., *Aquellos hombres grises*, Barcelona, Edhasa, 2002.

bro *La condición humana* que la destrucción de los rasgos definitorios de lo humano propia del totalitarismo no fue una enorme y perversa aberración que les ocurrió a otros, a los alemanes, a los paranoicos de la raza aria, sino que estaba teniendo lugar de un modo progresivo e implacable en la modernidad porque reduce al ser humano a un mero animal laborans, inserto en un mecanismo desnudo de producción y consumo. Se trata de un macroproceso que devora aceleradamente las historias individuales e impide que haya alguna consistencia, la del mundo, como espacio de encuentro que preexista a los individuos y permanezca cuando ellos ya no están.

Afirma Freud: "Dos cosas en esta guerra han provocado nuestra desilusión: la ínfima eticidad demostrada hacia el exterior por los Estados que hacia el interior se habían presentado como los guardianes de las normas éticas, y la brutalidad en la conducta de individuos a quienes, por su condición de partícipes en la más elevada cultura humana, no se los habría creído capaces de algo semejante".[55]

La subjetividad implica que al sujeto, un error, un lapsus, un síntoma, le signifique algo, desde allí articulará su relación con sus semejantes bajo la égida de la culpa pero ¿qué se puede decir frente a que un hombre como cualquiera pueda exterminar a millones de personas y no estar afectado por ello? La idea de la "banalidad del mal" nos muestra un nuevo desorden "subjetivo". El paradigma de este caso al desarticular la relación con la culpa, afecta la memoria con la consiguiente alteración del pacto social, la historia, y pone de manifiesto una subjetividad que no se debe a ninguna psicopatología previa.

La nueva "subjetividad" concierne al psicoanalista, pues ella y la cultura donde se instaura modifican, alteran

---

[55] Freud, S. [1915], *De guerra y muerte*, Buenos Aires, Amorrortu Ediciones, V. XIV, pág. 282.

y borran con intensidades diversas la construcción psicoanalítica del inconsciente y la subjetividad desprendida de él. Esos cambios pueden o no afectar los caminos por los que un sujeto, por la senda del amor y del odio, logra desprenderse del goce obsceno del que es objeto para conseguir mantener su deseo. Estos interrogantes no encuentran fácil acomodo en los componentes de la doctrina analítica que correspondían a otras circunstancias.

Para la autora, el juicio no tomó los recaudos suficientes para no estar plagado de errores, de allí concluye que no debemos delegar en las instituciones sociales la capacidad para ordenar y juzgar y sobre todo para decidir lo que es moralmente reprobable o no es y para premiar o castigar nuestros actos individuales. Si confiamos en que esas mismas instituciones sean las que regulan nuestro presente y nuestro futuro deberíamos tener una mayor capacidad crítica, deberíamos tener siempre los ojos y los oídos abiertos, escuchar a los que se cuestionan el orden establecido y atrevernos siempre a pensar por nosotros mismos.

Desde otro campo pero coincidiendo en el espíritu, apunta Tzvetan Todorov: "Un adagio dice que si no conocemos la historia corremos el riesgo de repetirla, pero no porque la conozcamos sabemos qué hacer, porque las circunstancias siempre son distintas, pero conocer esas historias [*conquistadores españoles*] nos permite reflexionar sobre nosotros, descubrir semejanzas y diferencias [...] el conocimiento del Otro nos permite conocernos a nosotros mismos [...] hay cierta frivolidad en condenar a los conquistadores como malos y apenarse por los nobles indios como si fuese suficiente identificar el mal para contrarrestarlo [...] es necesario conocer las armas de que se valió la conquista si queremos detenerla porque la conquista no sólo pertenece al pasado [...] no creo que la historia sea sistemática y que conociendo sus supuestas leyes pudiésemos deducir el futuro o las formas actuales de la sociedad, pero ser consciente de la arbitrariedad de nuestra cultura es ya un pequeño cambio" (la traducción nos pertenece).[56]

La repetición lancinante del "Nunca más", al día siguiente de la Primera Guerra Mundial, no impidió en absoluto el advenimiento de la Segunda.[57] En la *"Fragilidad del Bien"*, Todorov compila una serie de documentos dirigidos a comprender porque "ni un solo judío búlgaro fue deportado o murió de forma no natural, la conducta del pueblo búlgaro fue única".[58] (H. Arendt citada p. I) George Steiner en *Nostalgia del absoluto*,[59] indaga con pesimismo el futuro del hombre y cita datos de Amnistía Internacional sobre la permanencia de la práctica sistemática de la tortura en 109 países, "60 años después de Auschwitz, seguimos matando y matando, en África, en los Balcanes y en otros sitios. La inhumanidad crece. Hay una escalada de la ciencia hacia arriba y, por otro lado, un descenso moral".

El peso del poder

El filósofo Roberto Esposito[60] sintetiza el pensamiento hobbesiano y comenta las apasionados palabras de Elías Canetti[61] acerca de él. Para Hobbes lo que mueve al hom-

---

[56] Todorov, T. [1984], *The conquest of Americ*, New York, Red River, 1999, pág. 254.

[57] El escritor francés Albert Camus, nacido en Argelia, señalaba que lo que los franceses sufrieron de los nazis en 1944 lo aplicaron a los argelinos en 1958 bajo la forma de la tortura regular y sistemática.

[58] Todorov, T. [1988], *The Fragility of Goodness*, Janson, 2001.

[59] Steiner, G. [2004], *Nostalgia del absoluto*, Madrid, Siruela, 2005.

[60] Esposito, R. [1998], *Communitas* Buenos Aires, Amorrortu Ediciones.

[61] Canetti, E. [1973], *La provincia del hombre, carnet de notas, 1942-1972*, Madrid, Taurus, 1982.

bre es el miedo, miedo a perder el poder, de ahí que plantee "el hombre es el lobo del hombre"[62], el hombre no se puede proteger contra él mismo, y el soberano debe gobernar canalizando este miedo para hacer posible la *Communitas* bajo las figuras de *homo sacer* y *patria potestas*.

Homo sacer, esa figura compleja del derecho romano arcaico constituida como vimos por características contradictorias, es para Agamben, el ejemplo que resume la situación paradojal del poder soberano occidental y su relación con la vida. *Potestas*, potestad o poder, otra figura del derecho romano que ejercía el *pater familia* tenía el poder de vida y muerte sobre sus hijos, esposa y esclavos, de todos los que se decía estaban "bajo su mano". Si un hijo no era querido, el *pater* podía ordenar la muerte del niño por exposición. Porque este derecho debía llevarse a cabo sin derramamiento de sangre. Al nacer el niño era colocado en el suelo y el padre lo levantaba como símbolo de dar vida a su hijo, o podría ser abandonado en un camino sin que constituyese un homicidio, dado que es ejercicio de su potestad. Ambas figuras jurídicas impregnan la reflexión hobbesiana al decir "El hecho de infligir un mal cualquiera a un inocente" dice en Leviatán, "es la excepción a una regla que permite hacer funcionar la regla" (ibid. 61, p. 72,3).

Freud a su vez había podido decir a seis meses del estallido de la Primera Guerra Mundial que el Estado prohíbe a sus ciudadanos recurrir a la injusticia, porque es él quien pretende monopolizarla y no, como podría creerse, eliminarla. "El Estado beligerante se entrega a todas las injusticias y violencias que infamarían a los individuos" (*ibid.* 66, p. 281).

---

[62] Hobbes, T. (1651), frase de su obra más celebre: *Leviatán*

No sin gracia Canetti comenta: "Hobbes, entre los pensadores [...] sólo los que piensan con suficiente radicalidad pueden impresionarme [...] En la actualidad lo considero el más importante. Sólo pocos de sus pensamientos me parecen correctos [...] ¿Por qué me complacen sus pensamientos más falsos, con tal que estén formulados con la suficiente radicalidad? Creo haber encontrado en él la raíz espiritual de aquello contra lo cual quiero combatir más que nada. Entre todos los pensadores que conozco, es el único que no enmascara el poder, su peso, su posición central en todo comportamiento humano" (*ibid.* p. 139).

"El carácter central del miedo es [...] lo que hace a Hobbes a la vez grande e insostenible. Es lo que lo hace necesario en su beta analítica, e inaceptable en la prescriptiva" (Esposito, *ibid.* pág. 54).

En nuestros días vemos la fuerza de la que goza la "inaceptable prescriptiva", en la manera en que los ciudadanos reclaman "que los maten a todos" ante la impotencia por la violencia delictiva, o se arman para defender su propiedad privada, viendo en el semejante un HS eliminable, lo humano reducido a mera plaga perniciosa.

La supresión de la diversidad

La teoría maltusiana interpreta la cuestión natural de la especie en términos sociopolíticos, inspirándose en la tesis hobbesiana de "todos contra todos" y "resuelve" el problema de la superpoblación legitimando métodos como guerras, hambruna o epidemias.[63] A la multiplica-

---

[63] Esposito, R. [2002], *Immunitas, Protección y Negación de la vida,* Buenos Aires, Amorrortu Ediciones 2005, pág. 183.

ción geométrica de la población le pone freno con subsistencias controladas aritméticamente, y así elimina el exceso numérico.

Que exista diversidad en la convivencia es una consecuencia inevitable de la civilización, el hombre emplea estrategias de rechazo ante lo no idéntico que arroja como resultado un resto descartable, cúmulo de humanos sobrantes. La supresión de los ajenos como modo ilusorio de construir un mundo uniforme, sin otros, como lo imaginó el nazismo, es una manera de hacer política, biopolítica. La masacre planificada con anticipación, al concretarse con tal eficacia y adquirir un matiz legal con apoyo popular, inaugura una nueva forma de hacer política en nuestro tiempo. Foucault llamó biopolítica a la política que en sus cálculos y mecanismos incluye la vida humana, allí donde el cuerpo viviente se convierte en el objetivo de la estrategia política, pierde su estatus político, del mismo modo que no lo tenían en la Grecia clásica los esclavos, las mujeres y los niños. Agamben desarrolló y amplió este planteo al afirmar que los lugares por excelencia de la biopolítica moderna son el campo de concentración y los estados totalitarios del siglo XX.

En "Vidas desperdiciadas", Bauman[64] se refiere a la producción de r*esiduos humanos* conformados por grandes conglomerados humanos considerados *superfluos* de emigrantes y refugiados, como ya lo describió Arendt. La manipulación humana extermina el exceso utilizando tres estrategias: la étnica, que excluye al otro diferente, la de la asimilación, en que el otro es despojado de su otredad, y la de la borradura de la representación del otro, volviéndolo invisible.

---

[64] Bauman, Z. [1989], *Modernity and the Holocaust*, Ithaca, Cornell, University Press, 2000.

Por esta razón, Bauman plantea que la Shoah fue la consecuencia lógica a gran escala de estas tres maniobras de la civilización moderna que facilitó una arquitectura humana invisible. En su preocupación por diseñar proyectos que den cuenta de una sociedad mejor, considera que hechos como el genocidio pueden ser evitables. Sin embargo, su afirmación de que el comportamiento humano descansa en algún impulso innato, pre-social, generó controversias en quienes sostienen como base la determinación social o la argumentación racional. Expresa además (Bauman, 1989, pág. 85) que por dos razones nuestra comprensión de los mecanismos que hicieron una vez posible la Shoah no han avanzado significativamente, por lo que estamos poco preparados para advertir y decodificar las señales de amenaza que estuvieron entonces y lo están actualmente. La primera es que, si bien como evento histórico central la Shoah ha cambiado el curso de la historia, no ha producido cambios ni en la conciencia colectiva ni en la comprensión que tiene de sí el humano, fundamentalmente en el campo de las ciencias sociales. La segunda razón es que las condiciones que dieron origen al holocausto no se han transformado radicalmente: la ideología del sistema se mantiene intacta, es capaz de actos de canibalismo social impensados, los estados territoriales soberanos reclaman su derecho a cometer matanzas, no hay límite ético-moral por lo que la situación de los individuos en el estado moderno es toscamente equivalente a la situación de los prisioneros en Auschwitz. Tornar invisibles a las víctimas, deshumanizarlas, aislarlas, convertirlas en entes categorizables, intercambiables y, lo más importante, que parezcan diferentes al resto de los ciudadanos fue lo que hizo posible el genocidio judío. Como parte de la metodología del exterminio se utilizaba un lenguaje neutro, aséptico, que permitía entre otras cosas dormir las conciencias y otorgar una sensación de rutina normal. No existía una relación directa entre la nimiedad del gesto individual y la inmensidad del resultado. Ni se veía a las víctimas, ni existía una relación directa entre el trabajo de cada uno y el resultado de ese trabajo, siempre coexistía un intermediario que garantizaba que la responsabilidad se diluyera. La burocracia hizo también posible la mayor crueldad de todas, se logró la colaboración de las propias víctimas, a las que siempre se concedió el engaño de la lógica: sin poder imaginar la inmensidad del horror que se gestaba, acostumbradas a pensar en un mundo ordenado racionalmente, se les ofreció siempre, hasta el último momento, la apariencia de una organización racional, en la que existían leyes, procedimientos, categorías con las que podían, actuando siempre según los medios de los que anteriormente se habían valido, minimizar el sufrimiento y salvar la vida. Es decir, fueron los propios mecanismos en los que solemos confiar para garantizar el bien general los que lograron que el éxito fuese completo, que siguieran funcionando como si nada hubiera pasado.

Según Bauman los episodios de violencia y genocidio que han acompañado al hombre en su historia podrían interpretarse como una reminiscencia de la antigua barbarie en un mundo convulso que no habría conseguido todavía asentar un nuevo orden social. Sin embargo la Shoa, como las purgas soviéticas, fueron diferentes; fueron cuidadosamente planificados y organizados en todos sus detalles, llevados a cabo fríamente y con contundencia técnica, con escasa participación de las emociones personales, implicaron a toda una sociedad y a todas sus instituciones, crearon toda una tecnología y un aparato burocrático a su servicio, y no sólo eliminaron el sentimiento de culpa individual, sino que lograron imprimir en la conciencia colectiva la indiferencia hacia las víctimas y la satisfacción del deber cumplido.

Los experimentos de la psicología social

Los millones de personas eliminadas y la crueldad de los hechos no fueron el resultado de la acción de sádicos ni de enfermos mentales, como resultaría tranquilizador creer. Exigió la colaboración de honrados ciudadanos, de intelectuales, de científicos, de personas que, en la mayor parte de los casos, serían incapaces de una brutalidad directa contra sus semejantes, que, probablemente, reprobarían el uso de la violencia física y que jamás la habían utilizado.

Bauman revisa lo que se considera uno de los "vínculos modernos" de la Shoa, con el modelo de autoridad que alcanza su cenit y perfección en la burocracia moderna. Se detiene en los controvertidos experimentos de Milgram y Zimbardo (Bauman, 64, pág. 152) ponen de relieve la relación existente entre la crueldad humana y las relaciones sociales de dependencia y subordinación. La conclusión más desasosegante de esos experimentos es que la mayor parte de las personas somos capaces de causar un daño importante a otras si ocupamos una posición de poder o si nos lo ordena una autoridad firme e incontrovertida que sepa explotar las condiciones de poder que se le otorgan. La más esperanzadora es que la diversidad de opiniones, la divergencia entre los que mandan permite que salga a la luz la conciencia individual.

El experimento de Milgram consistió en que un participante aplicara lo que éste creía eran descargas eléctricas dolorosas a otro sujeto, quien era un actor que simulaba recibirlas. Muchos participantes continuaron dando descargas a pesar de las súplicas del actor para que no lo hiciesen. Se realizó en 1961, un año después de que Eichmann fuera juzgado y sentenciado a muerte.

"Monté un simple experimento en la Universidad de Yale para probar cuanto dolor infligiría un ciudadano corriente a otra persona simplemente porque se lo pedían para un experimento científico. La férrea autoridad se impuso a los fuertes imperativos morales de los participantes de lastimar a otros y, con los gritos de las víctimas sonando en los oídos de los sujetos, la autoridad subyugaba con mayor frecuencia. La extrema buena voluntad de los adultos de aceptar casi cualquier requerimiento ordenado por la autoridad constituye el principal descubrimiento del estudio. [...] La repentina transformación completa de jóvenes norteamericanos decentes en monstruos del tipo de los que se supone estaban sólo en lugares como Auschwitz o Treblinka es aterrador. Pero también desconcertante. Esto condujo a los observadores a conjeturar que en la mayor parte de las personas, si no todas, vive un pequeño SS esperando para salir a la luz [...] el Eichmann latente escondido en gente común" (Bauman, *ibid.*).

John Steiner (*ibid.* 50 pág. 167) encuentra en la palabra *sleeper* el concepto que da cuenta de esta capacidad para la crueldad latente, inactiva, que puede despertarse en cualquier durmiente normal.

El experimento de la cárcel de Stanford o Zimbardo, por el nombre del investigador que lo condujo, también observa la respuesta humana a roles impuestos pero en estado de cautividad, en las condiciones reales de la vida en prisión. Se reclutaron voluntarios pagos, estudiantes universitarios todos ellos, que desempeñarían en dos grupos los roles de guardias y prisioneros en una prisión ficticia, vestidos con las prendas correspondientes a su condición. Al cabo de la primera semana debió ser suspendido por el descontrol lesivo que se produjo, ya que los "prisioneros" aceptaron un tratamiento sádico y humillante a manos de "guardias" que incrementaban el tormento provocando graves desórdenes emocionales. Zimbardo estableció condiciones específicas generadoras de desorientación y desubjetivantes, por ejemplo los "presos" fueron desnudados y "despiojados" y tenían que usar una cadena en el tobillo. Entre otras vejaciones los guardias los obligaban a ser sodomizados.

No como investigación científica sino cultural, en el año 2005 en nuestro país, el cineasta Ignacio Irigoyen produjo un documental llamado *¿Alguien conoce al Führer?*[65] cuyo resultado, al igual que los experimentos de Milgram y Zimbardo, no es menos alarmante. Inicialmente quiso investigar el grado de conocimiento que los habitantes de un área rural de la provincia de Córdoba tenían sobre Hitler y el nazismo, y ante el más absoluto desconocimiento que observó tuvo curiosidad por indagar los niveles de manipulación política y socioeconómica que pueden ejercer los partidos políticos para comprar votos sobre pobladores de clase media rural, docentes, policías, comerciantes. Actuando como un "enviado de Hitler", a quien presenta como un "nuevo político radicado en Buenos Aires", soborna a la gente con dinero y ayuda material, logrando muy rápidamente adeptos a la causa "nacionalsocialista". Finalmente, les revela la verdad histórica, información que no despierta ninguna expresión de repudio ya que, de haber recibido el beneficio prometido para paliar sus carencias, les resultaba indiferente la consecuencia nefasta de un sistema político como el nazismo.

¿Cuál es el elemento nuclear de esta alteración ética en estas personas comunes? Una interpretación posible como psicoanalistas es que una ideología, una creencia o convicción como aquella en que se ampara

[65] Diario *La Nación*, "·¿Alguien conoce al Führer?", Ignacio Irigoyen, *25 de agosto de 2007.*

la obediencia debida, emitida por alguien con autoridad, que promete dar satisfacción a la gente común en sus prioridades, se vuelve totalizadora. La polisemia característica del orden simbólico se vacía de contenido, se invalidan ciertas representaciones y su lugar es ocupado por signos ideológicos que subvierten cualquier gesto de solidaridad.

Auschwitz y después

"En la realidad [...] a consecuencia de la guerra y el sometimiento, vencedores y vencidos, se trasforman en amos y esclavos. Entonces el derecho de la comunidad se convierte en la expresión de las desiguales relaciones de poder que imperan en su seno; las leyes son hechas por los dominadores y para ellos, y son escasos los derechos concedidos a los sometidos".[66]

El *infans* se constituye en una trama discursiva que Aulagnier llamó violencia primaria, la que, por un lado, lo incluye en el discurso social compartido y es estructurante definitivo de su subjetividad. Por otro, ese acto constituyente lo despoja de parte de su singularidad y genera en cada movimiento subjetivante, en cada acto de violencia primaria, un resto que se va sumando a los restos anteriores, produciendo malestar: en la familia, en el sujeto, en sus relaciones con los otros, en la cultura. Esa palabra inaugural de todo comienzo, en un tiempo lógico más que cronológico, es lo que permite la respuesta, que somos nosotros, una respuesta que siempre es insuficiente, siempre somos menos de todo lo que pudimos ser, por eso estamos, somos, la deuda de lo que

[66] Freud, S. [1932], *El por qué de la guerra*. Buenos Aires, Amorrortu Ediciones. V. XXII, pág. 189

debimos ser y no pudimos, lo que expresa admirablemente Borges, cuando dice:

> *He cometido el peor de los pecados,*
> *que un hombre puede cometer. No he sido*
> *feliz. Que los glaciares del olvido*
> *se arrastren y me pierdan despiadados.*
> (en "He cometido el peor de los pecados...")

Ése es el espacio del "decir", de la *poiesis*, de lo originario. La necesidad de ser reconocido y sostenido, la dinámica del poder en el campo del narcisismo, el rechazo de las diferencias con el otro y la diferencia entre las demandas del cuerpo y el hiato que lo separa de las palabras con que se habla de él, entre la satisfacción esperada y la hallada son fuentes de tensión, de malestar. Probablemente lo que conocemos como *obediencia debida* tome su fuerza en este vacío imposible de llenar, que en el obedecer aspira a ser objeto ideal del Otro que como llave mágica otorgue un encuentro sin fisuras, perfecto, con él. Ese Otro debe reunir algunas características para ocupar ese lugar, tiene que ser objeto de idealización de muchos, un líder que de forma a la tentación de volver a las certezas a las que siempre aspira el yo, un líder que ofrece evitar el dolor de la duda y el conflicto; así se hace posible un encuentro entre alguien que busca una certeza y otro que la ofrece y produce el sentimiento de elación propio de las certezas, y si se da en una escena social en donde simultáneamente es repetida por otros, nunca es de uno solo, el sujeto se siente formando parte de un conjunto que lo sostiene, lo acompaña, lo reconforta y le dice que no hace falta seguir pensando, dudando. Esta aspiración pulsante está presente en cada uno de nosotros. Todo deseo conlleva la esperanza de no tener que volver a desear, de encontrar un objeto único que posea todas las respuestas. El yo siempre tiene una aspiración, un deseo de ser alienado por otro que se presenta como garante. El temor a la sanción, la relación con el poder que el sistema impone, sea el Estado, las instituciones en las que participamos o la familia, la identificación con ese poder, la sanción real o imaginaria, que puede ir desde la exclusión del amor a la muerte concreta en un funcionamiento totalitario, la presión que viene desde los lazos sociales, familiares, amorosos o comerciales favorecen toda forma de sometimiento y no pensar. La obediencia debida sería la actuación del resto imposible de aceptar, para dar paso a un saber que cierre la brecha asegurando qué debe hacerse, cómo, qué es lo correcto. Las matanzas programadas a gran escala aplicando la tecnología de avanzada de cada momento son incesantesEn estos días hemos leído un comentario de Roberto Esposito: "El feticidio femenino entra dentro de la práctica tanatopolítica, de la política de la muerte, que alcanzó su pico mortífero en el nazismo pero se reproduce en todos los casos de aborto colectivo por razones de raza o de género"[67], en relación con el impresionante desequilibrio demográfico entre hombres y mujeres en la India en la actualidad. Hay estados en donde la proporción hombre mujer es de 1.000 a 400. Amartya Sen, premio Nobel de Economía calcula en 20 millones las "mujeres faltantes", como define a las niñas no nacidas por la práctica del feticidio femenino en los últimos veinte años, en que la difusión de los ecógrafos ilegales alcanzó la increíble suma de 1,6 cada 100 habitantes. Esta práctica es más común en las zonas más ricas del país, informa Naciones Unidas, debido a la presión que se ejerce sobre las jóvenes para hacerse cesáreas prematuras una vez hecho el diagnóstico de género. La filósofa Martha Nussbaum, profesora de Ética de la Universidad de Chicago, en *Justicia y Dignidad humana* plantea que la tutela de la libertad de

---

[67] Bellino, F., "Donde las mujeres no son bienvenidas", en *Revista Ñ*, nº 231, marzo de 2008.

elección no requiere sólo de la defensa formal de las libertades fundamentales: de 8.000 interrupciones llevadas a cabo en Inglaterra a mujeres hindúes o paquistaníes después de los tres meses de gestación, momento en que se determina el sexo, 7.997 eran del sexo femenino, y los tres restantes se consideran errores de diagnóstico (Bellino, 2008).

La relación entre el mal, como lo hemos ido pensando, y su expresión en Obediencia Debida fue precozmente observada y puesta de manifiesto. En *Antígona*,[68] Sófocles despliega el drama de tener que obedecer a dos mandatos contradictorios: los dioses exigen enterrar a los deudos con los ritos funerarios y el rey ha ordenado que "el desamparado cadáver de Polinice, desgarrado por los perros, siga yaciendo en la llanura" porque ha sido traidor a la patria. Se da entre las hermanas el siguiente diálogo:

Antígona: Dime si quieres trabajar conmigo [...] ¿quieres ayudar a estas manos a levantar aquel cadáver?
Ismene: ¿Piensas tu enterrarle? ¡si le está prohibido a la ciudad!
A.: Es mi hermano y mal que te pese, tuyo también [...].
I.: [...] Creonte lo tiene vedado [...] ¿qué muerte más atroz no nos espera, si a despecho de la ley, desafiamos los edictos y el poder del tirano? [...] hemos nacido mujeres y no podemos luchar contra hombres [...] hay que obedecer estos mandatos y otros más duros todavía [...] yo pediré a los muertos que me dispensen y acataré la autoridad constituida.
A.: [...] Ya no insisto, le entierro yo misma y será glorioso para mí morir haciéndolo [...] por haber sido santamente rebelde. Tú, si así te parece, sigue desestimando leyes que los dioses tanto estiman.

---

[68] Sófocles, *Tragedias completas*, Madrid, Aguilar, 1959, pág. 198 y sigs.

I.: Yo no desestimo a nadie, pero contra la voluntad de la ciudad, yo no puedo hacer nada.
A.: Escúdate con ese pretexto, yo iré y daré sepultura al hermano de mi alma.

Cierre

Nuestro presupuesto fue discurrir sobre cómo hablar del mal desde el psicoanálisis a partir de un tipo de acontecimiento que exige una reflexión general sobre las dificultades que plantea su representación, apoyados en una estrecha búsqueda preliminar de autores que han pensado el tema. Intentos de decir, como el de los sobrevivientes, oscilantes entre un Wittgenstein, "de lo que no se puede hablar, se tiene que callar" (Wittgenstein, *Tractatus*) o el Beckett del epígrafe con que iniciamos nuestro trabajo. Estas cuestiones se relacionan directamente con los modos en que la cultura contemporánea piensa e instituye su pasado. Renunciar a la hegemonía de la verdad supone aceptar el sentido como aquello exterior al campo de la conciencia donde ya no somos sus autores o sus testigos últimos.

Sabemos que la sexualidad humana a menudo se realiza en prácticas sadomasoquistas consensuadas. Sabemos que es un deslizamiento epistémico desafortunado pasar del mal a la maldad o de la perversión a la perversidad. Sabemos que ha sido un "abuso" conceptual de los analistas llamar perversión a prácticas consensuadas entre adultos porque no cumplían las premisas del "amor genital", pero no debemos confundir sexualidad consensuada con abuso sexual, ni masacre con "holocausto", ni *homo sacer* con devoto, ni el temblor de la castración con el temblor del "musulmán"

La mujer en la ventana

Discurso de Amos Oz al recibir el Premio Príncipe de Asturias de las Letras. 26-10-07

"Si adquieres un billete y viajas a otro país, es posible que veas las montañas, los palacios y las plazas, los museos, los paisajes y los enclaves históricos. Si te sonríe la fortuna, quizá tengas la oportunidad de conversar con algunos habitantes del lugar. Luego volverás a casa cargado con un montón de fotografías y de postales.

Pero, si lees una novela, adquieres una entrada a los pasadizos más secretos de otro país y de otro pueblo. La lectura de una novela es una invitación a visitar las casas de otras personas y a conocer sus estancias más íntimas. Si no eres más que un turista, quizá tengas ocasión de detenerte en una calle, observar una vieja casa del barrio antiguo de la ciudad y ver a una mujer asomada a la ventana. Luego te darás la vuelta y seguirás tu camino.

Pero como lector no sólo observas a la mujer que mira por la ventana, sino que estás con ella, dentro de su habitación, e incluso dentro de su cabeza.

Cuando lees una novela de otro país, se te invita a pasar al salón de otras personas, al cuarto de los niños, al despacho, e incluso al dormitorio. Se te invita a entrar en sus penas secretas, en sus alegrías familiares, en sus sueños.

Y por eso creo en la literatura como puente entre los pueblos. Creo que la curiosidad tiene, de hecho, una dimensión moral. Creo que la capacidad de imaginar al prójimo es un modo de inmunizarse contra el fanatismo. La capacidad de imaginar al prójimo no sólo te convierte en un hombre de negocios más exitoso y en un mejor amante, sino también en una persona más humana.

Parte de la tragedia árabe-judía es la incapacidad de muchos de nosotros, judíos y árabes, de imaginarnos unos a otros. De imaginar realmente los amores, los miedos terribles, la ira, los instintos. Demasiada hostilidad impera entre nosotros y demasiada poca curiosidad.

Los judíos y los árabes tienen algo en común: ambos han sufrido en el pasado bajo la pesada y violenta mano de Europa. Los árabes han sido víctimas del imperialismo, del colonialismo, de la explotación y la humillación. Los judíos han sido víctimas de persecuciones, discriminación, expulsión y, al final, el asesinato de un tercio del pueblo judío.

Cabría suponer que dos víctimas, y sobre todo dos víctimas de un mismo perseguidor, desarrollarían cierta solidaridad entre ellas. Desgraciadamente las cosas no son así, ni en las novelas ni en la vida real. Por el contrario, algunos de los conflictos más terribles son aquellos que se producen entre dos víctimas de un mismo perseguidor. Los dos hijos de un progenitor violento no tienen por qué amarse necesariamente. Con frecuencia ven reflejada el uno en el otro la imagen del cruel progenitor. Exactamente así es la situación entre judíos y árabes en Oriente Medio: mientras los árabes ven en los israelíes a los nuevos cruzados, la nueva reencarnación de la Europa colonialista, muchos israelíes ven en los árabes la nueva personificación de nuestros perseguidores del pasado: los responsables de los pogroms y los nazis.

Esta realidad impone a Europa una especial responsabilidad en la solución del conflicto árabe-israelí: en lugar de alzar un dedo acusador hacia una u otra de las partes, los europeos deberían mostrar afecto y comprensión, y prestar ayuda a ambas partes. Ustedes no tienen por qué seguir eligiendo entre ser pro-israelíes o pro-palestinos. Deben estar a favor de la paz.

La mujer de la ventana puede ser una mujer palestina de Nablus y puede ser una mujer israelí de Tel Aviv. Si desean ayudar a que haya paz entre las dos mujeres de las dos ventanas, les conviene leer más acerca de ellas. Lean novelas, queridos amigos, aprenderán mucho.

Las cosas irían mejor si también cada una de esas dos mujeres leyese acerca de la otra, para saber, al menos, qué hace que la mujer de la otra ventana tenga miedo o esté furiosa, y qué le infunde esperanza.

No he venido esta tarde a decirles que leer libros vaya a cambiar el mundo. Lo que he sugerido es que creo que leer libros es uno de los mejores modos de comprender que, en definitiva, todas las mujeres de todas las ventanas necesitan urgentemente la paz".

Auschwitz y el Psicoanálisis

Raúl E. Levín

Una vez que la muerte tuvo gran concurrencia
te escondiste en mí.[1]

Paul Celan

Introducción

¿Otro texto más sobre Auschwitz? Es inevitable. Y habrá muchos más. La inhabilidad de la palabra para dar cuenta de acciones aberrantes de victimarios humanos sobre sus propios semejantes propicia un incesante intento, un impulso incoercible y a la vez fallido de llegar a alguna respuesta.

"No hay poesía después de Auschwitz" enunció en su momento Theodor Adorno.[2] Auschwitz es frontera del

---

1 Celan, P., *Antología poética*, Puebla, Universidad Autónoma de Puebla, 1987, pág. 135, versión y selección, Patricia Gola.

2 Estas palabras fueron pronunciadas por primera vez en una conferencia en 1949 en la Universidad de Frankfurt. Fue el principio de una amplia polémica acerca de sus alcances con intelectuales y escritores, en la que participó entre otros Paul Celan. Aparentemente, Theodor Adorno moderó su posición. Sin embargo, en el año 1966, en el libro *Dialéctica negativa*, Adorno (Madrid, Taurus, 1975, pág. 363) radicaliza aún más su punto de vista: "[...] quizás haya sido falso decir que después de Auschwitz ya no se pueden escribir poemas. Lo que en cambio no es falso es la cuestión menos cultural de si se puede seguir viviendo después de Auschwitz". Sin embargo, la primera versión de esta frase ha seguido circulando como

alcance de la poesía, como lo es también del psicoanálisis. Porque ambos participan del desafío de tensar la palabra hasta sus últimos límites si con ello se llega a alguna revelación que dé cuenta de lo que en verdad pertenece a la esfera de lo indecible, en este caso la crueldad extrema que puede ser inherente al humano. Hay una profunda ética que inhibe tanto al poeta como al psicoanalista, de clausurar el intento de llevar la palabra más allá de su propia extenuación, si con ello puede develar aunque fuera un mínimo fragmento de lo que habita la mente de los ejecutores de los actos más crueles, a veces sustentados en principios o ideales tanto o más aberrantes que el acto en sí.

Creo que la célebre frase de Adorno expresa el estupor de quien entregado al ejercicio de la palabra para comprender lo humano, debe admitir que ésta puede ser arrasada sin miramientos si se trata de deponer la condición de semejante del otro, para desconocerlo en tanto tal y entonces ejercer actos de consecuencias siniestras, ejecutados por sujetos que sin embargo se arrogan para sí y sin interrogación la validación de la palabra que le fue sustraída a la víctima.

Si de la palabra se había supuesto su valor de dar legalidad a la condición de sujeto del humano, Auschwitz nos revela que también su uso puede ponerse al servicio del poder en manos de un grupo humano para eliminar a otro. Es doloroso que la palabra pueda ser oportunista, vicariante, acomodaticia al uso y propósito de quien la enuncia.

No se trata de la muerte de la poesía, sino de su límite. Puede ser que considerar la posibilidad de una frontera a la poesía pueda ser su muerte. Pero también su desafío,

---

una de las primeras reacciones relacionadas con la desesperación derivada de la difusión de lo ocurrido en los campos de concentración nazis.

aun su definición. Dejar consignado en la poesía el "más allá" de su propia voz, podría ser su justificación y su ética.

El psicoanálisis está muy próximo al desafío literario. Se avala también en el lenguaje, pero a la vez debe reconocer su límite. Si se propone acceder a la comprensión de lo humano, debe dejar al juego de la palabra llegar a sus últimas consecuencias, es decir, a lo indecible de la palabra que dice.

Una de las lecciones que dejó Auschwitz es la del valor relativo de la palabra. Esto se ha constituido no sólo para la poesía y el psicoanálisis, sino también para la filosofía, la política, las relaciones entre las personas y las consideraciones acerca del presente y futuro de la humanidad.

Desde entonces, se debe atender de la palabra no sólo su núcleo de significación sino especialmente su borde. Aquel desde el que al menos es posible asomar, atisbar lo abisal que escapa a nuestra comprensión, aunque fuera para cercarlo, para no desconocer su entidad y su eficacia. Adorno en su *Terminología filosófica*[3] lo enuncia de la siguiente manera: "[...] A la famosa frase de Wittgenstein de que sólo puede decirse lo que puede expresarse con claridad, y que sobre lo demás hay que callarse, podría oponérsele el siguiente concepto de la filosofía: la filosofía es el esfuerzo permanente y desesperado de decir lo que propiamente no puede decirse [...]" y luego, "[...] en esto consiste el que en la filosofía misma, si no quiere estancarse en esta paradoja, está inscrito el decir lo que propiamente no se puede decir, el momento de la contradicción en movimiento, progreso y desarrollo. Y esta contradicción radica en el impulso de querer alcanzar con el concepto lo no conceptual, con el lenguaje lo no decible mediante el lenguaje".

---

[3] Véase Adorno, Th., *Terminología filosófica*, Madrid, Taurus, 1985, t. I, págs. 63 y 67.

Si nos admitimos como psicoanalistas en esta posibilidad de sustentarnos en el lenguaje para aproximarnos a lo que va más allá de él, de aproximarnos a los territorios que lo exceden, nos reconoceremos en una práctica que nos saca de cierto estancamiento y nos habilita a no dejar al margen de nuestras incumbencias nada de lo que atañe a lo humano, aun aquellas atrocidades que escapan a nuestra comprensión.

Pero esto implica un reconocimiento de cierta insuficiencia de nuestra clínica habitual. Donde no hay palabra, por ejemplo, quizá no haya lugar tampoco para la interpretación. Deberá a veces el analista quedar suspendido en una posición de espera. Una espera clínica, de la que puede suscitarse la producción del acto, del que pueda quizá llegarse al retorno de la palabra, la asociación libre, la escucha. Se trata de una clínica más amplia, que tolera lo indecible, lo reconoce, le confiere entidad y efecto aun en su imposibilidad de nombrarlo.

Ante el desafío al psicoanálisis que supone la comprensión de la crueldad extrema se suele argumentar que se trata de un tema que escapa a nuestro entender porque refiere a acciones que suelen ocurrir por fuera de la palabra y de nuestros consultorios. En ese caso, nosotros, los psicoanalistas, no podemos dejar de preguntarnos adonde quedamos entonces relegados en tanto humanos que nos debemos a una ética, al decirnos que tal o cual cuestión de la conducta humana no nos concierne porque no ha sido abarcada por el campo de la clínica que ejercemos.

Incluso cabe preguntarse hasta qué punto entonces el psicoanálisis como ejercicio de una práctica, no puede llegar a constituirse en un lamentable baluarte para justificar en su propio nombre el desinterés o aún la indiferencia ante aquello de lo humano, a lo que nosotros mismos no somos ajenos, y que sin embargo da lugar a las acciones más aberrantes.

En este trabajo me propongo reflexionar sobre algunas cuestiones concernientes al ámbito de la palabra, la imagen y la vida emocional, que necesariamente deben ser considerados, si suponemos que Auschwitz es un acontecimiento que no puede ser desconocido en su efecto ético de propiciar una reformulación acerca de lo que definimos humano.

Para quien no contemporiza con respuestas aplacatorias y tranquilizadoras, Auschwitz ha quedado inscripto como dato ineludible que nos impone no sólo deponer ciertas representaciones benevolentes e idealizadas de la condición humana, sino también admitir que también en cada uno de nosotros existe un lado oscuro, impensable, de una potencial destructividad ilimitada e implacable.

Grave y a la vez ineludible desafío al psicoanálisis. Si bien de la historia del desarrollo de sus ideas no puede deducirse que se ha caracterizado por la indulgencia hacia los fantasmas más sombríos que dominan al sujeto, creo que nunca se planteó, salvo en términos muy especulativos, que el ser humano pueda llegar a esos extremos de destructividad que nos han sido revelados por Auschwitz, y a la vez, permanecer sin reconocer su propia atrocidad, sobreviviendo a sus acciones inmune a cualquier efecto resultado de la aberración.

Cuando Adorno dice que después de Auschwitz no puede haber poesía, es obvio que no se refiere a que la poesía desaparece, sino a que ya no puede ser la misma que lo que fue hasta entonces. Algo debe transformarse en la consideración del alcance y del efecto de la palabra.

No es lo mismo el antes que el después de Auschwitz. Y esta enunciación concierne también al psicoanálisis.

La demanda de relato para escamotear lo indecible

Las víctimas de los campos de concentración han atravesado vivencias inenarrables, ya que no hay palabras que puedan transmitir lo padecido. Si alguien se atribuyera la posibilidad de escucha, se estaría desnaturalizando la esencia de lo experimentado. Las palabras concederían a lo indecible un escenario verosímil pero falso.

La misma palabra "experimentado" no es adecuada para ubicar las vivencias a las que referimos. La partícula "ex" de la palabra mencionada remite a un algo que se reitera, cuando en realidad referimos a episodios inéditos, inesperados, inconcebidos. ¿Podríamos cancelar la partícula "ex"? Quedaríamos con otra palabra más, "perimentado", un aparente neologismo, que se arrogaría de inmediato una significación plena, que la volvería nuevamente inhábil para referir precisamente a lo que no es decible.

Nunca podríamos inventar una palabra que conlleve una representación de las derivaciones de la destitución de condición de sujeto de la víctima.

Si alguien escucha como decible lo indecible de su sufrimiento, está escuchando otra cosa, con lo que la víctima -siempre y para siempre de esto un sobreviviente- será entonces aún menos inteligida por el entonces supuesto interlocutor.

Es tan insoportable la idea del sufrimiento de la víctima de un campo de exterminio, que al aislamiento de haber soportado la usurpación de la validez de su lenguaje se le reclama un imposible testimonio en términos narrativos. Si esto se diera, ante la demanda de tranquilizar la necesidad de un interlocutor que no tolera lo más allá de la comprensión humana, la víctima quedaría aún más aislada, porque tendría que recurrir a una impostura de textualidad que deja aún más encubierto el sufrimiento impensable de lo que le ha ocurrido.

El protagonista de la novela *Sin destino* de Imre Kertész,[4] es un adolescente que ha sobrevivido a los campos de Auschwitz, Buchenwald y Zeitz. Ha pasado por situaciones extremas. Entre ellas, haber sido rescatado por azar de entre un amontonamiento de cadáveres, en el que alguien descubre que aún está vivo. Al terminar la guerra vuelve a su ciudad de origen. Su casa está ocupada por extraños. Su padre ha muerto en otro campo. La segunda mujer de su padre está casada nuevamente con alguien que ha sido desleal a su marido. Su madre, ajena a las problemáticas del hijo. Los otros familiares que encuentra, esos que fueron trama de su historia anterior, no pueden, no están condiciones de reconocer lo abisal de su pasaje por los campos de concentración. Hasta parecen desencantados y contrariados por no poder acceder a una representación tranquilizadora de lo que fue la vida de su joven pariente durante su reclusión. Su soledad es absoluta. La ciudad le es hostil. El personaje habla de "que ha pasado una 'primera muerte'". Vivirá una "segunda vida", en la que se parecerá a los demás: será médico. Pero es notorio que de su pasado algo quedará encriptado.

En un pasaje, tiene un encuentro casual con una persona que le paga el viaje en tranvía. Entablan una conversación. El hombre se muestra muy interesado en que le cuente sus "experiencias" en el campo de concentración. "¿Contar qué?" "El infierno de los campos", le responde. El muchacho le dice que no podría contarle nada pues no conocía el infierno ni podía imaginarlo. Entonces el hombre, insistente, le dice: "Claro, no es más que una metáfora.

---

4 Véase Kertész, I., *Sin destino*, Barcelona, Narrativas del Acantilado, 2005. Hay una película homónima basada en el libro dirigida por Lajos Koltai (2005).

¿No es cierto? ¿Acaso no puede compararse un campo de concentración con el infierno?". El muchacho replica que uno podría comparar cualquier cosa con lo que quisiera pero que para él un campo de concentración seguía siendo un campo de concentración, y que había conocido algunos, pero no había conocido el infierno. El hombre insiste. El diálogo sigue. Al concluir el encuentro, el hombre se tapa la cara y con un tono más apagado dice: "No, no y no, no se puede imaginar. Lo sabía, por eso lo llaman infierno". Es interesante consignar que es aquí donde esta persona da a conocer su condición de periodista, con lo cual este personaje queda presentado como el representante de tener que transmitir "al mundo" lo ocurrido en los campos. Este mediador entre lo ocurrido en el campo y la versión que tiene que dar al público, da cuenta en la última frase de la imposibilidad: por un lado, la repetición del "no, no, y no, no se puede imaginar". Por otro, su persistencia en aplicar a lo inimaginable, con inmediatez y con la misma insistencia del principio, una metáfora, o al menos una representación que dé lugar a imaginar en términos de lenguaje lo ocurrido en el campo.

Porque debemos convenir que lo ocurrido en el campo, en tanto intolerable por el sufrimiento intransmisible por medio de palabras, no admite representaciones, símiles, metáforas u otras sustituciones. El infierno, precisamente, es una representación a la que se ha apelado a lo largo de muchos siglos como metáfora del lugar del castigo. De esto dan cuenta tanto exquisitas descripciones de textos religiosos cristianos, como también los Libros Sagrados del judaísmo. No hace falta entrar en descripciones de las numerosas representaciones pictóricas del infierno. Tampoco vamos a entrar en el otro tema quizás aludido en la frase del periodista, al relacionar a la víctima con una supuesta culpabilidad (infierno), que justificaría entonces de una forma racional el castigo que le es infligido. Buscar como metáfora el infierno sería darle alguna forma de comprensión, aunque sea en términos de una moral religiosa o cívica, a las atrocidades cometidas contra las víctimas del campo. Es buscar un atenuante, se esté o no de acuerdo, para dar alguna razonabilidad a lo inexplicable, una forma de comprensión que eluda lo intolerable de conductas que desbordan lo que se supone debería corresponder a la naturaleza de lo humano.

La palabra "campo", en este caso, no es metáfora ni tampoco es metaforizable. Alude a un espacio al que no podemos enfatizar con una sustitución, comparación o agregado que le sume algo a una significación, o un matiz lírico o expresivo. Porque en realidad es una palabra que refiere crípticamente a un escenario en el que transcurren fenómenos de la conducta humana cuya raíz desconocemos.

Tampoco una figura retórica como la catacresis, que consiste en nombrar con una palabra conocida algo que no tiene nombre (por ejemplo ojo de la cerradura, ala de un edificio) es aplicable, porque la palabra que contribuyera (en este caso "campo") a designar algo a lo que no se le ha otorgado un lugar en la terminología, debe ser muy precisa en su significado, con pocas acepciones, para cumplir esa función.[5]

"Campo" es una palabra de una extensión semántica y de tan numerosas acepciones (en el Diccionario de la Real Academia[6] constan veintidós, a las que se agregan numerosas "frases que resultan de la combinación

---

[5] Al respecto de esta forma de la retórica, véase la entrada correspondiente en Marchese, A., Forradellas, J., *Diccionario de retórica, crítica y terminología literaria*, Barcelona, Ariel, 1994, pág. 52.También el texto de Rubinzstein, D., "La interpretación, un abuso", en *Imago Agenda*, periódico mensual de Letra Viva Libros, nº 115, noviembre de 2007, Buenos Aires.

[6] *Diccionario de la lengua española*, Madrid, Real Academia Española, 1992, vigésima primera edición.

del sustantivo, con otro sustantivo regido de preposición o con cualquier expresión calificativa", según las "Advertencia para el uso del este diccionario" que figuran al comienzo en la páginas XXV y XXVI.

Es tal el alcance de esta palabra que, dicha en relación con lo que no sabemos, queda librada a una enorme ambigüedad. Por eso el muchacho no tiene otra manera de definirla como no sea algo que es en sí mismo: "El campo es el campo"; para el que no sabe, no ha vivido lo invivible del campo al que se alude, no hay palabra. Esa palabra dicha por un sobreviviente concierne a un tramo de una vida que conocen sólo los que la padecieron, y no hay palabra que pueda compartirse para designarlo con quienes no han estado ahí. Porque esas vivencias son intransmisibles.

Por supuesto, no fueron pocos los intentos de poner en palabra lo ocurrido en el entonces denominado "campo".

Muchos poetas y escritores, impuestos de la ética de llevar la palabra hasta sus límites, aun apelando a la exacerbación de sus alcances, han tenido que rendirse ante la imposibilidad. Paul Celan, Primo Levi, Bruno Bettelheim, Sara Kofman... y muchos otros concluyeron su vida suicidándose.

Otros, como Elie Wiesel, escritor sobreviviente de Buchenwald y Auschwitz, han decidido no escribir. "No escribo acerca de eso. No hablo de eso. Trato de no tocar el tema, pero siempre está presente".[7]

Hay quienes han podido sostenerse escribiendo, como es el caso del mencionado Imre Kertész y Jorge Semprún. También se han recogido y publicado testimonios de víctimas que han sido publicados por terceros, algunas desgarrantes, otras meramente descriptivas.

---

[7] En "Confesiones de escritores", *Narradores 3*, Buenos Aires, El Ateneo, 1998, pág. 212.

Pero ninguno de estos textos puede más que aportar lo suficiente como para que se acentúe lo inexplicable de la aberración de conductas de crueldad extrema por parte del victimario.

Un fenómeno que pienso debe consignarse por lo sintomático, es la adhesión que ha tenido el público a casos de testimonios falsos pero verosímiles, escritos por autores que se arrogaron el lugar de víctimas sin haber vivido en un campo o siquiera sin tener relación con personas cercanas que hubieran padecido esa situación. La plausibilidad de ese tipo de textos facilita el montaje del engaño y contribuye a la dificultad para desenmascarar la impostura del autor.

En una mesa redonda presentada en la Asosicación Psicoanalítica de Buenos Aires (APdeBA)[8] mencioné uno de estos casos, descubierto hace no muchos años: "En la década de 1990 hace su aparición en Europa un libro sobre el Holocausto titulado *Fragments: Memories of a Wartime Childhood*, que es traducido a diversos idiomas, gana premios de instituciones judías y se transforma en uno de los libros más vendidos sobre el tema. Su autor es un supuesto sobreviviente de Auschwitz llamado Binjamin Wilkomirski. Poco tiempo después se descubre que este autor no es judío y vivió en Suiza durante la guerra. El porqué de este fraude nunca pudo ser establecido en forma fehaciente. Pero lo interesante es que quien pudo narrar uno de los testimonios más "verosímiles" haya sido un impostor. Lo "inenarrable" se transforma en algo creíble en una narrativa proveniente de alguien que no vivió los acontecimientos "invivibles". El verdadero sobreviviente no podría avalar una autenticidad en un lenguaje que no puede asumirlo. Para el caso,

---

8 Burucúa, J. E., Levín, R. E. y Sor, D., "Mesa Redonda. Presentación de lo irrepresentable", en *Psicoanálisis APdeBA*, en vol. XXVII, nº 3, pags. 472-473.

en esa "verdad", no habría autenticidad. Si hay palabras cuando se trata de lo irrepresentable, hay falsedad. La garantía en ese caso es apócrifa. De todos modos, es interesante corroborar el éxito que puede coronar un intento que a pesar de su falsedad, puede dar lugar a la suposición de que puede haber una narrativa digamos convencional sobre lo que en realidad está ubicado en 'lo más allá'".

Sé que ha habido muchos casos semejantes al citado en el párrafo anterior. En un suplemento *Ñ* del diario *Clarín* hay un breve artículo de Rafael Argullol sobre otro caso de impostura. Se trata de Enric Marco, "un anciano de 84 años que exhibió durante décadas un pasado como víctima en Flossenburg, un campo de concentración. En mayo confesó que había mentido porque 'así la gente lo escuchaba más y su trabajo divulgativo era más eficaz'".[9]

Es notoria la razonable demanda de quienes no toleran admitir las acciones aberrantes de las que son capaces los humanos, de tener una versión que transforme en aceptable un relato como medio de transmisión de lo sufrido por las víctimas.

Pero como comentamos anteriormente, una narrativa sobre Auschwitz puede paradojalmente suscitar la idea de que se accedió a un saber sobre lo ocurrido, pero contribuyendo a la vez a negar lo angustioso de reconocer que la destructividad extrema que puede ejercer un humano sobre otro, es irrepresentable.

Y que en todo, caso el imperativo de buscar esa explicación implica un incesante intento de explorar un territorio de la mente humana que está más allá de la palabra.

---

9 Véase Argullol, M.: *Ñ. Revista de Cultura*, del diario *Clarín* de Buenos Aires, 30 de julio de 2005, pág. 12.

Imágenes de Auschwitz

Otro intento de acceder al tema que nos ocupa es estudiar las imágenes que se conservan de lo ocurrido en los campos de concentración. Son numerosas: dibujos, pinturas, bocetos, croquis. Algunos realizados en forma clandestina durante la reclusión, otros efectuados por los prisioneros hasta años después de la liberación. Están también los dibujos efectuados por niños, entre otros los dirigidos por maestros, que han sido recopilados junto con poemas escritos en el campo de Theresin.[10]

Han quedado también inscripciones, esbozos gráficos, *graffitis*, como mensajes al mundo, a un destinatario incierto, algunos de los cuales pueden verse aún en los restos edilicios de lo que fueron los campos de concentración.

Hay también muchas filmaciones cinematográficas y fotografías. Fueron efectuadas con fines diversos por oficiales y soldados, e incluso clandestinamente por los mismos reclusos. Algunas tomas tenían un sentido documental, otras se obtenían para objetivar los sádicos experimentos que se hacían con los prisioneros. También las había destinadas a mostrar ante la superioridad la eficiencia con que se cumplían las órdenes. Otras fueron realizadas simplemente con fines recreativos. Las pocas fotos tomadas por las víctimas eran por lo general intentos (casi siempre fallidos) de hacer conocer al mundo las atrocidades que sufrían.

---

[10] Sin autor. *No he visto mariposas por aquí*, Praga, Museo Judío de Praga, 1966. Conviene recordar que este campo existió entre 1941 y 1944, y era considerado como una parada modelo para mostrar a observadores extranjeros que las condiciones de detención eran aceptables. Sin embargo los niños ahí confinados fueron luego deportados a campos de exterminio. Pocos sobrevivieron. De sus dibujos se desprende el presagio del terror al que estaban destinados, aun cuando perversamente eran preservados interinamente en forma "aceptable", separados de sus familias.

José Emilio Burucúa ensaya una sistematización de este material gráfico, que recopilado a lo largo de años después de terminada la guerra, es ahora muy profuso.[11]

Pero más allá del interés de clasificación y archivo de este conjunto de imágenes del campo de concentración, la pregunta que Burucúa se hace es si esta variopinta producción proveniente de la interioridad del campo puede ser abarcada en el concepto que introdujo el historiador Aby Warburg de *pathosformel.*

Resolver esta cuestión sería muy importante porque las *pathosformelm* serían un intento de representación de ciertos acontecimientos o eventos histórico-culturales con sus connotaciones emocionales, cuya iconografía se reitera a lo largo de la historia. Si se demostrara que las imágenes de Auschwitz pueden ser incluidas en esta categoría, podrían ser ligadas, comparadas, con otros momentos históricos, favoreciendo la posibilidad de un acceso a la comprensión de lo que en ese caso representarían.

Si bien Ary Warburg nunca intentó ceñir el concepto de *pathosformel* en una definición conclusiva, para acceder a él nos puede ser de utilidad, a efectos de este trabajo, citar alguna de las tantas explicitaciones que sobre el tema expone Burucúa:[12]: "*Pathosformel,* "fórmula expresiva," es una organización de formas sensibles y significantes (palabras, imágenes, gestos, sonidos) destinados a producir en quien las percibe y capta una emoción y un significado, una idea acompañada por un sentimiento intenso, que han de ser comprendidos y ampliamente compartidos por las personas incluidas en

---

[11] Véase Burucúa, J. E. [2001], "Una explicación provisoria de la imposibilidad de representación de la Shoah. Reflexiones sobre la pintura de Guillermo Roux", en *Historia y ambivalencia. Ensayos sobre arte,* Buenos Aires, Biblos, 2006, págs. 167-194.

[12] *ibid.,* págs. 177-178.

un mismo horizonte de cultura. Toda *pathosformel* tiene por lo tanto un origen histórico preciso, un tiempo en el que se construyó y obtuvo su configuración más sencilla, eficaz y precisa, un devenir que la despliega en la larga duración y la ubica en el ámbito geográfico y cultural de una tradición civilizatoria".

Luego de un recorrido de las diferentes expresiones que dan cuenta de la vida en el campo de concentración, Burucúa llega a la conclusión de que estas producciones rebasan, desbordan, superan la posible configuración de *pathosformelm*. Se trata de un "estallido", de un "colapso" de la posibilidad de incorporar a algún tipo de formalización expresiva lo ocurrido en el campo. [...] la explosión verificada de las *pathosformelm* ante el fenómeno histórico del Holocausto nos coloca de cara a una etapa desconocida en el devenir de las sociedades y las civilizaciones [...] se conservó en su máximo sólo como una tecnología pura, una racionalidad operativa divorciada de toda racionalidad ética".[13] Más adelante, este autor dirá que a pesar del colapso de las *pathosformelm* conocidas de configurar alguna formalización o representación de lo transmitido, "nada de eso impide que aquella necesidad de explorar la Shoah permanezca siempre viva e imperiosa.[14]

A pesar de la rotunda posición de Burucúa en el sentido de la imposibilidad de incluir las expresiones provenientes de Auschwitz en una *pathosformel*, en una presentación posterior,[15] este autor hace mención a unas fotografías que presenta Didi-Huberman en su libro

---

[13] *ibid.*, pág.192.

[14] *ibid.*, pág.193.

[15] Burucúa, J. E., Levín, R. E. y Sor, D., "Presentación de lo irrepresentable", mesa redonda, en *Psicoanálisis APdeBA*, 2005, vol. XXVII, nº 3, págs. 463-464. Debe notarse que si bien el libro de Burucúa mencionado anterior-

Images malgré tout.[16] En una de ellas se ve a un grupo de prisioneras desnudas, aparentemente siendo llevadas hacia algún destino. En otra hay un conglomerado confuso, una masa informe de cuerpos tendidos observados por guardias uniformados.

Son en total cuatro fotografías, de muy mala calidad, aparentemente tomadas en forma clandestina por un *Sonderkommando* llamado Alex, desde el interior de una casilla en las cercanías. Según Didi-Huberman, estas fotos pudieron ser sacadas del campo mediante ardides y se constituyeron en los primeros testimonios probatorios que dieron a conocer al mundo la existencia de los campos de concentración y las atrocidades que se cometían en ellos.

Didi-Huberman cree que en estas fotografías se estaría dando el germen de alguna forma de lo representable. Burucúa agrega:[17] "Todavía no se ha plasmado, pero en esas cuatro fotos terribles estaría el comienzo de esa representación de lo no humano de lo humano, a lo que se refirió Primo Levi en su texto *La tregua*". Más adelante, Burucúa agrega: "[...] hay una serie de argumentos que me hacen pensar que Didi-Huberman tiene razón al decir que en la experiencia de Alex, en el riesgo espantoso corrido por ese hombre, está el esfuerzo mayor por tratar de representar".

He observado con mucha atención estas fotografías, a las que estos autores dan el carácter de una "casi representación". Creo que como en pocas otras imágenes, hay en estas tomas un conmocionante testimonio expresivo de la radical asimetría de poder que puede instituirse entre los humanos.

---

mente es del 2006, el trabajo que de él hemos citado fue presentado en el 2001, es decir, previo al que citamos ahora.

16 Didi-Huberman, G., *Images malgré tout*, París, Minuit, 2003.

17 Burucúa, J. E., Levín, R. E. y Sor, D., "Presentación de lo irrepresentable", *op. cit.*, págs. 463-464.

Por un lado, las víctimas, constituyendo un todo en el que se confunden y disipan sus identidades; una suerte de conjunto mero objeto, del que se distingue algún rasgo anatómico a veces difícil de discernir. Un grupo de personas desvestidas y desinvestidas. Hasta podría decir *des-existidas*, si se me permite el neologismo. Por otro, los guardias, recortados del conjunto de víctimas, delineados por sus uniformes, por su distancia unos de otros, su posición vertical diferenciada de lo oblicuo u horizontal del conjunto de víctimas. Su actitud es de observación indiferente de la escena, como podría ser la de un funcionario burócrata asistiendo al decurso de un expediente cuyo trámite debe concluir. La mirada hacia las víctimas, totalmente deshumanizada.

El contraste entre ambos grupos humanos es desolador. Contribuye a la transmisión del horror inherente a la escena la mala calidad de las fotografías. Porque de esta forma quedan exentas de uno de los grandes riesgos derivados de los intentos de dar a conocer los extremos a los que pueden llevar esas asimetrías extremas del poder a las que me referí. Porque el sufrimiento, el horror, esos abismos sin nombre que padecieron las víctimas, pueden deslizarse hacia expresiones que tienden a ser estetizadas, creándose producciones artísticas que encubren lo intolerable de lo que representan.

La estética es un sutil recurso humano, mediante el cual se modula y hasta quizá se cualifique la angustia proveniente de lo ominoso. La angustia que deja trascender lo estético se constituye en un goce (el llamado "goce estético") que en algún sentido inmoviliza y captura al observador, velándole el acceso a lo que entonces queda encubierto por la imagen. Este monto de angustia dosificada, es la nos puede dejar sumergidos en una situación de embeleso ante el *Guernica* de Picasso o la serie "Los horrores de la guerra" de Goya. Pero poco es lo que se transmite de lo sustancial del sufrimiento de un pueblo arrasado por escuadrones de aviones nazis, o el de una persona ante un pelotón de fusilamiento al contemplar estas obras de arte.

La tendencia a estetizar, o aun a fetichizar (fenómeno muy próximo a la estetización por estar fundado en un intento de desconocer la angustia de castración) intenta transformar en artísticas las producciones relacionadas con el horror, con lo que paradojalmente queda desmentido el sufrimiento que se intenta representar.

No es el caso de las fotos publicadas en el libro de Didi-Huberman. Su mala factura, la oportunidad y la forma en que fueron tomadas, la precariedad técnica que se supone de la cámara con que fueron obtenidas, las aleja del riesgo de que sean consideradas artísticas. De ahí el impacto emocional, derivado de un sentimiento de incredulidad y vacío al que no podemos poner palabras (eso quise decir con "desolador"). Si se las toma como documento creo que no sería tanto de lo ocurrido en la escena en sí que exponen las fotografías, porque en ese sentido sería solo la información sobre un fragmento de las innumerables escenas de terror ocurridas cotidianamente en el campo de concentración. Creo sí que podrían ser consideradas como una imagen arquetípica de la mencionada "asimetría radical del poder" y sus efectos, que puede darse entre grupos de la comunidad humana.

La importancia de que se pudieran considerar estas imagenes como conformando una *pathosformel* es que aun distinguiendo lo de Auschwitz por algunas peculiaridades que le son específicas, podrían a la vez configurarse en un arquetipo que les permitiría alinearse en un nexo de continuidad con otras grandes catástrofes humanas -mejor habría que decir "de los humanos"- acontecidas en la historia.

No sería posible enunciarlas en su totalidad. De sólo pensar en los últimos cien años, podemos evocar el Genocidio Armenio de principios del siglo XX, pasando por las llamadas Guerras Mundiales, otras guerras y llamados "conflictos étnicos", o guerras producto de la colonización de las grandes potencias sobre países subdesarrollados y vulnerables. En este incompleto listado incluimos situaciones de violencia extrema producto de la desigualdad entre el poder del Estado y los ciudadanos de un mismo país (el llamado "terrorismo de Estado"). En relación con esta última mención, no olvidamos por supuesto los efectos de la violencia extrema ejercida sobre ciudadanos por la dictadura militar que asoló a nuestro país entre los años 1976 y 1981.

Pero si pensamos en los alcances de esta representación, que alude a una abrumadora diferencia de poder entre "los unos y los otros" (tomando estas palabras del título de otro libro de Primo Levi), nos preguntamos si no puede incluirse en ella también efectos sociales de políticas de Estado que pueden derivar en que ciertos sectores de la población, tal como los de muy bajos recursos o franjas etarias vulnerables, en especial la niñez y la ancianidad, queden descuidados y librados también al sufrimiento del hambre y la falta de asistencia adecuada en educación y salud.

De todos modos, si volvemos a las imágenes de Auschwitz en conjunto, vemos que son un testimonio expresivo de enorme valor que nos permite acceder a la atmósfera de horror de lo ocurrido en el campo.

Pero aun cuando aceptáramos la posibilidad de que conformen una *pathosformel*, y aun considerando la extensión expresiva que éstas pueden tener hacia otras formas de genocidio, es poco lo que contribuyen a la comprensión, a la explicación más profunda que dé cuenta del enigma acerca de por qué el ser humano es capaz de desconocer las más elementales normas éticas de reconocimiento del otro, y ejercer sobre el semejante actos de crueldad extrema.

Las imágenes tampoco salvan de la inaccesibilidad de acceder a las vivencias de lo sufrido por la víctima, la que en algún sentido sigue condenada a guardar para sí y para siempre, en una suerte de espacio íntimo escindido e incoercible, ese tramo de su vida.

La palabra Shoah, que refiere a estos acontecimientos provocados por el nazismo de los que fueron víctimas judíos, gitanos, y otros miembros discriminados de la población, intenta referir a esta ineluctable escisión. Citamos al respecto a Giorgio Agamben:[18] "Algunos años después, en el transcurso de una investigación llevada a cabo en la Universidad de Yale, Shoshana Felman y Dori Laub elaboraron la noción de la *shoah* como "acontecimiento sin testigos". En 1989, la primera desarrolló este concepto en forma de comentario al filme de Claude Lanzmann. La *shoah* es un acontecimiento sin testigos en el doble sentido de que sobre ella es imposible dar testimonio, tanto desde el interior -porque no se puede testimoniar desde el interior de la muerte, no hay voz para la extinción de la voz- como desde el exterior, porque el *outsider* queda excluido por definición del acontecimiento".

Al respecto, semejante a esto es lo que dice sencillamente y con exquisita lucidez David Galante, un sobreviviente de Auschwitz de 82 años en una entrevista publicada en la revista *Viva*, del diario *Clarín*: "El que estuvo en Auschwitz nunca podrá salir de él; los que no estuvieron, nunca podrán entrar en él".[19]

---

[18] Agamben, G., *Lo que queda de Auschwitz*, Valencia, Pre-textos, 2000, pág. 55.

[19] Entrevista realizada por Alba Piotto, en revista *Viva* del diario *Clarín*, 16-12-2007.

El victimario

Auschwitz refiere a lo que denominamos "radical asimetría del poder", quizás en su formulación más exacerbada. De un lado, la víctima, despojada de su condición de sujeto, abolida la validación de su lenguaje, tratada como un objeto no sujeto de derecho. Por el otro, el victimario, que munido de instrumentos ideológicos y técnicos se arroga un poder absoluto sobre la víctima, a quien ha sustraído su condición de semejante. Se trata de una ecuación extrema de las relaciones entre humanos, de consecuencias nefastas. Ante el imperativo de avanzar en la indagación de estas situaciones de desigualdad extrema, que tanto han insistido a lo largo de la historia, no podemos -no debemos- desconocer ninguno de los términos de esa ecuación.

Nos hemos ocupado hasta ahora, de averiguar algo sobre los efectos en la víctima. Es natural. Con ella nos identificamos. Lo padecido nos lleva a ponernos de su lado.

Si bien es inherente a su condición vivencias de arrasamiento de su identidad que no podrán ser transferidas, podemos reconocernos en su conflictiva dolorosa, en lo injusto de lo padecido. Su angustia nos es cercana. Si suponemos en ella algo del orden de lo indecible o irrepresentable, no dejamos a la vez de insistir en la posibilidad (aunque sea una utopía inalcanzable) de comprender su sufrimiento.

Reconocemos en la víctima una subjetividad que podemos compartir.

No es el caso del victimario. Muchas veces es considerado como "no humano". Para las decisiones y las acciones más crueles no tiene ningún contacto con la emocionalidad. Suele transitar sin conflicto, angustia o remordimiento ante sus conductas aberrantes. Puede justificar sus actos. El fanatismo, el mesianismo, el dogmatismo son sustento de su rechazo a cualquier cuestionamiento. Su hermetismo ante la responsabilidad y la culpa por lo cometido contribuye a que su condición de victimario no sea indagada.

Se experimenta un sentimiento de rechazo, hasta de repugnancia, ante la posibilidad de estudiar al victimario.

Debemos agregar, además, que la víctima, ha padecido pasivamente la acción de su verdugo. No podríamos hacer de ella un perfil caracterológico, porque su destino ha sido designado por el victimario. Es ajeno a su singularidad, depende de su inclusión en grupos de pertenencia definidos por la religión, la nacionalidad, el origen, la salud, la franja etaria que transita. No hay ninguna disposición personal de la víctima que la lleve a esa condición. Al respecto, dice Theodor Adorno:[20] "Las raíces deben buscarse en los perseguidores, no en las víctimas, exterminadas sobre la base de las acusaciones más mezquinas. En ese sentido, lo que urge es lo que en otra ocasión he llamado el 'giro' hacia el sujeto. Debemos descubrir los mecanismos que vuelven a los hombres capaces de tales atrocidades".

En el caso del victimario, entonces, no podemos eludir la pregunta acerca de que es lo que hace de un sujeto alguien capaz de transformarse en quien asume el poder de decidir y ejecutar la muerte de otro.

Ante la idea de estudiar los mecanismos psíquicos propios del victimario, parecería hasta necesario aclarar que el imperativo de comprender eventuales mecanismos psíquicos que sustentan su accionar no implican, por parte del investigador, ninguna benevolencia moral o jurídica relacionada a los efectos de su conducta.

Porque la pregunta que surge es realmente inquietante: ¿en qué podríamos transformarnos cada uno de

---

[20] Adorno, Th. [1966], "La educación después de Auschwitz", en *Consignas*, Buenos Aires, Amorrortu, 1993, págs. 81-82.

nosotros, llevados a una situación límite, quizá no acontecida en nuestra historia? ¿Podríamos llegar a matar? ¿Podríamos ser cómplices de los que matan? ¿Sometidos a una presión ideológica, sumergidos por ejemplo en una convicción patriótica, hubiéramos sido soldados de una guerra, en el caso de haber sido convocados? Si bien una respuesta a estas preguntas relacionadas a los aspectos más destructivos no implica necesariamente que nos estemos refiriendo a una situación límite de frialdad y destitución de la condición del otro (al que ni siquiera podemos llamar "enemigo") como es el caso de Auschwitz, refiere de todas formas a esa zona de cada uno en la que anidan -a veces inadvertidamente- formas de violencia cuya potencialidad desconocemos.

En ese sentido, es revelador el último párrafo del trabajo citado de Burucúa de 2001,[21] en el que generosamente nos brinda su testimonio personal sobre el impacto doloroso derivado de escribir sobre Auschwitz y el conmocionante *insight* al que ha arribado: "En una colectánea donde Federico Finchelstein tuvo la deferencia de invitarme a participar, escribí sobre la *Shoah* algunas meditaciones como gentil. Entonces y ahora me he preguntado por mi secreta atracción sobre el tema. Es probable que ya no vuelva a él, pues no quisiera sufrir otra vez los padecimientos que me provocó la escritura de estas páginas. Sin embargo, algo muy importante y verdadero se me ha presentado a la conciencia, pues a menudo ensayo un método histórico estrafalario. Me imagino, yo, mis seres queridos, mis ideas, mis deseos, mis libros, ubicados en el pasado que estudio, en medio de aquellas circunstancias cuyo sentido aspiro a descubrir". A continuación Burucúa menciona a cada uno de sus seres queridos y especula

---

[21] Burucúa, J. E., "Una explicación provisoria de la imposibilidad de representación...", *op. cit.*, pág.194.

sobre cuál hubiera sido su destino en Auschwitz. Luego agrega: "Y ¿qué hay de mí? ¿Acaso hubiera estado muriendo con ellos? ¿U oculto, hubiera rumiado mi culpa y pasado mis horas de espera escribiendo mi justificación? Al menos, creo que no hubiera aceptado contarme entre los verdugos directos. Pero si algo he aprendido de esta experiencia histórico-estética alrededor de la *Shoah* , es que dentro de mí también hay un mal que no tiene fondo".

Sin embargo, si queremos acceder a la comprensión de qué es lo que lleva a un individuo, quizás común y corriente en su apariencia, a transformarse en alguien capaz de llevar a la práctica las acciones más atroces, nos encontramos con muchas dificultades. Se trataría, como dice Jean Paul Sartre[22] de "tensar la condición humana todo lo necesario y no aferrarse a diferencias específicas". ¿Pero es esto posible?

Relacionado con esto, Theodor Adorno dice lo siguiente:[23] "Con miras a impedir la repetición de Auschwitz me parece esencial poner en claro, en primer lugar, cómo aparece el carácter manipulador, a fin de procurar luego, en la medida de lo posible, estorbar su surgimiento mediante la modificación de las condiciones. Quisiera hacer una propuesta concreta: que se estudie a los culpables de Auschwitz con todos los métodos de que dispone la ciencia, en especial con el psicoanálisis prolongado durante años, para descubrir, si es posible, como surgen tales hombres". Pasaron cuarenta años desde la propuesta de Adorno. No podemos eludir la pregunta. ¿El psicoanálisis ha contribuido a resolver estos interrogantes?

---

22 Cacopardo, M. (Director) (1967): "What do Jean Paul Sartre and Simone de Beauvoir have to say today". Entrevista cinematográfica. M. Gobeil y C. Lanzmann (periodistas). Radio-Canadá Televisión.

23 Adorno, Th., "La educación después de Auschwitz", *op. cit.*, págs. 89-90.

Una novela reciente de Jonathan Littell[24] nos introduce al mundo de un oficial nazi, culto y refinado, con formación profesional (abogado), que está comprometido en las acciones criminosas más aberrantes y atroces, sin ningún signo de remordimiento, justificando su proceder en forma permanente como si fuera algo natural entre seres humanos. Es impactante cómo pasa de describir su interés por la visita a un museo en una ciudad ocupada o su sensibilidad ante un poema, a detallar minuciosamente su intervención directa en matanzas inconcebibles por su crueldad. Escrita como si el protagonista diera su testimonio en primera persona, utiliza un lenguaje distante y desafectivizado como si su crónica fuera un parte de batalla o un legajo judicial. Esta novela ha tenido mucha difusión en Europa, y ha recibido críticas tanto favorables como negativas. Cabe preguntarse si el contenido de una novela puede validarse como fuente bibliográfica a efectos de un trabajo que pretende contribuir a la develación de aquello de lo humano que ha hecho posible que Auschwitz haya ocurrido. Me inclino por la afirmativa, porque el texto da cuenta de que el autor se ha informado mucho y profundamente sobre la materia, y crea un clima de plausibilidad sin concesiones que creo nos aproxima a lo que pudo ser aquel en el que se desenvolvían los victimarios. Se desprende del texto la increíble deshumanización con que dirigían sus acciones criminosas, a veces incluso el cinismo, la arbitrariedad, el capricho y hasta la torpeza con que llevaban a cabo sus acciones. En un determinado fragmento de la novela, el protagonista hace una caracterización de diferentes modalidades psicológicas que se ponen en juego en los victimarios. En esta sistematización los di-

[24] Littell, J., *Las benévolas*, Buenos Aires, Editorial del Nuevo Extremo, 2007.

vide en tres grupos:[25] 1) los que "aunque intentasen disimularlo, mataban con voluptuosidad, ya he hablado de ellos, eran criminales que habían salido a flote merced a la guerra"; 2) "los asqueados, que mataban por deber, sobreponiéndose a la repugnancia por amor al orden"; 3) "estaban quienes consideraban a los judíos como animales, y los mataban igual que un carnicero mata a una vaca, una tarea grata o ardua según el humor o la disposición". Como único comentario sobre esta cita, vale destacar que al considerar que en 1) se trata de un criminal, deja excluido que a los casos 2) y 3) se les pueda asignar esa condición.

Lo que se desprende también de la lectura de esta novela es algo que en realidad ya sabemos por circunstancias vividas o sabidas, pero que aquí toman la fuerza de la demostración. El victimario de acciones aberrantes sobre grupos de personas indefensas no podría tener entidad si no tuviera una profunda identificación con un sistema corporativo, político, militar o estatal con suficiente poder para avalar, estimular y aun premiar esas acciones. No hace falta agregar también que ese sistema impone reglas de fidelidad que si se quiebran son castigadas con la misma crueldad con que lo son las víctimas.

Se entiende así que la idea de que un psicoanálisis tradicional, individual, como propone Adorno, aunque fuera como una medida que contribuyera a resolver o averiguar algo más sobre el tema, es poco lo que podría agregar. Porque se trata de saber cómo se constituyen no sólo personas sino agrupaciones, a veces complejas, pero sin fisuras en cuanto se trata de obtener absoluta impunidad para el ejercicio de una forma de poder de exterminación sin contemplaciones en lo que hace a las

---

[25] *ibid.*, pág. 114.

consideraciones que suponemos pertenecen a lo humano del individuo. Ese poder se ejerce sobre otros grupos, más frágiles e indefensos, ante la dimensión ideológica, política, tecnológica y por sobre todo inmoral de aquel en que están instituidos los victimarios.

Retornamos, entonces, desde una argumentación más fundamentada, a plantear la extrema desigualdad de poder entre víctima y victimario, inherente a Auschwitz, extensiva a tantas formas de exterminio colectivo que han caracterizado la historia de la humanidad.

Debemos entonces quizá revisar algunas formulaciones del psicoanálisis, al menos intentar una relectura de ellas, para averiguar desde qué lugar teórico pueden validarse para sumar su saber al esclarecimiento del porqué de Auschwitz. Es un tema de tanta relevancia para el conocimiento de la conducta humana que creo que si el psicoanálisis no se asume en la búsqueda de una forma de contribuir a develarlo, se está declarando del lado de la justificación que alienta aún más que la barbarie se sostenga o se reitere.

El psicoanálisis después de Auschwitz

Freud padeció en carne propia los efectos de la Primera Guerra Mundial. Sus hijos varones fueron convocados a combatir en el frente de batalla, con riesgo para sus vidas. Analistas de su círculo de discípulos fueron reclutados para cumplir diferentes funciones en el ejército. Sus ingresos por su trabajo en el consultorio disminuyeron drásticamente. Tenemos de esta época numeroso intercambio epistolar que da cuenta de la preocupación y el temor que se vivió durante ese período.

Muchos biógrafos y estudiosos de la evolución de las ideas de Freud atribuyen a lo experimentado durante los años de guerra importante influencia sobre los desarrollos teóricos que se irían dando a conocer a partir de su finalización.

El tema de la destructividad es introducido no solamente a partir de la necesidad teórica de resolver el tema del sadomasoquismo que se presenta en la clínica, sino también relacionado con el reclamo conceptual de acceder a una respuesta que dé cuenta de la condición, ya no excepcional, de aquello que en el humano supera el principio de placer y lo sume en acciones colectivas de destructividad extrema. No es solamente responder al enigma del sadomasoquismo que se atiende en un consultorio, sino de dar un lugar en la teoría psicoanalítica a los efectos de disgregación que se pueden producir en amplias franjas de la población, y para colmo, como exquisita y trágica paradoja, en países y sectores que suelen considerarse como los más evolucionados en términos de civilización y cultura.

En 1920 Freud publica "Más allá del principio de placer", en el que introduce el concepto de pulsión de muerte. Escrito casi simultáneamente con "Lo ominoso"(1919), parece inaugurarse un nuevo período en su obra, en el que no puede dejar de ocuparse de aquellos componentes agresivos que se generan en la sociedad humana, a la vez encubiertos y provocados por el fenómeno cultural, de efectos deletéreos sobre el individuo.

"La horrorosa guerra que acaba de terminar"[26] está relacionada, sin ninguna ampliación informativa, con la neurosis traumática, de la que derivará la compulsión a la repetición y la enigmática y controversial pulsión de muerte.

---

[26] Freud, S., "Más allá del principio de placer", *Obras Completas*, Buenos Aires, Amorrortu, 1976, t. XVIII, pág. 12.

Pero lo que quiero subrayar, es que a partir de este texto inicial (quizás iniciático) de este período creativo, Freud inicia dos modalidades de abordaje de la destructividad, siguiendo caminos divergentes a la vez que simultáneos.

Por una parte los escritos que llevarán hacia una segunda formulación de la metapsicología, en la que se complejiza la relación recíproca entre las instancias psíquicas (Yo, Superyó, Ello) en su relación con lo consciente, lo preconciente y lo inconciente.

Por otra, se inaugura una serie de trabajos que trascienden la clínica en su sentido más convencional, refiriendo a las relaciones entre individuos. Se trata de los escritos que suelen designarse como "sociales". Estos textos, que transitan un carril distinto de aquellos a los que se considera tienen una relación más inmediata con la clínica, suelen figurar más apartados en la formación de los analistas. A veces son criticados con cierta indulgencia, con el argumento de que avanzan sobre el terreno de otras disciplinas (la sociología, por ejemplo) sin el rigor que ésta reclamaría. En ellos, Freud se ocupa de la cultura y de las identificaciones con ideales comunes de grupos humanos (ideologías, liderazgos, instituciones como la religión y el ejército) y su relación con las expresiones de destructividad extrema sobre amplios sectores de la población.

En "Psicología de las masas y análisis del Yo" (1921), escrito casi simultáneamente con "Más allá del principio de placer" (1920), Freud escribe:[27] "En la vida anímica del individuo, el otro cuenta con toda regularidad como modelo, como objeto, como auxiliar y como enemigo, y por eso desde el comienzo mismo, la psicología individual es

[27] Freud, S. [1921], "Psicología de las masas y análisis del Yo", *Obras Completas*, Buenos Aires, Amorrortu, 1976, t. VIII, pág. 67.

simultáneamente, psicología social en este sentido más lato, pero enteramente legítimo".

Con "Más allá del principio de placer"(1920), trabajo que como dijimos inaugura un nuevo tramo en el desarrollo de sus ideas, Freud introduce una reformulación de sus anteriores llamadas "teorías pulsionales" totalmente inédita. No se trata solamente de la nueva denominación de las dos pulsiones en juego, sino que además éstas no operan en la dialéctica dualista de las concepciones anteriores. Hay tal diferenciación en el éxito excluyente de la pulsión de muerte en la consecución del fin, que podemos suponer que se trata ahora de una concepción monista (aunque no esté así explicitada en el texto de Freud). Es que la inclusión de una de las dos pulsiones, la de muerte, prevaleciendo sobre la de vida de forma incoercible, inevitable, en el camino hacia la disgregación última del organismo, da cuenta, por su infalibilidad, de un poder de extrema asimetría con la pulsión de vida, que a través de los intentos de síntesis e integración sólo logra postergar, en esa transitoriedad que llamamos vida, el triunfo ya inscripto de la muerte. No podemos dejar de consignar que este esquema pulsional remeda por su desigualdad extrema la relación ya mencionada entre víctima y victimario.

La pulsión de vida es sólo una distracción, un "rulo", que sólo contribuye a postergar a través de todas sus variaciones el ineludible avance del organismo hacia su propia disolución.

Esta compleja relación entre pulsiones deriva de todos modos, aunque fuera a través de las variaciones que hacen a la singularidad del sujeto, hacia el mismo fin. Basado en fenómenos incluso observables en la clínica, como la autodestructividad, lo traumático y la compulsión a la repetición, este texto se apoya a la vez en especulaciones filosóficas y en ejemplos tomados de la biología. De todos modos, deja muchos interrogantes explícitamente sin resolver, y sus conclusiones siguen siendo objeto de controversias.

Freud instaura en este texto una concepción de la destructividad inscripta como marca en el organismo, de la que derivará en su desigual relación con la pulsión de vida efectos no solamente sobre el propio individuo, sino también sobre sus semejantes, a través de un mecanismo compulsivo que tiende a externalizar la destructividad sobre el otro, en un intento por librarse de ella.

Como anotamos más arriba, a partir de "Más allá del principio de placer" se abren dos líneas en la evolución de la teoría.

El reclamo lógico de seguir una continuidad con formulaciones anteriores, luego de introducida esta nueva concepción de la pulsión, lleva a la necesidad de reordenar de acuerdo con ella el esquema metapsicológico que atañe a la estructura del sujeto. El nuevo lugar que ocupa la destructividad, supuesta en una pulsión con efectos "más allá" y en definitiva siempre triunfante en la consecución de su fin, ubica al Yo en una relación más compleja en su relación con las otras instancias, con lo consciente e inconsciente, y con el mundo exterior.

Ya no se trata de un Yo que como un jinete media en el intento de armonizar el Ello y el Superyó. Ahora se trata de un Yo en un lugar más complicado, a veces frágil (poco más adelante Freud escribirá sobre mecanismos de escisión del Yo), con una zona sumergida en lo inconciente, y con relaciones recíprocas de notable sutileza con los otros estamentos estructurales.

Esta nueva presentación de la metapsicología está contenida en el texto de 1923, "El yo y el ello".[28] Pero llama la atención que lo que en varias ocasiones Freud deno-

---

[28] Freud, S. [1923], "El yo y el ello", *Obras completas*, Buenos Aires, Amorrortu, 1975, t. XIX, pág. 23.

mina "mundo exterior", "realidad exterior" o simplemente "realidad" no esté incluido aunque fuera en términos especulativos en la elaboración teórica. Ni siquiera en el conocido diagrama que ilustra este trabajo[29] está mencionado en el lugar que correspondería, por fuera del contorno, como objeto de la "percepción consciente". Vale agregar que una década más tarde, en sus "Nuevas conferencias de introducción al psicoanálisis",[30] vuelve a presentar el diagrama con algunas modificaciones, pero tampoco figura la "realidad exterior".

No es el caso de los trabajos que inician la línea de los que se han dado en llamar "escritos sociales". Si bien algunos de ellos son previos, por ejemplo "Tótem y tabú"(1912-1913), es a partir de 1920 cuando la indagación freudiana parece abrirse del plano exclusivo de la clínica para abordar el panorama de los efectos sobre la constitución y los actos del sujeto provenientes de la vida colectiva.

Aunque estas dos direcciones que siguen los textos tienen muchos puntos de convergencia, es notorio que los "escritos sociales" cobraron una dimensión conceptual de menor interés para los psicoanalistas, quizás inclinados a protegerse de interrogantes que superen los muros del consultorio. Me refiero a los que surgen de los fenómenos sociales relacionados con el poder, que son fuente de actos destructivos que pueden afectar la vida de las personas (incluidos los mismos psicoanalistas), que son de tal riesgo físico y psicológico que pueden derivar en mecanismos extremos de defensa sustentados en su inadmisibilidad y desconocimiento.

---

[29] *ibid.*, pág. 26.

[30] Freud, S. [1933], "Nuevas conferencias de introducción al psicoanálisis", 31ª conferencia, *Obras completas*, Buenos Aires, Amorrortu,1976, vol. XXII, pág. 73.

Si bien no es mi propósito efectuar un listado de los escritos freudianos donde se ocupa de lo que denominó "psicología social", ni tampoco hacer una reseña de los que mencioné, me parece por sobre todo necesario destacar la posición ética de Freud. Cuando escribe "Más allá del principio de placer" está reconociendo que el problema de la destructividad clínica que aqueja al paciente está totalmente superado por la destructividad propia de lo humano, o más precisamente de la humanidad.

La dimensión destructiva de la Guerra Mundial no es comparable con la del paciente en el diván que fracasa cuando triunfa.

Ante el desafío de las nuevas problemáticas que no pueden resolverse en el consultorio, Freud avanza, quizá sacrificando rigor metodológico, pero con el imperativo de encontrar alguna respuesta, aunque fuera en términos especulativos, a las catástrofes de la humanidad.

En "Psicología de las masas y análisis del Yo" (1921),[31] Freud dice: "Una masa primaria de esta índole es una multitud de individuos que han puesto un objeto, uno y el mismo, en el lugar de su ideal del yo, a consecuencia de lo cual se han identificado entre sí en su yo. Esta condición admite una representación gráfica [...]". A continuación presenta un esquema en el que se observa un Yo, ya no mediando sino implicado en líneas que se dirigen en forma unidireccional desde el "objeto" hacia el "ideal del Yo". Algunas de estas líneas lo atraviesan, otras lo eluden. Pero lo llamativo es que el "objeto" aparece directamente condicionado al "objeto exterior".

Paradojalmente, entonces, poco antes de escribir "El yo y el ello" (1923), en el que mencionábamos que el "mundo exterior" no tiene una locación, en la

---

[31] Freud, S., "Psicología de las masas y análisis del Yo", *op. cit.*, págs. 109-110.

representación de esta otra formulación encontramos un planteo diferente. No solamente figura "lo exterior" sino que además los vectores -¿económicos?, ¿pulsionales?- no parten de la interioridad del organismo sino del "objeto", a su vez articulado al "objeto exterior".

¿Estaba ensayando Freud una metapsicología inédita? Podría aducirse que el problema de "lo exterior" es muy vasto -aun desde la filosofía lo es- y seguramente será uno de los grandes temas de polémica. Pero recordemos que también el de "pulsión" admite este tipo de consideraciones. En "Pulsiones y destinos de la pulsión" (1915), Freud comienza haciendo un planteo epistemológico en el que señala que ha pedido prestado el concepto de pulsión de la biología, porque lo necesita como principio sobre el cual va a estructurar su metapsicología. Luego agregará: "Las pulsiones son nuestra mitología". Parafraseando, podríamos decir: quizás el "mundo exterior" pueda ser una mitología. Pero sabemos a qué alude, y posiblemente pueda ser pertinente para construir sobre ella una metapsicología psicoanalítica.

Siguiendo esta línea, es importante consignar cómo en su desarrollo el papel que Freud atribuyó a la cultura en la comprensión de los fenómenos de destructividad fue visionario. Cuando escribió "El malestar en la cultura" (1930), aún no eran imaginables actos de destructividad extrema, como Auschwitz o Hiroshima, ejecutados precisamente por las naciones consideradas en el rango más alto en términos culturales. Tampoco entonces tenía la difusión que tiene ahora algo que Freud alcanzó a entrever: esa ominosa impresión de que la humanidad puede estar encaminada hacia su autodestrucción. Al respecto, dice Theodor Adorno:[32] "Ya he mencionado la tesis de

---

[32] Adorno, Th (1966): "La educación después de Auschwitz". En *Consignas*. Amorrortu editora. 1993. Buenos Aires. Pág.82.

Freud sobre el malestar en la cultura. Pues bien, sus alcances son todavía mayores que los que Freud supuso; ante todo, porque entretanto la presión civilizatoria que él había observado se multiplicó hasta hacerse intolerable. Con ella, las tendencias hacia la explosión sobre las que llamó la atención han adquirido una violencia que él apenas pudo prever. Pero el malestar en la cultura tiene un aspecto social -que Freud no ignoró, aunque no le haya dedicado una investigación concreta-. Puede hablarse de una claustrofobia de la humanidad dentro del mundo regulado, de un sentimiento de encierro dentro de una trabazón completamente socializada, constituida por una tupida red. Cuanto más espesa es la red, tanto más se ansía salir de ella, mientras que precisamente su espesor impide cualquier evasión. Esto refuerza la furia contra la civilización, furia que, violenta e irracional, se levanta contra ella".

En el último párrafo de "El malestar en la cultura", Freud alude a la nueva concepción en que la pulsión de muerte proviene tanto de la interioridad del individuo como de su externalización en los lazos sociales de los que depende y en los que está inmerso. En el último párrafo, escribe:[33] "Y ahora cabe esperar que el otro de los 'poderes celestiales,' el Eros eterno, haga un esfuerzo para afianzarse en la lucha contra su enemigo igualmente inmortal. ¿Pero quién puede prever su desenlace?". En una nota al pie, el editor informa que la última oración fue añadida en 1931, cuando ya comenzaba a ser notoria la amenaza que representaba Hitler.

Freud murió en el exilio en 1939, cuando había comenzado la Segunda Guerra Mundial. Sus cuatro hermanas, de más de 80 años, murieron en campos de

[33] Freud, S. [1930], "El malestar en la cultura", *Obras completas*, Buenos Aires, Amorrortu, 1993, t. XXI, pág. 140.

concentración. Freud no lo llegó a saber, pero seguramente formaba parte de un doloroso presagio.

Puede parecer anacrónico que en un apartado titulado "El psicoanálisis después de Auschwitz" me refiera a títulos freudianos, obviamente anteriores a los campos de concentración del nazismo.

Es posible que el intento de Freud de abrir la mirada del psicoanálisis (¡y de los psicoanalistas!) hacia el mundo exterior no haya tenido ni el rigor ni el éxito de sus descubrimientos surgidos de la clínica. Pero también es cierto que la comunidad psicoanalítica se desentendió de interpretar que el creador del psicoanálisis comprendió que hay fenómenos humanos referidos a la pulsión destructiva que no pueden permanecer indiferentes al psicoanálisis, aunque desborden el alcance del testimonio individual del paciente en el consultorio.

Freud habilitó el psicoanálisis para avanzar en su indagación, si es necesario, sobre lo social. Puede o no hacerlo asociado a otras disciplinas. Es en esta esfera donde quizás encontremos las respuestas, nunca conclusivas, sobre estos terribles fenómenos de aniquilación ejercida por humanos sobre otros en un estado de total indefensión. A este campo corresponden las aberraciones a las que hacemos referencia ocurridas en el transcurso de la Segunda Guerra Mundial.

Enfatizar el tema de la psicopatología individual es pertinente, pero no suficiente para dar cuenta de la complejidad de los fenómenos en juego.

Ampliar el campo del psicoanálisis por fuera de la clínica tradicional es posiblemente asumir una posición más incómoda, porque se pierden muchos resguardos. Lo cierto es que muy pocos psicoanalistas han retomado la línea de la indagación de los fenómenos colectivos.

Hay una carta, que envía Freud en respuesta a otra de Einstein sobre el tema de la guerra ("El porqué de la guerra" (1932) (incluye la carta de Einstein). En ella leemos un lúcido análisis de Freud en donde relaciona el poder con la violencia y lo jurídico. Creo que sólo excepcionalmente este texto es tenido en cuenta en la formación de los analistas. Siquiera con una intención informativa.

Debemos decir, entonces, que quizás el psicoanálisis no cambió mucho después (y a pesar) de Auschwitz. Pero también que reconocerlo puede ser el inicio de una reflexión que permita retomar algunas líneas existentes (como las mencionadas de Freud) o iniciar otras que desde nuevas perspectivas contribuyan a no dejar apartado de su esfera el intento, aunque fuera fallido, pero éticamente ineludible, de explicar lo inexplicable de la destructividad de los humanos.

Algunas palabras para no concluir

Hemos aludido a la disparidad trágica que puede producirse entre grupos humanos.

Por un lado los que producen, incluyen, sostienen y avalan al victimario, respaldados (subjetivamente inmersos) en certezas que los justifican. Muchas de ellas enfatizadas en imágenes que sustentan una suerte de exceso simbólico alrededor del cual el conjunto de individuos se coagula como masa. Íconos, emblemas, consignas que no admiten interrogación. La figura del Führer, sus gestos, la cruz gamada, el concepto monolítico de patria, la ideología política o el sentimiento antisemita son imperativos que otorgan cohesión, en detrimento de la libertad de pensamiento, opinión o acción singular. Estos símbolos magnificados, en realidad pobres en contenido y poderosos en sus efectos, congelan metapsicológicamente a quienes a ellos adhieren. Hay que agregar que esa adhesión es de prevalencia libidinal, lleva a una suerte de adoración pasional que todo fundamenta y justifica acríticamente.

El tejido colectivo ahoga al sujeto en la masa reunida alrededor de esta simbología. Su fijeza, su función de demarcar la limitación a la libertad de pensamiento, requiere de una liturgia de adhesión, que ofrece a cambio una promesa incondicional de inmunidad ante sentimientos de incompletud y angustia. No son símbolos sujetos al ir y venir de las representaciones del proceso elaborativo, sino imágenes fijas, rituales, que otorgan a quien a ellas (y a sus características) adhiere un temple megalómano que lo supone más allá de la falibilidad a la que está expuesta la condición humana. Son en realidad símbolos vacíos que se representan a sí mismos.

Del otro lado, los grupos de aquellos cuya exclusión forma parte del procedimiento que otorga a los que los discriminaron la ilusión de impunidad. Son destituidos de su condición de sujeto como una más de las liturgias que reaseguran la elación megalomaníaca del victimario. Las víctimas asisten azoradas al despliegue mortífero que sobre ellas se descarga, sin que exista el menor resquicio que otorgue posibilidad a algún tipo de apelación

Los victimarios son avalados por la impunidad que les concede su adhesión a las certezas que los reúne masivamente. Sus símbolos son absolutos, monolíticos, aun cuando no se avalan más que a sí mismos. En algún sentido su exceso desnaturaliza su condición simbólica. En tanto esta aparatología supuesta simbólica respalda al victimario, la víctima, avasallada, desconocida en tanto humano, librada a sí misma, se encuentra en una desesperada búsqueda de alguna forma, aunque fuera precaria, incipiente, de reconocimiento y representación.

En el marco de certeza en que se avala la masa que detenta el poder, no hay nada dilemático en dar curso al desprendimiento de la destructividad, de externalizar la pulsión (de muerte) si es en nombre de fortalecer el sistema, si es parte de la liturgia consagrada a sostener la inmunidad (y la impunidad) del poder.

Así como la adhesión pasional al Führer fue condición de pertenencia al nazismo, la condición de considerar enemigos a los judíos fue también un reclamo identificatorio del sistema. El poder derivado del imperativo antisemita, sustentado tanto en arbitrios como en racionalizaciones aun de muchas de las más destacadas figuras intelectuales, no tuvo impedimentos para desencadenar uno de los más crueles genocidios que se conocen.

La profunda perturbación en la simbolización colectiva que suele caracterizar los fenómenos de masa, favorecen entonces el desborde pulsional. Si tomamos en cuenta que en el texto "Más allá del principio de placer" (1920), Freud atribuye a la pulsión de vida un papel de mera dilación del inexorable cumplimiento del fin de la pulsión de muerte, podemos suponer que cuando los individuos participan como masa en acciones comunes de carácter criminoso, es porque hay una fracaso de la función de simbolización en tanto representante de la pulsión de vida y sus derivaciones en el intento permanente de modular y prorrogar la destructividad. La masa victimaria se abroquela libidinalmente en torno a (entonces supuestos) símbolos que no están al servicio de la postergación de la muerte, sino que en realidad la avalan y la exigen. No son verdaderos procesos de simbolización al servicio del Yo, sino íconos, o "seudo-símbolos" que en forma imperativa, hasta amenazante, se arraigan en una caracterización superyoica que insta a la destrucción.

Podría alegarse que se trata de destructividad dirigida al otro, de tal modo que la masa actuaría defensivamente, preservando su propia existencia en la presunta depositación de la muerte en otro grupo, recortado de sí.

La historia se ha ocupado de demostrar que la destrucción del semejante es una forma de autodestrucción.

El nazismo se sustentó en supuestas verdades que justificaron sus actos atroces. Discurso e imágenes propiciaron un clima imaginario de ilusión acerca de la propia omnipotencia. Pero el fracaso de este sistema no fue solamente perder una guerra y contar también por millones las bajas que sufrieron. El no reconocimiento del otro, el sustento en símbolos vacíos, el arrogarse el poder de quitar al otro su validación en tanto humano, es también una forma de muerte, aunque fuera en términos de psiquismo. El que no se reconoce en el otro, en algún sentido también desfallece en tanto sujeto. Porque hay algo de sí que también queda por fuera de su propio reconocimiento.

Los judíos no fueron víctimas de la guerra, sino de un recurso monstruoso para aplicar sobre ellos toda manifestación de lo mortífero, con la supuesta ilusión de que así los victimarios podían sostener la infalibilidad del sistema.

Cuando nos referimos a Auschwitz, ubicamos en esta palabra la exacerbación ilimitada a la que puede llevar la destructividad humana. No se trata solamente de la usurpación de la condición de sujeto de la víctima, como también de su vida biológica, sus símbolos, sus bienes morales y materiales. Estamos además ante la más inverosímil y aberrante muestra de industrialización de la muerte, de afianzamiento progresivo de una tecnología dirigida a lograr la mayor eficiencia en la consecución de los objetivos criminosos. Como si la muerte hubiera sido equiparada a una mercancía necesaria para un supuesto bienestar de los que de ella se alimentan.

En esta confrontación asimétrica, los victimarios carecen de un aparato simbólico al servicio de la preservación de los efectos de la inmediatez pulsional, y las víctimas han sido invalidadas en tanto humanos, con lo que quedan expuestos a ese sufrimiento desconcertante, impensable, irrepresentable, imposible de testimonio, que han padecido.

Auschwitz está "más allá" de lo representable, y por lo tanto no puede ser comparado ni metaforizado. En esa palabra hemos reunido, intentando nombrar, los incontables acontecimientos en los que grupos poblaciones fueron exterminados sin contemplación. También con esa palabra quisimos abarcar la tragedia que puede desprenderse del desconocimiento de lo humano por parte de la propia humanidad. No podemos decir mucho más, y sin embargo vamos a tener que seguir diciendo. Así como el protagonista de la novela *Sin destino* contesta a su interlocutor diciendo "el campo es el campo", nosotros parafraseamos diciendo "Auschwitz es Auschwitz". Cuando nos ocupamos de algo que no tiene explicación plausible, que carece de representabilidad, intentamos todo tipo de elaboración, y lo validamos como un segmento de un necesario intento ético de encontrar alguna solución. Pero también nos debemos reconocer apelando a palabras que aluden a fenómenos que nos desbordan, por lo que quedan como palabras necesarias aunque insuficientes.

Por eso no podemos desconocer el reclamo de una reflexión incesante sobre el tema de la destructividad humana, aun sabiendo que no arribaremos a una solución, sino a sostener una advertencia acerca de los riesgos derivados de caer ciegamente en los vericuetos que en nombre de la preservación de la muerte el humano puede desplegar, desconociendo que en donde se supone reasegurado de las consecuencias de la pulsión puede estar siendo objeto de sus efectos.

Hay un abismo insondable al sujeto que aloja la pulsión de muerte. Freud lo devela en su texto "Más allá del principio de placer" en 1920. Se trata de lo pulsional destructivo que desborda la constitución del sujeto. Es "el mal que no tiene fondo" al que alude Burucúa en su texto citado anteriormente.

A partir de que Freud expone como inherente al humano el riesgo a que lo expone su propia destructividad, inicia una línea de investigación en la que intenta demostrar que modalidades de estructuración social, que suponen un intento de resguardo, pueden ocultar y facilitar inadvertidamente su propia destructividad. Los textos freudianos consignados como "sociales" intentan demostrar que es estéril avanzar en el esclarecimiento de los acontecimientos que han llevado a catástrofes humanas si no se tienen en cuenta las líneas emocionales que se juegan en determinadas formas de reunión de los individuos.

Los psicoanalistas en algún sentido han ignorado que el último tramo de la producción freudiana estuvo dirigido al estudio de la contribución paradojal de la sociedad y la cultura a la posibilidad de liberar en forma salvaje la pulsión mortífera sobre grupos de semejantes.

Pienso también que Freud intentó incorporar a sus avances en los estudios psicoanalíticos sobre la destructividad derivada de lo social alguna estructura metapsicológica que aproximara epistemológicamente el psicoanálisis individual con los estudios sobre el humano en su relación con el otro. Porque ambos campos -creo que hacia ello se dirigía Freud- son indisolubles.

El psicoanálisis después de Auschwitz ha quedado en un estado de latencia. Puede decirse que no sólo no registró el acontecimiento, sino que tampoco siguió el curso de la iniciativa que desde mucho antes había tomado Freud, quizás imbuido de los efectos de la Primera Guerra Mundial y de las nubes que presagiaban lo que terminó por ocurrir después de su fallecimiento.

Freud ha demostrado que nada de lo más atroz que atraviesa la condición humana escapa a la esfera del psicoanálisis. Extendió las incumbencias de su disciplina al habilitarla al estudio de los efectos destructivos que pueden derivar de las modalidades que toman las formas de asociación entre sí de los individuos.

Aceptando las dificultades no solamente teóricas y epistemológicas, sino también personales de los psicoanalistas, no hay nada que justifique que no se retome el interés por las líneas que al respecto él ha iniciado.

Psicoanalizar después de Auschwitz[1]

Mariano Horenstein

Todo eso lo comprendí y, sin embargo, no lo comprendí.

W. G. Sebald

Callémonos al menos por una temporada.

George Steiner

Las relaciones que el psicoanálisis ha entablado con la cultura desde el momento mismo de su invención han sido complejas y fructíferas, aunque no por ello menos tensas y ambivalentes. El psicoanálisis como corpus teórico ha sido parte fundamental de la cultura del siglo pasado y ha percolado -más allá del *personaje* psicoanalista, que forma parte a esta altura del paisaje de los grandes centros urbanos de Occidente- de tal modo a ésta con sus intelecciones que aparece hoy ligada a un malestar que gracias a Freud asume como propio. El psicoanálisis se nutre de las referencias, producciones y disciplinas de la cultura, dejándose transformar e interpelar a su vez por el saber construido fuera de sus dominios, y ofrece en intercambio el saber que produce. Ahora bien, si este trabajo se encuadra en la

---

[1] Con el mismo título, aunque con variaciones en el texto, este artículo ha sido publicado en *Docta-Revista de Psicoanálisis*, Asociación Psicoanalítica de Córdoba, Córdoba, Año 6, nº 4, Otoño 2008, pp. 151-176 y en *Nuestra Memoria*, Museo del Holocausto de Bs. As., Bs. As., Año XIV, nº 30, julio de 2008, pp. 233-267.

propuesta psicoanálisis/cultura, lo hace de una manera extraña, impensable sin una de las tesis benjaminianas, aquella que pone en el reverso de todo acto de cultura la barbarie. Efectuaré entonces esa sustitución, y del par resultante psicoanálisis/barbarie, elegiré enfocarme en un destilado de ésta, el *sanctasanctorum* de la barbarie en el corazón de la civilización occidental: Auschwitz. En una doble operación entonces, de reversión y destilado, llegamos al verdadero tema de este trabajo: el par psicoanálisis/Auschwitz.

I) Auschwitz marca un punto de quiebre en la civilización occidental, la misma que dio lugar, apenas medio siglo antes y en el mismo territorio, al psicoanálisis. Enzo Traverso, en un lúcido trabajo que da cuenta del estado de la reflexión intelectual acerca de Auschwiz lo califica como "una ruptura de la humanidad y un desgarro de la historia" (Traverso, 2001 pág. 11).

Aquello a lo que se alude mediante la nomenclatura alemana de la localidad polaca de *Oswiecim*, Auschwitz, representa una inflexión, una ruina en el corazón de la civilización y no apenas un episodio más, por horroroso que pueda haber sido, en una supuesta evolución de la razón y el progreso. No se trata aquí de un "retorno" a la barbarie ni de un traspié ocasional en el domeñamiento al que la civilización confina lo pulsional. Tampoco se trata de competir por un lugar de privilegio en los cómputos de la muerte: ha habido genocidios antes (aun cuando el término no hubiera sido inventado todavía), los ha habido después. Auschwitz no se refiere tan sólo a una *cuestión judía* sino que atañe a la especie humana en su conjunto. Aquello que elegimos nombrar como Auschwitz de manera quizás insuficiente es un *unicum* considerado por muchos (Levi, Mate, Arendt, Wiesel, Lanzmann y un largo etcétera) como epítome de cualquier genocidio,[2] se diferencia de otros a la vez que, quizá, desde el extremo, permite comprenderlos también. La especie esclarece al género en Auschwitz, que adquiere entonces el valor de un laboratorio de experimentación acerca del sujeto humano. Un laboratorio extremo, por supuesto, pero en psicoanálisis estamos familiarizados con la investigación de los márgenes que iluminan el centro, con el trabajo con los restos: es la psicopatología la que ilumina la "normalidad". Lo que sucedió en Auschwitz ofrece así al pensamiento una tarea interminable que no ha cesado aún.

Según cuenta Imre Kertész, algún día, no demasiado lejano, se tomará conciencia de que Auschwitz es el acontecimiento traumático de la civilización occidental, el inicio de una nueva era (Kertész, 2002, pág. 26). Curiosamente o no -coinciden aquí las mentes más lúcidas del lado de las víctimas y las más críticas voces del lado de los victimarios- Günther Grass llega a la misma conclusión: es un punto de ruptura, y resulta lógico fechar la historia de la humanidad y nuestro concepto de la

---

[2] Reyes Mate diferencia tres planos de singularidad: *moral*, histórico y epistémico. Desde el primero de ellos, aun habiéndose expresado en Auschwitz el mal a una escala inimaginable, no hay graduación del sufrimiento de las víctimas, y por ende las de la Shoah *no* "gozan" de mayor jerarquía; toda víctima -más allá del genocidio que se trate- pide justicia. Hay consenso en cuanto a la singularidad *histórica* de Auschwitz pues se trata allí de una matanza que no es medio de alguna razón política o económica, sino fin en sí misma; además de ser la primera vez que un Estado decide eliminar a la totalidad de un grupo humano con todo medio técnico disponible, todo un pueblo detrás, una técnica acorde y una filosofía que lo justificaba; alcanza además una desmesura no igualable históricamente, y además la pretensión, señalada por Vidal-Naquet, de negar el crimen en el seno del crimen mismo. Desde el punto de vista *epistémico*, se trata con respecto a Auschwitz de un acontecimiento del que conocemos casi todo, y sin embargo no podemos comprender, es el acontecimiento impensado que da que pensar (Mate, 2003, pág. 61 y sigs.).

existencia humana con acontecimientos ocurridos antes y después de Auschwitz (Grass, 1999, pág.13).

Auschwitz no fue una explosión de masas enardecidas, un pogrom más o menos generalizado, sino una gigantesca operación de destrucción que surgió de una de las naciones más cultas del Planeta y en el que se aplicó la tecnología industrial de su tiempo. No fue obra de algunos cuantos psicópatas sino que, por acción u omisión, millones de personas colaboraron para que ello sucediera. Auschwitz fue un producto de la modernidad, no un resabio inquisitorial, y aun cuando su enclave geográfico se hallara en Polonia, fue en ciudades como Berlín, donde se había fundado apenas algunos años antes el primer instituto de psicoanálisis, o Viena, metrópolis por la que el joven Hitler vagabundeaba mientras Freud construía sus teorías, donde se incubó la "Solución Final". El mismo contexto cultural que vio surgir el psicoanálisis gestó el nazismo. Pero la empresa de aparear el psicoanálisis con el topónimo Auschwitz no está sólo justificada por la contemporaneidad de ambos. Se trata de permitir que la ciencia del sujeto se vea interpelada por aquel lugar donde determinada concepción del sujeto, o al menos de la civilización que lo ha posibilitado, se hace trizas, se desvanece con el humo que expelen sus chimeneas.

En psicoanálisis la palabra, lo simbólico, goza por lo general, más allá de variantes teóricas nada desdeñables, de cierta virtud pacificadora: desde Anna O. y la brillante manera de definir lo que hacemos como *talking cure*, los psicoanalistas nos las vemos con palabras, y contamos con palabras -la interpretación- para lo que no está aún o no está ya -o incluso para contornear lo que nunca estará- puesto en palabras. ¿Qué sucede cuando no hay palabras o cuando éstas no dicen ya nada, cuando algo del lenguaje se ha pervertido radicalmente? Los psicoanalistas, llegados a un punto imposible de obviar en el trabajo clínico y luego de ingentes esfuerzos por trabajar con lo que sí tiene nombre, por descamar capas superpuestas de sentido, nos las vemos indefectiblemente con lo *innombrable.*

Ahora bien, la vacilación con la que aludimos a esa cultura que menciona Kertész (2002, pág. 69 y sigs.), engendrada durante el nazismo y sus consecuencias, sus regímenes pares o herederos, o aun sus precursores, no hace más que poner en evidencia, en su multiplicidad, ese punto de indecibilidad: *Shoah,*[3] "Holocausto", Auschwitz, *Exterminio de los judíos europeos...,* son nombres que no existían al momento del hecho. Sólo un eufemismo: *Endlösung* ("Solución Final"), suponía las consecuencias que conocemos. Sólo la palabra del verdugo existía para nombrar lo innombrable. Las otras, intentos todos de explicación más o menos fallidos, vinieron después. Si se hubiera tratado tan sólo de la multiplicación exacerbada de pogromos, como el sucedido setenta años atrás y que, conocido como *Kristallnacht,* preludiara los acon-

---

[3] La manera más extendida de nombrar el genocidio con la palabra "*Holocausto*" ha sido cuestionada con razón por Giorgio Agamben, e incluso por quien la introdujera, Elie Wiesel. Su significado religioso de "sacrificio" exculpa a los victimarios y carga lo sucedido de un sentido tal que nos resulta inutilizable, y por eso cuando lo hacemos es entre comillas. *Shoah,* palabra hebrea que significa "catástrofe", "tempestad", y difundida mayormente a partir de la película homónima de Claude Lanzmann encierra alguna opacidad mayor, lo que consideramos una ventaja, pero queda también presa del circuito religioso (en la Biblia implica a menudo un castigo divino) y judío (si bien los judíos fueron las víctimas por definición, no fueron las únicas). Otro tanto sucedería con *Khurbn,* el equivalente en *yiddish* de *Shoah.* En contrapartida, de utilizar el eufemismo "*Endlösung*" estaríamos asumiendo la lengua del verdugo, con las características que luego puntuaremos. "*Destrucción de los judíos europeos*", título del libro capital de Hilberg, es además de extenso y descriptivo, limitativo. Haidu ha propuesto hablar de "Suceso", a secas y con mayúsculas. Aquí preferiremos, aún permitiéndonos acudir a los otros términos, el más acotado, reconocible y a la vez enigmático "Auschwitz".

tecimientos por venir, podrían haberse puesto en marcha ciertas defensas que sólo lo que es posible nombrar permite esgrimir. Todos sabían lo que era un pogrom y todos conocían también, pudieran hacerlo o no, la manera de escapar de él.

"Esa cosa indecible que uno duda en llamar por su nombre, se dice Auschwitz" (V. Jankelevitch, cit. en Reyes Mate, 2003, pág. 55). Cuando nombramos Auschwitz, entonces, nos referimos a la metonimia de lo indecible, que adquirirá a su vez el triste privilegio de ser la metáfora absoluta del horror.

II) Además de intentar dar cuenta de Auschwitz, las disciplinas humanas se han visto sacudidas -aunque más no sea desde sus márgenes- por tal acontecimiento. Muchas de ellas se han permitido severos cuestionamientos acerca de la lógica que las constituye, la fortaleza de sus fundamentos y la viabilidad de sus prácticas.

1) El hermoso libro de Esther Cohen, *Los narradores de Auschwitz*, brinda un panorama general sobre los testimonios que la Literatura ha podido construir acerca de Auschwitz. Aparecen allí precursores,[4] *alertadores de incendio* al decir de Benjamin, como Kafka o Joseph Roth, o aquellos que registraron paso a paso la manera en que el nazismo pervirtió el lenguaje, como Victor Klemperer o las víctimas directas que lograron hacer verdadera literatura a partir de sus testimonios incoercibles, como Primo Levi o Kertész entre otros. En muchos sobrevivientes se encuentra el sentimiento de un deber animado por la pulsión de contar, de impedir que el sueño nazi de un crimen sin huellas o un acontecimiento sin testigos se cumpla. Desde la obra de un Nobel hasta los manuscritos enterra-

---

[4] En el sentido borgeano de "Kafka y sus precursores", o en el muy freudiano *nachträglich*, es decir, cuando lo posterior funda o resignifica lo ya acaecido.

dos por los *Sonderkommandos* de Auschwitz o los escritos arrojados sobre las paredes del gueto de Varsovia o los poemas descubiertos en el abrigo que amortajaba el cuerpo desenterrado de Miklós Radnóti o la poesía -en la que se le iba la vida- de Paul Celan, introducen en la ingente literatura ficcional sobre la *Shoah* el aire frío de la verdad en carne propia. Auschwitz lleva a escribir, a intentar entender aquello que se sabe no será entendido, pero aún así... Los sobrevivientes en sus testimonios escritos experimentan al límite -quizás otro tanto suceda con los poetas- la obstinación, condenada a un inevitable fracaso, en querer nombrar lo innombrable (Arzoumanian, pág. 13).

La literatura se ha hecho eco de lo sucedido en Auschwitz y hoy es difícil no encontrar en la vidriera de novedades de cualquier librería algún libro en torno al "Holocausto" o al nazismo o a la Segunda Guerra. Pero a la vez, y más allá de las temáticas que Auschwitz le haya acercado, *la literatura misma* como forma artística se ha visto cuestionada. La conocida sentencia de Adorno -"Escribir un poema después de Auschwitz es un acto de barbarie" (Adorno, cit. en Traverso, 2001, pág. 133)- interroga el sentido de la literatura toda, del acto mismo de la escritura. Este cuestionamiento radical es necesario aunque quizá valga más como pregunta abierta, como llaga que no debe ser suturada, que como proscripción general, y así ha sido entendida por escritores tan disímiles como Günther Grass, quien habla de que el mandamiento de Adorno sólo puede refutarse escribiendo (pág. 24), -pero se trata de escribir con la vergüenza como fondo, asumiendo el peso de las palabras dañadas-, o Primo Levi, quien cuenta que -y en esto coincidirá Kertész (2002, pág. 66)-, después de Auschwitz no se puede escribir poesía que no trate de Auschwitz (Mesnard, 2005, pág. 45). En el mismo sentido Edmond Jabès conmina: "Después de Auschwitz nosotros *debemos* escribir poesía [...] pero con palabras heridas" (cit. en Gubar, 2007, pág. 63). El mismo Adorno se retractó de su anatema al encontrar lo que Celan pudo hacer con la experiencia de Auschwitz antes que lo terminara de devorar el río. Desde las entrañas mismas de una literatura en carne viva, ésta se deja conmover por la *Shoah,* admite los cuestionamientos a su valor o existencia que representa la evidencia de verdugos "que también escriben poemas" (Celan).

2) La **Filosofía** se ha visto sin duda conmovida por Auschwitz. Agamben sostiene que la ética ha fracasado ante Auschwitz, que "casi ninguno de los principios éticos que nuestro tiempo ha creído poder reconocer como válidos ha soportado la prueba decisiva, la de una *Ethica more Auschwitz demonstrata*" (Agamben, 2005). Auschwitz descompleta como una interpretación lacerante cualquier disciplina con la que se enfrente. Interpreta desde su silencio, desde el testimonio de sus víctimas, desnuda la impotencia del pensamiento y pone a prueba a aquellos que se permiten escuchar ese *clamor mudo.*

Reyes Mate, en sus lúcidos análisis de la filosofía después de Auschwitz, dice que "la razón no puede ya pensarse en abstracto y, en la medida en que se piensa concreta y contextualmente, se topa con Auschwitz" (2003b, pág. 162). Muestra las huellas de la *Shoah* en la filosofía actual: ni el existencialismo sartreano, ni la crítica radical a la filosofía de Arendt, ni el desconstruccionismo de Derrida o el posmodernismo de Lyotard habrían existido sin Auschwitz. Cada vez más, dice, se lee a clásicos como Kant, Nietzsche, Hegel o Heidegger con el telón de fondo del nazismo (*idem.,* pág. 161-162). La filosofía se ha dejado interpelar por Auschwitz hasta el punto de rastrear entre sus corrientes aquellas que -como el viejo idealismo (2003a, pág. 69), conducirían, a sabiendas o no, a las cámaras de gas, según anunciaron aquellos que pudieron vislumbrar lo que se avecinaba como Rosenzweig,

Benjamin o Kafka. También podemos ubicar en esta línea la obra de Emmanuel Lévinas, pensable como una enconada condena del tormento de los judíos en los campos, y una investigación que obstaculiza su repetición (Haidu, cit. en Fiedlander, 2007, pág. 421). La historia de la filosofía es el registro de los ecos de Auschwitz. No hay pensamiento inocente, y el impacto de Auschwitz en la reflexión filosófica está lejos de haber cesado aún.

3) Pero si hay una disciplina en la que Auschwitz ha impactado ruidosamente es en el **Derecho**. Y ello ha sucedido en una doble vía: cuestionando por una parte las ideas de justicia y legalidad[5] pues los crímenes nazis -recordémoslo- se inscribieron en la más absoluta *legalidad* por parte de un gobierno legitimado por la voluntad popular, la sanción de las leyes raciales de Nüremberg, la aplicación de éstas a través de una maraña de reglamentos perfectamente válidos (Hilberg, 2005).

Por otro lado, ante la novedad que irrumpía en el corazón de la civilización, se hizo necesaria la creación de nuevas categorías jurídicas a partir de Auschwitz, tales como la de *genocidio*[6] u otra que también se forja a la luz del fuego de los crematorios: la noción de *crimen contra la humanidad*,[7] por definición imprescriptible. Como

---

5 Alguien dijo, a propósito del juicio a Eichmann en Jerusalén y lo que éste desnudó, bajo la lente de Hannah Arendt, acerca de un oscuro y banal funcionario obediente de sus deberes, que *antes había que preocuparse por quienes* ***violaban*** *la ley..., pero a partir de ese momento, por quienes la* ***cumplían****...*

6 El término fue propuesto por un jurista judío-polaco, Rafael Lemkin, a fines de 1942 o principios de 1943, es decir, en el mismo momento en que la "Solución Final" cobraba forma en la Conferencia de Wannsee en enero de 1942. Si bien da cuenta de masacres previas (la de los armenios, por ejemplo), el momento en que se produce su conceptualización y difusión está directamente relacionado con Auschwitz.

7 Reconocido por primera vez en el Estatuto del Tribunal Militar Internacional de Nüremberg, en 1945, designa un crimen de una magnitud tan

afirma Wladimir Jankelevitch, al no tener el Derecho formas de ley en condiciones de contestar la escala de Auschwitz, los crímenes de la *Shoah* permanecen imprescriptibles (cit. en Fuchs, 2006, pág. 80). El Derecho, reducido a la impotencia ante lo impensado, reaccionó con tipos delictivos nuevos, asumiendo a la vez que enfrentaba un problema "tan enorme que ponía en tela de juicio al derecho mismo y le llevaba a la propia ruina" (Agamben, 2005, pág. 18). Auschwitz hace estallar las categorías del mundo tal como se lo pensaba, cuestiona la idea de responsabilidad (jurídica y subjetiva) y se convierte en un verdadero ataque al fundamento del derecho mismo, tal como lo ha estudiado Pierre Legendre, desarticulando la construcción de todo el sistema jurídico occidental (el que se funda desde el judaísmo, por la vía del cristianismo hasta el derecho romano, en la ligadura genealógica con la referencia fundadora). Así la Ley, "degradada bajo el régimen nazi a un gesto contable de esencia carnicera" (Legendre, 1994, pág. 22) por el *asesinato genealógico*[8] que implicó la *Shoah*, aparece cuestionada en sus mismos fundamentos. Esa vacilación de una ley fundante y ordenadora se advierte también en la proliferación metastásica de reglamentaciones y decretos que caracterizó al nazismo (tanto como a las dictaduras latinoamericanas), la degradación de una Ley que pacifica y ordena en reglamentos que sólo dan coartadas a los verdugos y a sus cómplices para encubrir su participación personal en el crimen. Como sabemos también por la clínica del obsesivo, un exceso de reparo

---

especial que no encuentra cabida en los conceptos legales hasta entonces forjados (Reyes Mate, 2003a, págs. 212-213).

8 "El tránsito al acto hitleriano -dice Legendre con respecto al intento de exterminar a los judíos- constituye también un gesto de condena a muerte en la dirección del sistema de la ley en la cultura" (p. 22).

reglamentario encubre a menudo una quiebra radical en el registro de la Ley.

Seguramente los grandes sistemas jurídicos no se han visto conmovidos por Auschwitz y los teóricos positivistas continúan su trabajo acrítico, pero desde los márgenes se han alzado voces que marcan un punto de duda, de inconsistencia en el corazón mismo del Derecho. Abren allí una brecha que no se sutura sólo con más Derecho, con nuevos tipos delictivos, sino que lo cuestiona en sus mismos fundamentos. Los *vencidos de la historia*, como hubiera querido quizá Benjamin, interpelan con su testimonio y con su misma existencia una disciplina que no pudo hacer nada para evitar Auschwitz, y poco para castigar a sus ejecutores.

4) En 1989 apareció un libro de **Sociología** escrito por Zygmunt Bauman, llamado *Modernidad y Holocausto*. Se trata de un sesudo análisis de las interacciones sociales que posibilitaron la ejecución de la *Shoah*, podría pensarse incluso que una lectura más, brillante, meditada, en clave sociológica esta vez, del "Holocausto". Sólo que Bauman maniobra para extraer al genocidio del campo de la anomalía o del retroceso, del fracaso de la racionalidad moderna y del reflujo de la civilización, para considerarlo como su *efecto directo*, como un producto típico de la racionalidad moderna, una experiencia de laboratorio que la desnuda en sus notas esenciales. Luego de analizar con pericia los mecanismos de la modernidad presentes y necesarios, en victimarios y víctimas, para que haya podido suceder lo que sucedió, luego de confrontar la experiencia recogida por los historiadores y lo que ha podido saberse del hombre en experimentos clásicos de psicología social, desnuda los vínculos del "Holocausto" con la burocracia moderna y su perfecto e inquietante isomorfismo con la modernidad. Bauman incluye también la dimensión de la responsabilidad en las conductas

analizadas. No es casual que comience hablando de sociología y termine escribiendo acerca de ética. Pero va un paso más allá en el desmontaje de un acontecimiento que piensa tan singular como normal: apunta su análisis a la sociología misma y sus presupuestos. El objeto de estudio mira la disciplina que lo estudia, la cuestiona, y la sociología no volverá a ser la misma luego de la *Shoah*.

5) ¿Cómo transmitir lo implicado en la *Shoah*? ¿Qué hacer con sus *enseñanzas*? Ésas parecen ser las preguntas que orientan un lúcido ensayo de Joan-Carles Mèlich, donde se permite repensar la **Pedagogía** a la luz de Auschwitz. Y allí, siguiendo el rastro de las víctimas, su voz inaudible, oyendo al testigo recrear la existencia perdida de quienes no volvieron de los campos, pensar la viabilidad de una *pedagogia more Auschwitz demonstrata* (Mèlich, 2001, pág. 18). Mèlich aboga por una pedagogía y una ética configurada a partir de los relatos del "Holocausto", fundamentalmente relatos de una ausencia, de una *ausencia del testimonio*[9] que es preciso transmitir. Se trata, dice en una inquietante aproximación a nuestra práctica, de aprender a escuchar el silencio, pues es allí donde se *muestra* el grito de la víctima (pág. 27). Resuena en estas ideas el otro mandato de Adorno: educar para que Auschwitz no se repita (Traverso, 2001, pág. 154). La pedagogía -en la enseñanza de *cualquier* contenido- no puede seguir siendo la misma a partir de tal calamidad.

6) Desde los gritos expresionistas de Munch o el destilado progresivo de las imágenes de Rothko hasta la vanguardia más radical como la evidenciada en *Schibbolett*, "apenas" una grieta convertida por Doris Salcedo en

---

[9] Tal es en efecto el nombre de su libro, rico en resonancias, tanto acentuando el genitivo subjetivo como el objetivo: falta del testimonio, testimonio que hace patente una falta e, invirtiéndolo, testimonio de una ausencia.

instalación artística en la *Tate Modern*, o las provocativas muestras que, más cerca nuestro, ha organizado Nicola Costantino utilizando su grasa corporal para confeccionar jabones o el *comic* Maus, de Art Spiegelman; del vacío mostrado por Malevitch a las imágenes imaginadas por Pink Floyd en *The Wall*; del *body art* al arte conceptual; de las pinturas de Anselm Kieffer a los monumentos de Jochen Gerz; desde Resnais hasta Spielberg pasando por Lanzmann o Begnini; de Camus a Jonathan Littell, de Celan a Gelman, de Beckett a Perec, de Francis Bacon al Bottero de Abu Ghraib o a las instalaciones de Félix González-Torres, la *Shoah* ha impregnado como ningún otro acontecimiento el **Arte** contemporáneo.[10] El psicoanalista Gérard Wajcman, en un lúcido texto, ha afirmado refiriéndose al arte de la segunda mitad del siglo pasado que "[...] todo cuerpo representado, toda figura, todo rostro, de hecho toda imagen y toda forma estarían atravesados hoy, de una manera o de otra, por los cuerpos liquidados de Auschwitz" (Wajcman, 2001, pág. 186) y, avanzando aún más en esa línea, reserva el nombre de Arte sólo a aquel que toma la Catástrofe como referente último, el que no pasa por alto la cuestión de los campos. Una suerte de vibración fósil, las cámaras de gas, resuena entonces detrás de cada obra contemporánea, más allá de toda cuestión de género, tema o estilo (*idem.*, págs. 186-187).

Al arte le es más sencillo cuestionarse. Siempre de vanguardia si atendemos a su capacidad anticipatoria, el arte -en especial lo que los nazis proscribirían aun hoy como *Entartete Kunst* -arte degenerado- ha visto antes (Virilio, 2001, pág. 52) y a la vez se ha hecho eco de

---

[10] Aún *retroactivamente*, pues obras como las de Munch o malevitch, en las que se advierten las huellas del horror, no habían sido creadas aún...

Auschwitz y lo que éste encierra de irrepresentable, de impensable, de inasumible.

7) Auschwitz aparece también como una experiencia que cuestiona la **Historia** como disciplina. "Marca los confines -dice Lyotard (en Friedlander, 2007, pág. 155) en los que el conocimiento histórico ve impugnada su competencia". Al reflexionar en torno al debate de los historiadores alemanes sobre el nazismo, el famoso *Historikerstreit* en el que las concepciones historiográficas desnudaron el corazón de subjetividad desde las que son elaboradas, Dominick LaCapra, en la línea de los cuestionamientos hacia la médula de cada disciplina que venimos puntuando, ha escrito que "el estudio del Holocausto puede ayudar a reconsiderar los requisitos de la historiografía en general" (LaCapra, cit. en Friedlander, 2007, pág. 176).

8) Alguien podría argumentar quizá que, lejos de los eternos avatares propios a las Humanidades, la **Ciencia** ha permanecido como un reducto libre de valores, incuestionable e incuestionado por Auschwitz. En ese caso, el papel de los científicos y médicos que se ocuparon de suministrarle al nazismo un andamiaje teórico biológico para "fundamentar" sus desvaríos racistas no haría tambalear el sólido edificio científico, al que le gustaría situarse más allá de las cualidades de algunos de sus oficiantes o del uso que los aparatos del poder estatal pudieran darle a sus postulados "neutrales". Rudolf Höess, el último comandante de Auschwitz, definía el nacionalsocialismo como "*biología* aplicada", y Oppenheimer, el inventor de la bomba atómica, dijo que en Hiroshima, "la *física* conoció el pecado". Y en ese sentido se ha puesto de manifiesto (Biagioli, cit. en en Friedlander, 2007) hasta qué punto la ciencia médica *normal* (es decir, no nazi), más allá de individualidades más o menos perversas, estuvo implicada en la "Solución Final", revelándose así -la supuesta

prescindencia de valores- tan sólo como un mito de la ciencia en la modernidad.

El saber científico se ve entonces desprovisto de la coartada de atribuir a mentalidades no científicas o pseudocientíficas o a perversiones individuales las consecuencias prácticas de los delirios higienistas o raciales del Tercer Reich, y cuestionado en sus mismos cimientos. Como si hubiera habido al menos un registro de tal conmoción, en 1947, al conocerse los horrores perpetrados por los médicos nazis, se establece un "Código de Nüremberg", que fija las condiciones en las cuales pueden llevarse a cabo ensayos sobre el hombre, constituyéndose en texto fundamental de la ética médica moderna (Virilio, 2001, págs. 78-79). *Moderna,* aquí, significa: posterior a Auschwitz.

Se trata en realidad, además de desnudar la estructura del saber científico más allá de cualquier ilusión, de develar la matriz *biopolítica* de la Ciencia, encarnada en su clímax de crudeza -y por ende de claridad- en la *Therapia magna auschwitzciense.*[11] Hacemos aparecer así la pregunta sobre la ética inherente a cada saber. Y en pocas disciplinas la ética ocupa un lugar tan crucial como en el psicoanálisis al punto que allí, con sus características particulares, deviene corazón mismo de su método.

En la línea que venimos puntuando, Kertész ha dicho que habría que inventar Auschwitz, prepararlo en el lenguaje como acontecimiento fundacional. "Auschwitz, dice, obliga a repensar todo, la antropología, la cultura,

[11] Todo el proceso de exterminio, desde la experiencia precursora del programa de "eutanasia" hasta el delirio eugenésico, de la "selección" en la rampa de acceso a Auschwitz a la apertura de las llaves del gas, estaban a cargo de médicos. El Zyklon-B mismo era transportado en vehículos de la Cruz Roja (Esposito, 2006, pág. 181). La alineación del discurso científico y el proceso de exterminio, tanto en el nivel de las palabras como el de los hechos, resulta tan innegable como estremecedora.

la ética, la educación, la religión" (cit. en Mèlich, 2001, pág. 22). Está asumido que Auschwitz plantea problemas morales inéditos, pero también, dice Reyes Mate (2003, b, pág. 93) en una línea similar hace preguntas aún no contestadas a la antropología, la política y la ciencia. La idea misma de industria, la razón capitalista y el conjunto de *técnicas* que, miopes o ciegas en cuanto al poder que las apuntala, se solazan en parámetros absolutos de eficacia/eficiencia, desnudan su verdad descarnada en Auschwitz, que también fue -recordémoslo- un complejo industrial en el que poderosas empresas como IG Farben, Krupp o Siemens (Hilberg, 2005, pág. 1031-2) radicaron plantas fabriles. Así como Auschwitz ha puesto en cuestión el concepto de Dios (Jonas, cit. en Mèlich,2001, pág. 47), también obliga a repensar lo humano. Auschwitz implica una ruptura con el ideal ético ilustrado y con la concepción del sujeto moderno (*idem.*, pág. 45) "El animal racional, el *homo faber*, el *homo ludens*, el animal simbólico [...] todos mueren en los hornos de Auschwitz" (*idem.*) ¿Y el sujeto construido trabajosamente por el psicoanálisis desde hace más de un siglo, podría haber salido indemne? ¿Cómo no va a morir también en Auschwitz el *homo analyticus*, o al menos resultar tan severamente dañado que nos obligue a repensarlo? ¿Obliga Auschwitz a repensar el psicoanálisis? Ésas son las preguntas que, sin pretender responderlas, guían estas reflexiones.

III) El psicoanálisis por supuesto se ha visto tocado. De hecho, la mayor parte de los pioneros debieron huir debido al nazismo, y puede entenderse el mapa de las genealogías y filiaciones analíticas y el de las corrientes posfreudianas como subproductos de la diáspora a la que fueron forzados los psicoanalistas por el nazismo. Pero a diferencia de las disciplinas mencionadas anteriormente, que desde algunos de sus cultores se permitieron una reflexión *acerca de las propias disciplinas* a la luz de

Auschwitz, el psicoanálisis se ha limitado mayormente a la aplicación de su formidable dispositivo terapéutico y de sus categorías teóricas para hacer inteligible Auschwitz, sus perpetradores, sus víctimas, incluso el comportamiento de la mayoría silenciosa que lo hizo posible. En ese sentido, como en una época solía hacer con el arte, el psicoanálisis ha *aplicado* su saber a Auschwitz.

Así, la mayoría de los trabajos, de por sí numerosos,[12] que desde el psicoanálisis recogen la experiencia de Auschwitz lo hacen o bien desde la vertiente *explicativa* o bien desde la vertiente *terapéutica* (a través de la idea de trauma o de las vicisitudes identificatorias en sobrevivientes por ejemplo, o en la transmisión de los ecos de Auschwitz hacia las generaciones sucesivas a la de las víctimas).

Existe una tradición, iniciada por Freud, en cuanto a la utilización del aparato conceptual psicoanalítico fuera del ámbito estrictamente clínico donde encuentra su legitimidad, eficacia y consistencia originales. Tanto con respecto a obras de arte o literarias como a encrucijadas sociales o religiosas, el psicoanálisis no se ha privado de decir cosas, con mayor o menor fortuna, con mejor o peor recepción.

Si quisiéramos ubicar alguna articulación posible, alguna zona de superposición entre dos conjuntos, el del psicoanálisis por un lado, y el de la *Shoah* por el otro, podríamos intentar aprehender también, en una vertiente casi sociológica, cómo afectó el nazismo al

---

[12] Entre los que baste citar, a modo de ejemplos tan sólo, los de Bettelheim, los de Ilany Kogan y Yolanda Gampel, los de Milmaniene, Gerson, Kestenberg, Bergmann, Langer, D. Laub y N. Auerhahn, Grubrich-Simitis, Benslama y M. Hounkpatin, Granek, Rachel Rosenblum... Es evidente que el tema es sensible en el mundo del psicoanálisis y hacer una revisión bibliográfica exhaustiva se torna por momentos una tarea imposible y nos amenaza con diluir en un mar de citas nuestra propia enunciación.

psicoanálisis, su proscripción como "ciencia judía", la quema de los libros y la huida de Freud, la diáspora de la primera generación de analistas centroeuropeos (amén del exterminio de los que permanecieron en el Tercer Reich). También podríamos estudiar las complacencias políticas de Ernest Jones, en aras de "salvar el psicoanálisis" (Roudinesco *et al.*, 2005, pág. 410), con el *Allgemein Ärtzliche Gessellschaft für Psychotherapy*, el Instituto de Psicoterapia fundado por Matthias Göering, primo del lugarteniente hitleriano, las oscuras ambigüedades de algunos psicoanalistas no judíos que permanecieron en Viena, y también otra diáspora, la de analistas filonazis que anidaron en algunas asociaciones psicoanalíticas cercanas.[13] Si acercamos aúm más la lente, podríamos hincar el diente sobre el papel de las sociedades psicoanalíticas bajo la dictadura y cavilar acerca de cómo una práctica estructuralmente tan reñida con el poder como la nuestra, tan radicalmente *subversiva* se las ve con las instituciones y la política en general.

Así, en una lectura del sintagma "*Shoah* y Psicoanálisis", utilizaríamos el conjunto *Shoah* para iluminar algunos aspectos del conjunto *Psicoanálisis*. Ahora bien, por lo general, la vía a la que más se acude en la extensa bibliografía psicoanalítica sobre el tema es la inversa, es decir, cómo desde el conjunto *Psicoanálisis* podemos entender algo

[13] El conocido y escandaloso episodio sucedido en el ambiente psicoanalítico brasileño años atrás puede entenderse como un eco tardío del nazismo, si consideramos la llegada a Brasil del analista filonazi Werner Kemper, que fue el analista de Leao Cabernite, analista a su vez de Amílcar Lobo -quien, recordémoslo, alternaba la asistencia a sus seminarios de psicoanálisis con las sesiones de tortura en las que participaba como médico. Como sabemos en psicoanálisis, el retorno de lo reprimido es la otra cara de la represión, y el suceso escamoteado reaparece en la valiente denuncia efectuada por Helena Besserman Vianna y el no menor coraje mostrado por R. H. Etchegoyen, por entonces presidente de IPA, al hacerle lugar (Besserman Vianna, 1998).

que parece destinado a no entenderse nunca del todo, la *Shoah*, sus causas y sus consecuencias. Allí los psicoanalistas nos sentimos más cómodos y nos lanzamos con avidez a teorizar y practicar nuestro saber, fundamentalmente por dos andariveles distintos:

1) Una encomiable línea de reflexión aparece junto al trabajo clínico con los sobrevivientes de la *Shoah* y sus descendientes de primera, segunda o tercera generación. Se *aplican* así los conocimientos del psicoanálisis a mitigar el sufrimiento de las víctimas. Y surgen entonces sutiles descripciones de cuadros clínicos, del impacto del trauma en el psiquismo, asimilaciones de la situación de los campos con las de la patología mental y toda una serie de conceptualizaciones que marchan hombro a hombro con la tarea asistencial y encuentran su prolongación en el trabajo con víctimas de genocidios más recientes, como los perpetrados por las dictaduras latinoamericanas o por el régimen serbio en la ex Yugoslavia o en situaciones de tensión y riesgo extremo como la que se vive en el conflicto israelí-palestino.

2) Otra vía de abordaje, también de notoria raigambre, es la de apelar al aparato teórico psicoanalítico para comprender cómo fue posible un hecho como la *Shoah*. Se han estudiado así la psicología del verdugo y la de la víctima, los procesos identificatorios, los fenómenos de masas y de sometimiento a un líder, y un extenso etcétera. Esta vía, legitimada en numerosos trabajos desde Freud mismo, por un lado, ha permitido situar el psicoanálisis como uno de los pensamientos más fecundos para entender los fenómenos humanos, pero a la vez, si no se toman las debidas precauciones, puede caer en aquello frente a lo que Freud nos advirtiera tempranamente: el psicoanálisis no es una *weltanschaüung* (concepción del Universo) y debemos cuidarnos de cualquier reduccionismo, aun del psicoanalítico, cuando

se trata de fenómenos complejos y multideterminados. Así como ha estimulado el pensamiento, esta línea de trabajo, encolumnada a menudo bajo el nombre de psicoanálisis *aplicado* (al arte, a la cultura) ha cometido también verdaderos dislates, generando la reacción de sobrevivientes, intelectuales y artistas que se sienten, a menudo con razón, interpretados -los fenómenos que estudian, sus obras o ellos mismos- abusivamente y fuera de contexto.

De los trabajos desarrollados en las dos vías reseñadas, en general -resulta imposible en este contexto hacer una reseña pormenorizada- emerge como trasfondo cierta paradoja: por un lado, suele admitirse la inconmensurabilidad de Auschwitz, su carácter inaprehensible, de *unicum*, por usar la expresión de Levi, pero por otro, una vez aceptada su radical diferencia con cualquier otro fenómeno, se le aplican a su análisis las categorías teóricas psicoanalíticas habituales, como si se tratara de un hecho más.

IV) Desde los testimonios de los supervivientes, o al menos desde algunos testimonios *princeps*, los que podrían ser tomados casi como un material clínico de primera mano,[14] suele advertirse, sea con ironía o con irritación, contra la avidez con la que los psicoanalistas se han lanzado a explicar todo lo que pueda ser explicado. En tales testimonios se vislumbra, como fondo de sus lúcidos y dolidos análisis, cierta *resistencia* a la explicación.

Tomaremos entonces, como punto de partida, algunos fragmentos del testimonio de sobrevivientes de la *Shoah* no ya para servirnos de éstos para ilustrar o aplicar nuestras teorías, cualesquiera que fueren, sino para *dejar-*

[14] En ese sentido, Primo Levi decía que el acto de escribir equivalía para él a recostarse en el diván de Freud (cit. en Traverso, 2001, pág. 184 y 202).

nos enseñar.[15] De este modo no nos alejamos un ápice de la tradición freudiana, dejándonos conducir por la palabra de los sujetos sufrientes hacia los meandros de la subjetividad que la *Shoah* pone de manifiesto.

Si escuchamos a los sobrevivientes, nos encontramos perplejos ante una primera evidencia: no parecen tener demasiada consideración por lo que los psicoanalistas tienen para decir sobre la experiencia por la que ellos han transitado.[16] Esto es grave si pensamos que el psicoanálisis se precia de ser la disciplina que más ha iluminado la subjetividad contemporánea. Tomemos algunas citas de eminentes testigos de la *Shoah* como ejemplos de ello: luego de habernos alertado contra los "freudismos mezquinos" (Levi, 2000, pág. 23), Primo Levi dice con claridad: "No creo que los psicoanalistas [*que se han arrojado con avidez sobre nuestros conflictos* -las cursivas me pertenecen-] sean capaces de explicar este impulso [de testimoniar]. Su saber ha sido elaborado y probado 'fuera', en el mundo que para simplificar llamamos 'civil': a él pertenece la fenomenología que describe y trata de explicar [...] Sus interpretaciones, aun las de quienes como Bruno Bettelheim han atravesado la prueba del *Lager*, me parecen *imprecisas y simplistas*" (*idem.*, págs. 73-74). Por su parte, Jean Améry escribe, refiriéndose al hecho de que el pueblo de los poetas y los pensadores se haya convertido en criminal desde 1933 hasta 1945: "Hasta hoy me ha parecido oscu-

---

[15] A lo largo de este trabajo, lo mismo intentaremos hacer con los artistas, esos avanzados exploradores que han encontrado una manera particular de acercarse a aquello que se desprende de Auschwitz y ante los cuales los psicoanalistas estamos siempre retrasados.

[16] Seguramente habrá otras opiniones -de hecho, Hilberg estima en 18.000 los testimonios de sobrevivientes, en un recuento realizado a fines de la década de 1950 (Haidu, cit. en Friedlander, 2007, pág. 419), pero recortamos aquí las correspondientes a *algunos* testigos que se han ocupado de hacer pública su experiencia y sus reflexiones acerca de ella.

ro y a pesar de todas las laboriosas investigaciones de tipo histórico, psicológico, sociológico y político ya aparecidas y que todavía aparecerán, imposible en el fondo de aclarar [...] Todas las tentativas de explicación -en su mayoría monocausales- fracasan del modo más irrisorio" (Améry, 2004, pág. 40). Luego, refiriéndose al sadismo de sus verdugos, dirá que era "distinto del sadismo de los manuales de psicología al uso, distinto también de la interpretación del sadismo ofrecida por el psicoanálisis de Freud" (*idem.*, pág. 100). "Yo estaba presente -dice Améry-. Ningún joven politólogo [podría haber dicho psicoanalista, podríamos agregar, sin forzar demasiado las cosas...], por ingenioso que sea, puede venir a darme lecciones que resultan sumamente absurdas para cualquier testigo ocular" (*idem.*, pág. 41). Jack Fuchs, otro sobreviviente que escribe con cierta frecuencia en la prensa argentina, se excusa diciendo que admira a los psicólogos que tienen respuestas para todo, él no las tiene, en todo caso piensa en el mejor modo de seguir formulando preguntas (Fuchs, 2006, pág. 145). Kertész (2002, pág. 60), aun siendo capaz de leer agudamente a Freud, descalifica las opiniones freudianas sobre el antisemitismo. Paul Steinberg, algo cansado ya, preguntándose acerca de las razones de su memoria y de sus olvidos, se adelanta a cualquier explicación psicoanalítica remanida con una seca franqueza: "Cada vez salen con la vieja historia: el inconciente [...]" (Steinberg, 1999, pág. 125). No hablamos de legos sino de intelectuales sutiles que conocían la obra de Freud y que seguramente se hubieran confortado al encontrar ahí alguna respuesta para ese resto inexplicable que probablemente a tantos, como a Levi o Améry, les costara la vida.[17]

---

[17] Primo Levi, el *optimista*, se suicidó en 1987. Jean Améry, el *escéptico*, lo había hecho antes, en 1978. Entre ellos, son muchos quienes redoblaron la verdad de sus testimonios sufrientes, acabando con sus vidas: Paul Ce-

Por otra parte, en el testimonio de los sobrevivientes siempre se arriba, tarde o temprano, a un punto en el que cesa cualquier posibilidad de explicación, en el que cualquier interpretación, aun la más avisada, se revela *impotente*, quizás *imposible*. Nosotros como psicoanalistas nos encontramos así con sujetos que no sólo albergan un saber acerca de ellos mismos y de lo que han vivido, como cualquiera de nuestros pacientes, sino que también han atravesado una experiencia que roza con lo inimaginable, lo cual carga sus relatos con el peso de un testimonio único. Se han convertido, muy a su pesar, en exploradores del límite, de los confines de la experiencia humana. Con nuestras categorías teóricas e instrumentos clínicos, estamos en una evidente invalidez: no fueron concebidos para lidiar con eso que Auschwitz develó acerca de *la especie humana*, como decía Robert Antelme, o más bien de la *conditio inhumana* a la que se refería Améry (2004, pág. 39).

Etty Hillesum, una lúcida joven judía y holandesa que percibió más que muchos y muy tempranamente los desafíos éticos que planteaba el nazismo, incluso a inocentes víctimas como ella, no sobrevivió. Antes de morir, sin embargo (nos) escribió, en una fina sintonía con la frase de George Steiner incluida entre los epígrafes, que "para encontrar un nuevo lenguaje, apropiado a la nueva forma de ver la vida, *hay que callar hasta haberlo encontrado*". Pero, consciente hasta el final de lo que se juega, sabe que "aún así no es posible callar. Sería también una huida. *Hay que intentar encontrar el lenguaje mientras se habla*" (Hillesum, 2007, pág. 137, las cursivas me pertenecen).

La teoría en psicoanálisis, sabemos, surge en una inextricable relación con la clínica desde donde se la

---

lan, Tadeusz Borowski, Sarah Kofman, Bruno Bettelheim, Stefan Zweig, el mismo Walter Benjamin...

formula y en la que encuentra su validación última. Si evitamos tomar estos testimonios de sobrevivientes tan sólo como efectos de lo traumático vivido o como resistencias debidas a su compromiso personal en los hechos -coartadas siempre a mano para que los psicoanalistas no escuchemos-[18] y, -sin contradecir las implicancias subjetivas, incluso psicopatológicas, que puedan discriminarse en ellos- los tomamos en cambio como cuestionamientos dignos de ser escuchados, podríamos intentar efectuar una maniobra inversa a la habitual: esto es, *en vez de aplicar el psicoanálisis a Auschwitz, aplicar Auschwitz al Psicoanálisis.*[19] Freud, imaginamos, no hubiera dejado de hacerlo. Si pudo escuchar a sus histéricas al punto de callarse -como en el pedido que le hiciera Emmy von N. y que diera origen así a la asociación libre, ¿cómo no imaginar que se hubiera detenido a escuchar la voz, el sufrimiento de las víctimas,[20] esa voz que, habiendo atravesado un dolor inenarrable aparece como "condición de toda verdad" (Adorno, cit. en Reyes Mate, 2003b, pág. 119).

Si Freud pudo también hacer espacio en la teoría a lo que la Gran Guerra sacaba a la luz y postular así una

---

[18] Marcelo y Maren Viñar (1993, pág . 49) hablan de que se trata de una "recuperación para un discurso médico-científico, recuperación tranquilizadora en la medida que invierte la realidad que abordamos y la somete a códigos conocidos. La literatura médica y psicoanalítica sobre los campos de concentración muestra que la misma realiza absolutamente esa reducción".

[19] Aplicar al psicoanálisis un aparato conceptual extra-analítico debería suscitar extrañeza, hacer extraños para nosotros mismos nuestros conceptos habituales y permitirnos por esa vía reinventarlos en cada ocasión.

[20] Y bien podríamos extender esta observación a lo que otros sujetos, desde un lugar también sufriente pero a la vez *resistente*, tienen para decir acerca del psicoanálisis y que no siempre estamos dispuestos a oír: quienes militan teóricamente en los movimientos homo, trans e intersexuales, entre otros. En sus críticas, muchas veces fundadas, se desnuda cuánto anida aún de prejuicio en una teoría innovadora y subversiva como el psicoanálisis.

extraña "pulsión de muerte", cómo no pensar la atención que le hubiera prestado a Auschwitz, el espacio que le hubiera abierto en el seno de sus teorías... Sólo que desde la perspectiva histórica, se advierte incluso cierta ingenuidad en el fundador del psicoanálisis, incrédulo y conocedor como pocos del alma humana, cuando está pronto a emigrar a Londres luego de la llegada al poder de los nazis. Cuando éstos queman sus libros, dice con tristeza no exenta de ironía: es todo un progreso, en otra época me hubieran quemado a mí..., sin poder imaginar que bastaban apenas unos años, de haberse quedado en Viena después de 1938, para que sí, efectivamente, lo hubieran quemado también a él, luego de gasearlo, en lo que se advierten los beneficios de la revolución industrial a la que los nazis, a diferencia de los inquisidores medievales, pudieron apelar.[21]

Entonces, como decíamos, podríamos invertir la maniobra habitual del psicoanálisis aplicado -esto es, someter fenómenos extraclínicos a la lente rigurosa de nuestros conceptos- y en vez de ello aplicar la *Shoah al* psicoanálisis, ya no desde la óptica sociológico-científica más arriba enunciada sino para intentar cernir si, y si es así cómo, impacta la *Shoah* como situación de quiebre de la civilización, como cultura y como laboratorio extremo de la subjetividad en las categorías teóricas que constituyen el psicoanálisis mismo.

Se trata, en suma, de rendirnos a las consecuencias de la conocida metáfora de Lyotard sobre Auschwitz como un terremoto que junto a vidas, edificios y objetos, acaba a la vez con los instrumentos de medición de éste (Friedlander, 2007, pág. 155). El psicoanálisis, aparato

21 En ese sentido, Heinrich Heine, tan admirado por Freud, fue un paso más allá de la ingenuidad freudiana: cuando se empiezan a quemar libros, decía, se sigue con las personas...

conceptual que construye, alberga y "mide" (en caso de que tal cosa sea posible) al sujeto, no resiste la debacle que junto con tal sujeto arrastra a las disciplinas que intentan dar cuenta de él.

V) Tamaña pretensión -reflexionar sobre el psicoanálisis, cuestionarlo a partir de la *Shoah*- excede a todas luces tanto los límites de este trabajo como las posibilidades de quien lo pergeña. Pero este punto de imposibilidad nos pone en la misma situación en el que Auschwitz pone al pensamiento, que parece siempre impotente, siempre fragmentario y tentativo frente a un horror inconmensurable, difícil de cernir y resistente a la extracción de sus consecuencias. Entonces tomaremos lo anterior como un programa de trabajo del que solamente ensayaremos algunas incursiones exploratorias, más destinadas a sembrar dudas en nuestras certidumbres que a llegar a conclusiones acabadas. Si se revela fértil la vía, cabe esperar profundizar esa tarea a futuro. A la par de poner en cuestión algunos conceptos fundamentales del psicoanálisis que no parecen resistir indemnes el paso de los convoyes que van (siguen yendo) rumbo a Auschwitz, nos aproximaremos a algunos *impasses* de la teoría y la práctica analíticas y desde ahí, para darle mayor fertilidad heurística a nuestra tarea, a las maneras en que en otros campos se ha intentado abordar algo de lo que está en juego en Auschwitz.

1) Junto con la idea de lo traumático, del efecto sobre el psiquismo de las víctimas, la tríada freudiana *recuerdo-repetición-elaboración*, enunciada por Freud en uno de sus señeros trabajos sobre técnica, ha sido y es uno de los puntos de referencia más habituales a la hora de pensar desde el psicoanálisis fenómenos como el que nos ocupa ahora. Surgida de la clínica, de un modo de ordenar y orientar el trabajo clínico analítico, ha sido extrapolada para hacer inteligibles catástrofes como Auschwitz. De

hecho, no es casual que el último Congreso Internacional de Psicoanálisis, que tuvo lugar el año pasado por primera vez en Berlín desde el período nazi, haya elegido por tema central el ternario antes enunciado. En líneas generales, y a riesgo de simplificar en exceso, desde una perspectiva freudiana suele entenderse que el trabajo analítico pasa por el recuerdo y la posterior elaboración, por el levantamiento de represiones que posibilitará la cura y dominará la repetición demoníaca, que medra allí donde el recuerdo se ausenta. Así, recordar, y redoblar ese trabajo a través de la *Durcharbeitung* de lo recordado, aparece como la alternativa más saludable frente al callejón sin salida de la repetición (Freud, 1914). Fuera de la clínica, donde también podría ponerse en cuestión, en el campo social o histórico se presentan problemas. Podría pensarse que el recuerdo vivo de la masacre de los armenios a manos de los turcos otomanos podría haber funcionado como un antídoto contra la repetición, aunque diferenciada, del genocidio del pueblo judío.[22] Pero cada vez son mayores las evidencias de que una política del recuerdo activa en Europa al menos desde la década de 1970 no ha impedido que se tolerara, cuando no que se propiciaran abiertamente[23] nuevos genocidios, y no en el remoto

---

[22] Al parecer ésa era, por la negativa, la idea de Hitler, quien, soñando con alguna inimputabilidad cebada de olvido, habría dicho al comenzar el genocidio que infligió a los judíos: ¿quién recuerda hoy a los armenios?

[23] La defección de las tropas holandesas de la ONU en Srebrenica, que habían prometido un "*safe heaven*" a los civiles que escapaban de los serbios, y cuya retirada permitió una masacre en la que murieron más de 6.000 personas, es sólo un ejemplo entre varios posibles. A esta altura es claro que el recuerdo, aún el recuerdo militante, socializado y difundido globalmente, no ha sido antídoto suficiente contra la repetición. Basta tomar nota de los genocidios que asolaron el siglo XX luego de Auschwitz (Ruanda, Bosnia, Latinoamérica) o la creciente judeofobia en el corazón de una Europa que aún no ha terminado de hacerse cargo de su responsabilidad en la *Shoah*, o el preocupante ascenso de partidos radicales

tercer mundo latinoamericano o africano, que también los hubo, sino en los Balcanes, en el corazón mismo de la Europa civilizada. La muy conocida frase de George Santayana -freudiana *avant la lettre*- escrita en las paredes de Dachau: "Aquellos pueblos que no recuerdan el pasado están condenados a repetirlo" parece al menos insuficiente. Quizá no alcance recordar para no repetir, salvo que consideremos el recuerdo en el sentido que Walter Benjamin plantea la articulación histórica del pasado. No significa, dice, conocerlo "como verdaderamente ha sido", sino "apoderarse de un recuerdo tal como éste relampaguea en un instante de peligro" (Benjamin, 1972, pág. 51). Es decir -elegimos leerlo así- apelar a un recuerdo menos contemplativo que militante, inconformista, que haga el intento, en cada época, de "ganarle de nuevo la tradición al conformismo que está a punto de avasallarla" (*idem.*).

La concepción de la historia de Benjamin -y la historia, en su capilaridad microfísica, es también nuestro territorio- implica contemplarla a la manera en que se muestra en el *Angelus Novus*, imagen de Paul Klee que Benjamin toma como figura alegórica: el ángel de la historia, arrastrado por una tempestad que representa el progreso, contempla horrorizado el pasado como un montón de ruinas. No es un detalle menor, en este contexto, que uno de los sentidos del término hebreo *Shoah* sea precisamente el de tempestad (Wajcman, 2001, pág. 22) y la *Shoah*/Tempestad ha puesto de relieve como ninguna otra cosa la premonición benjaminiana: se trata de ruinas. Tanto en la historia macroscópica como en las historias mínimas de las que nos ocupamos a diario, se trata de ruinas. Wajcman lo dice con claridad: la ruina es un

---

y xenófobos en países con tradición democrática (Suiza, Bélgica) para aceptar sin duda alguna que el recuerdo de Auschwitz no ha inmunizado contra nada.

objeto freudiano, el objeto y la memoria del objeto. Pero la *Shoah* permite dar un paso más allá de la ruina, lo cual es señalado por Wajcman tal como aparece en el arte contemporáneo y en la película *Shoah*, de Claude Lanzmann: también es *la ausencia* de ruinas, el agujero en vez del desgarro en la trama simbólica. Frente a la catástrofe de la historia -insistimos: en sus diversos planos, micro o macroscópicos- el recuerdo es a todas luces insuficiente.[24]

Por otra parte, una lección extraíble también del testimonio de los sobrevivientes, en la senda de Nietzsche,[25] es que para vivir también es necesario algún grado de olvido. Los recuerdos pueden hacer enloquecer. Es sabido que de quienes sobrevivieron a los campos de exterminio nazis, como recuerda el escritor y sobreviviente Aaron Appelfeld (cit. en Wardi, 1998), "sólo aquellos que consiguieron olvidar pudieron vivir largo tiempo, y que los que poseían una memoria óptima murieron". Jorge Semprún lo expuso con claridad desde el título mismo de una de sus obras: la escritura *o* la vida, al relatar que tuvo que poner en barbecho su experiencia concentracionaria para reconectarse con la vida hasta poder reintegrarla reflexivamente cuarenta años después.[26] Semprún (2002, pág. 11) elige cuidadosamente el epígrafe de Blanchot, que coloca al inicio de su obra: "Quien pretenda recordar ha de entregarse al olvido, a ese peligro que es el olvido absouto y a ese hermoso azar en el que se transforma entonces el recuerdo". Muchos de los que hicieron de la memoria un deber ético y desembocaron en el callejón sin salida del suicidio, quizá no pudieron entregarse a esa cuota de olvido imprescindible para la vida, y quizá no haya sido ése

[24] Es una constatación clínica que, también en ese terreno, no siempre basta el recuerdo para impedir la repetición.

[25] "Sin olvidar no hay manera de vivir", decía (cit. en Mate, 2003b, pág. 66).

[26] A Améry (2004, pág. 47) le llevó veinte años, a Steinberg (1999), cincuenta.

un ingrediente menor a la hora de acabar con sus existencias. Además de haber sido "preservado" por el totalitarismo stalinista luego de la liberación de Auschwitz, cierta distancia cínica permitió al parecer a Kertész anclarse a la vida, al igual que a Vladek, el padre sobreviviente del guionista Art Spiegelman retratado con maestría en *Maus*; lejos ambas posturas de la nobleza del deber de memoria ejercido por ejemplo por Levi.

Contamos por fortuna con los testimonios de los sobrevivientes -testimonios que no por ser numerosos deben hacernos olvidar que son una minoría absoluta de entre los testimonios posibles, no solamente frente a los verdaderos testigos, los *musulmanes*[27] incapaces de testimoniar (Agamben, 2005) o los gaseados sin pasar casi por el campo que "retrata" Lanzmann en su ausencia (Reyes Mate, 2003 a), sino frente a los miles que, siendo capaces de hacerlo, prefirieron no dar cuenta de lo que (les) pasó. ¿Qué sucedió con tantos que eligieron voluntariamente la vía del olvido?

Frente al intento desesperado de los sobrevivientes que decidieron contarlo todo para contrariar el presagio nazi de que nunca se sabría lo que ocurrió en Auschwitz (y en caso de sabérselo no sería creído), encontramos también testigos mudos que no necesariamente testifican menos con su silencio que los que hablan con sus palabras. Albergar ese silencio -que tan bien muestra Lanzmann en su película- esa *presencia del ausente*, la ausencia en la materialidad presente del relato como modo del recuerdo

[27] Con ese nombre se conocía en los campos de exterminio a la masa de prisioneros emaciados, indiferentes, sin vida mental ni espíritu de supervivencia, ajenos incluso a la percepción del sufrimiento. Eran la masa anónima que alimentaba las cámaras de gas, rechazados por el resto de los prisioneros, los *hundidos* por antonomasia para Levi, los verdaderos testigos.

eficaz, quizás haga de la memoria, sino barrrera, al menos resistencia frente a la repetición.

No pretendemos licuar el valor de la memoria ni de la pacificación que brinda el recuerdo de un trauma olvidado pero vigente en el psiquismo, sino tan sólo cuestionar cierta ligereza con que a veces en psicoanálisis pretendemos mudar repeticiones en recuerdos, sin lograr desarticular el componente gozoso que cimenta lo diabólico de la repetición. La memoria y su encarnadura personal, el recuerdo, no evitan *necesariamente* la repetición y la elaboración se vuelve impotente. Aún así, no tenemos quizás otra posibilidad contra la repetición que esa exhumación del recuerdo; y si éste no basta, sabemos que el olvido basta aún menos. Quizá se trate de encontrar procedimientos, dentro y fuera del análisis, para que el *recuerdo* se torne *memoria*, y ésta devenga un mandato ético.

¿Qué sería *recordar* entonces en psicoanálisis? Probablemente no haya para tal pregunta una respuesta sencilla ni unívoca, pero entiendo que vale la pena dejarla abierta a partir de la lección de Auschwitz y la insidiosa identificación de nuestra praxis con los valores de la Ciencia, y por ende con los del Progreso. Reyes Mate analiza esa deriva progresiva desde los aportes de Adorno y Benjamin y advierte, con Foucault (2003b, pág. 169), que para la Ilustración, la realidad es lo presente, entonces lo ausente -lo fracasado, lo perdido, lo vencido- es irrelevante para el pensamiento. "Pero -continúa- la memoria no es fundamentalmente un recuerdo del pasado, sino el reconocimiento de esa parte olvidada de la historia *como parte de la realidad*" (*idem.*, las cursivas me pertenecen). Eso ausente, según Adorno, es la expresión del sufrimiento pasado, y "hacer hablar al sufrimiento es el principio de toda verdad" (*idem.*). El psicoanálisis surge como disciplina recogiendo ese resto expulsado por la lógica ilustrada, haciendo hablar el sufrimiento encerrado en los síntomas, dejándose subvertir por una verdad que aparecía contra todo pronóstico. Y en esa operatoria, encuentra una eficacia clínica arrasadora. Cabe preguntarnos quizá si no nos hallamos en una época de *reflujo* en ese sentido, donde nos hemos convertido en técnicos del recuerdo, en *profesionales* más o menos crípticos o bonachones, postulantes siempre a punto de ser recibidos -sin serlo nunca del todo- en los salones de la Ciencia, y si ello no ha mellado el filo de nuestro instrumento. Nos ocupamos de rescatar un pasado presente y sintomático, pero hemos perdido la luz con que el recuerdo "relampaguea en un instante de peligro". El psicoanálisis ha dejado de ser una disciplina peligrosa -antes lo era, tanto para los analistas como para sus pacientes- y de eso también se trata en la repetición.

2) Los psicoanalistas trabajamos con el *lenguaje* y sobre él. Aun cuando pretendemos abordar lo insondable de la angustia o interpretamos el abanico de afectos que se despliega en una cura, lo hacemos a través del lenguaje. Al amor que es efecto de la transferencia lo conocemos a través del lenguaje. Tal como lo postulara Lacan en su lectura de Freud, el inconsciente está estructurado como un lenguaje, y el instrumental con el que operamos sobre él -la interpretación- es lenguaje, y por esto mismo, por ese isomorfismo, adquiere eficacia clínica. En la historia del psicoanálisis, sin embargo, maestros de la talla de Freud, Lacan o Bion, luego de una confianza abrumadora en el trabajo significante, terminan por reconocer siempre un punto de tope del lenguaje, un límite más allá del cual sólo puede aventurarse algo que se resiste al lenguaje, y que sin embargo no podemos cernir sin él. Llámese *ombligo del sueño*, *"O"*, *Real*, tarde o temprano un analista se topa en su reflexión teórica o en su cotidianidad clínica con ese borde. A veces se lo niega, a veces somos pretenciosos e imaginamos

la interpretación como un escalpelo todopoderoso que puede llegar a cualquier lado. A veces abusamos del lenguaje, al pretender nombrar lo que no se puede nombrar. No sería extraño que como fruto de esa utilización excesiva del lenguaje terminemos por anestesiar la palabra y hacer que ésta pierda su eficacia clínica.

Vivimos en una época donde tanto la *narración* como el tipo de experiencia de la que da cuenta está en crisis, y la comunidad de *oyentes*, tan cara a Walter Benjamin (2008), en peligro. Y el psicoanálisis -a fin de cuentas, una de las formas de la narración- ha de encontrar su legitimidad en medio de esta crisis, como reducto de resistencia (Viñar, 2006). Entonces es problemático que, siendo como es una experiencia de palabra, éstas pierdan su filo; y las palabras sufren cierto desgaste si se las usa sin el debido cuidado, lo cual puede advertirse tanto en el habla cotidiana como en la jerga y la práctica analíticas. Los pacientes vienen a hablar de su sufrimiento y nosotros nos ofrecemos a escuchar su decir, en el que navegan necesariamente en una lengua imaginaria, en la palabra vacía, hasta poder parir una lengua original, una palabra verdadera que dé cuenta de su subjetividad de manera iluminadora. Siempre se ha sabido de la dimensión catártica del hablar y poder relatar lo traumático, por poner un ejemplo, cuando llega el tiempo de hacerlo, es aceptado comúnmente como una vía que morigerará el dolor, haciendo ingresar una cantidad masiva de estímulos en el diafragma cualitativo de lo pensable. Pero de lo que se trata en cierta clínica y sin duda en el testimonio de los sobrevivientes es de cierto *exceso* difícil de aprehender a través del lenguaje, exceso de memoria o de olvido (Viñar, 1993, pág. 14) frente al cual no es sencillo situarse.

En la clínica, entonces, nos las vemos con las palabras y con ese punto en que las palabras se acaban, donde por lo general aparece la angustia. La *Shoah*, como laboratorio perverso acerca de la condición humana, nos puede enseñar algo también aquí. Atendamos a la manera en que los sobrevivientes que nos han legado su testimonio relatan su relación con el lenguaje y la angustia. Nada como Auschwitz debería servir para cernir, en primer lugar, ese espacio de horror, de *terror sin nombre*, por usar las palabras de Bion, y en segundo lugar, para ponderar al lenguaje como herramienta con la cual acercarse a ese horror. Algunas preguntas nos acosan: ¿Qué es el lenguaje luego de Auschwitz? ¿Qué es una lengua *materna*? ¿Con qué lenguaje teorizar o construir nuestras interpretaciones? ¿No parecen demasiado a menudo nuestras disquisiciones psicoanalíticas estar formuladas en un lenguaje ampuloso y hueco como el que describiera Klemperer o cerrado a cualquier apertura al Otro como la lengua schreberiana, más instrumento de repetición que de descubrimiento o invención?

El extrañamiento de la lengua materna, que terminó siendo la lengua del verdugo, fue una constante para muchos sobrevivientes. Victor Klemperer, filólogo de profesión que pudo salvar su vida pues estaba casado con una alemana no judía y llevó durante todo el régimen un diario en el que anotaba la perversión de la lengua alemana bajo el nazismo,[28] bautizó ese lenguaje, del cual sobrevivieron rastros aun después de muerto Hitler, *LTI, Lengua Tertii Imperii*. Para Antelme, el francés era un espacio de singularidad durante su cautiverio alemán. El caso de Améry es en ese sentido un síntoma revelador pues, según relata (Améry, 2004, pág. 113), al comenzar las persecuciones nazis en Austria, abandona el dialecto con el que se crió, pero no puede sino mantener el alemán -no tiene otra lengua- para pensar y para

[28] En un interesante trabajo, Sneh y Cosaka (2000) hablan de un pasaje del "discurso del exterminio" al "exterminio del discurso".

expresarse aun contra la manera en que la nación alemana se lavó de sus culpas. Fuchs (2006, pág. 26) dirá que no hay un lenguaje común, ni siquiera entre sobrevivientes, que no hay, a partir de la *Shoah*, un lenguaje general para hablar del sufrimiento humano.

De todos modos, tanto como en relación con el nombre que debía darse a algo que no tenía nombre hasta ese momento, los sobrevivientes relatan siempre, en coincidencia con los teóricos del análisis a los que aludíamos, un punto en el que el lenguaje no alcanza.

Quizá sean los poetas los mejor posicionados para devolver al lenguaje su potencia luminosa, para abrazar ese punto de difícil acceso. Más que los narradores, acostumbrados a vehiculizar ideas y tramas a través de una historia contada en palabras, en la poesía hay un efecto de reducción que muchas veces recuerda una interpretación lograda. No aquella que engorda con saber a un analizante sino la que le permite, a veces en un fogonazo,[29] verse de una manera inédita, la que hace aparecer la desnudez de la historia tras el pesado ropaje del presente.

Muchos de los poetas de Auschwitz, no sin costo, desistieron de abandonar su lengua materna, el *yiddish* para muchas de las comunidades del Este de Europa, el alemán para la burguesía asimilada de Europa central. Pero el lenguaje no permaneció incólume en Auschwitz, debió rescatarse de su bastardeo en la *LTI*, sufrió torsiones y debió someterse a una alquimia, seguramente personal en cada poeta, para que pudiera dar cuenta de aquello que se resistía a ser puesto en palabras.

El psicoanálisis no es poesía, pero al aunar en su praxis el lenguaje como instrumento y materia viva de su operación y la ética de la memoria que lo justifica en sus

---

[29] Recordemos con Benjamin: "apropiarse de un recuerdo tal como éste relampaguea en un instante de peligro".

indagaciones insolentes sobre el pasado perdido debe, tanto como mantener afilado el filo de las palabras y el poder incandescente de los conceptos que utiliza, guardar una ética implacable frente al *mal uso* del lenguaje. Sin ser filología, no puede permanecer impávido frente al lenguaje del que testimonia Klemperer con su *LTI*, ni frente al pequeño léxico del alemán nazi aparecido en 1957 (Klemperer, 2004, pág. 116) Pero tampoco frente a los intentos de borronear el pasado liquidando la memoria que yace en los intersticios de las palabras, como se desprende del Diccionario para la superación del pasado (*Vergangenheitsbewältigung*) que acaba de editarse en Alemania.[30]

Quizá ver cómo se las arreglaron los escritores en general, y en particular los poetas con un lenguaje bastardeado para dar cuenta de la devastación nos ilumine algo.

Probablemente la distinción entre poesía y narrativa en literatura pueda aplicarse también al cine de algún modo. Si fuera así, atendiendo a nuestro tema, directores como Steven Spielberg o Roberto Begnini, uno más en tono de drama épico, el otro más en tono de tragicomedia, ejemplificarían un abordaje narrativo que pretendería *ficcionalizar* la *Shoah*. Hay todo un modelo interpretativo, creo -y mucho más allá de Auschwitz- que toma este sesgo. En el otro extremo, hay otra manera de hacer

---

[30] Según consta en un cable de noticias de la agencia EFE del 19/12/07. Tal diccionario, obra de Georg Stötzel y Thorsten Eritz, agrupa más de mil palabras que, asociadas con el nazismo, no deberían utilizarse más en el idioma alemán. Entre ellas, pueden contarse por ejemplo la palabra *Entartet* (degenerado) que los nazis aplicaban al arte moderno para proscribirlo, o *Auslese* (selección), instancia de separación de las víctimas, unas irían al *Lager*, otras directamente a las cámaras de gas. Para ser coherentes, en esa línea, deberían también expurgarse del alemán palabras como humo, cenizas, gas, hornos, tren, humanidad, civilización Más valdría mantener el alemán así como está, herido, lastimado. El lenguaje humano está lastimado después de Auschwitz.

cine, probablemente menos grata, más *insoportable*, más poética, esto es, más cercana a lo indecible. El filme de Claude Lanzmann, *Shoah*, es uno de los raros ejemplos de esta modalidad y quizá debamos aprender de él, de su manera de preguntar, de *mostrar el vacío*, cómo construir interpretaciones verdaderas acerca de lo imposible de cernir en palabras. Sabiendo que una buena interpretación debería saber detenerse frente al abismo.[31] Respetar ese punto de indecibilidad, lo que pone de manifiesto la película de Lanzmann, posibilitaría tal vez que el recuerdo, avizorado en ese instante de peligro, sin sueño reparatorio alguno, pueda si no impedir, al menos acotar el demonio de la repetición.

Hay un lugar, el del silencio, que parece necesario preservar. Así como el *memento* es un mandato clave en la oración por los muertos y el *¡Zakhor!* llevado a la dignidad bíblica muestran el valor de la memoria del trauma en la existencia de los supervivientes, también el silencio ocupa un lugar central allí. No es casual que el silencio, unos fragmentos de silencio, sea el vehículo elegido para homenajear a los muertos. Cuando las palabras se han prestado al abuso, la tarea que les es encomendada la asume ahora, por vía negativa, el silencio.[32]

---

[31] El espectador queda atrapado en las películas de Begnini y Spielberg como ante cualquier buen filme que sabe captar la atención, dosificar la intriga, posibilitar ciertas identificaciones. En cambio, ver *Shoah* es una tarea difícil, más allá incluso de su duración (9 hs. 10 min.): si estuviera a nuestro alcance la dosificaríamos, nos levantaríamos a cada momento para luego volver, no hay nada que *entretenga* allí. Estamos ante la diferencia, quizás, entre el encontrarnos ante un tejido simbólico e imaginario que hace soportable un real angustiante, disimulándolo, y la mostración descarnada de éste.

[32] Ritvo (1995, pág. 129) señala el precario equilibrio que existe en el análisis entre las palabras que no se pronuncian, y designan entonces un espanto inextinguible (como en el caso de los *desaparecidos*) y el silencio debido y necesario, siempre en riesgo de ser anegado con palabras.

Se trata de un silencio especial, no es el silencio cómplice, ni el silencio inarticulado, ni el silencio de la conveniencia, sino un silencio activo, militante, el silencio que hace cobrar relieve a cada letra que lo rasga. Sea con su silencio o con su palabra, el analista debe poder dar lugar a ese vacío que el silencio representa como ninguna otra cosa. Ese silencio que los poetas saben poner de relieve mejor que nadie es el que a veces se profana por una determinada manera de interpretar en psicoanálisis.

3) El edificio teórico freudiano está construido sobre la hipótesis de cierta represión necesaria para el nacimiento de la *cultura*. El mito freudiano forjado en *El malestar en la cultura* habla de ello, de cómo recién después del parricidio consumado surgen tanto la Ley como la Moral y la Religión, como formas de la obediencia retroactiva al padre muerto. Esta tesis freudiana central presenta la cultura como un *progreso* de la humanidad a costa de cierta animalidad pulsional y está por detrás, a mi juicio, de una larga serie de análisis que pretenden ver en la *Shoah* un retorno de lo reprimido, una falla en el dispositivo represor de la cultura, un retroceso de la humanidad que ve de pronto a su disposición el acceso a un goce mortífero al que supuestamente había renunciado ya.

No es ocioso recordar que el "Holocausto" fue perpetrado por una de las naciones más cultas de la Tierra, apelando tanto en el plano ideológico como en el técnico, a un instrumental ajeno por completo al hombre primitivo. Ese solo rasgo debería hacernos sospechar de las lecturas a que nos referíamos.

Y aquí parece más apropiada, con toda su engañosa simpleza, una de las tesis benjaminianas a la que aludíamos en un comienzo, aquella que recuerda que "no existe un documento de la cultura que no lo sea a la vez de la barbarie" (Benjamin, 1972, pág. 52), que la barbarie es inherente al progreso, a la cultura, y no un estadio anterior.

Resuena también aquí la concepción lacaniana del superyó como *mandato de goce*, que se aleja del ideal regulador freudiano para iluminar buena parte de las atrocidades que se consuman a diario en nombre de los más piadosos ideales.

La barbarie así entendida es un reverso de la cultura, no su pasado superado. Y su resurgimiento no responde a una falla de los mecanismos regulatorios de lo simbólico sino a su misma constitución. Entonces pensar el mal hoy, sus *figuras clínicas*, no implica detenernos en un catálogo de las perversiones o buscar una suerte de cartografía de la abyección en un territorio que no deslinda con cuidado el terreno del psicoanálisis del de la moral. Quizá sea necesario mejor repensar el sujeto de la cultura, y desde ahí el sujeto con el que operamos en el análisis. Quizá no sea ya tan crucial hacer inteligibles los mecanismos de Dora, de Anna o de Hans sino el de *Adolf.* No el apellidado Hitler -a fin de cuentas hay ya mucho escrito acerca de la excepcional psicopatología que le corresponde y los fenómenos de masa que lo entronizaron como líder absoluto- sino los de Adolf *Eichmann*, modelo de ese sujeto gris, *banal*, que pulula por doquier.

VI). 1) Hay un punto en el que quizás, aun contraviniendo la regla metodológica que nos hemos autoimpuesto -aplicar Auschwitz al psicoanálisis y no a la inversa- debemos rescatar algo que el psicoanálisis, como ninguna otra disciplina, tiene para decir con respecto a los genocidas.

Es aquí cuando el psicoanálisis se aparta de la psicología social -más acostumbrada a pesquisar lógicas y razones colectivas- al pensar el caso a caso, el uno a uno, la *responsabilidad* subjetiva como un asunto absolutamente singular.

El devenir de la historia, las conveniencias políticas de siempre, favorecieron que la responsabilidad alemana se diluyera luego de la derrota sufrida. Conceptos tales como la *culpabilidad colectiva* encontraron un eco inusitado al permitirle a toda una generación de perpetradores o cómplices de crímenes inimaginables lavar sus culpas -por acción u omisión, culpas siempre *individuales*-[33] desde una razón de estado que se convirtió en una virtual exculpación.[34]

En los textos revisados para el presente trabajo, aparecen con persistencia algunos datos inquietantes: ni los alemanes odiaban a los judíos más que otros pueblos, ni los genocidas, al menos en su mayor parte, presentaban cuadros psicopatológicos extremos (Todorov, 1993, pág. 129). Eichmann mismo, en el clásico estudio de Hannah Arendt, ha sido presentado como un hombre de una *normalidad* rayana en lo vulgar. La dimensión colectiva de lo sucedido tiende a borrar la responsabilidad individual, aquella a la que en psicoanálisis atendemos antes que a ninguna. La misma responsabilidad reclamada con parca crudeza por la voz en *off* de *Noche y niebla*, la película que Alain Resnais filmó sobre Auschwitz[35].

---

[33] Hannah Arendt dice con claridad que no hay ni inocencia ni culpabilidad colectiva (cit. en Traverso, 2001, pág. 87). Retomando sus ideas, Karl Jaspers hablará de cuatro formas de culpabilidad: criminal, política, moral y metafísica. La primera debía ser perseguida y castigada legalmente, la segunda recaía sobre todo el pueblo alemán; la culpabilidad metafísica se asimilaba a la noción arendtiana de responsabilidad colectiva y ésta, junto con la moral, no podían ser sancionadas por la ley pues afectaban exclusivamente las conciencias (*ibid.*, págs. 88-89). Nuestro concepto de responsabilidad, además de ser estrictamente individual, incluye el inconciente.

[34] Desde ahí, no cabe asombrarse de que la *obediencia debida* haya sido una de las justificaciones más comunes en relación con los crímenes cometidos por las dictaduras latinoamericanas.

[35] Que en realidad es la de un sobreviviente de los campos. Resnais -quien la dirigió a los 33 años- rechazó en principio el encargo, pero luego aceptó a condición de que el texto de la voz en *off* fuera escrito y pronunciado por el sobreviviente y novelista Jean Cayrol.

Pero a la vez resalta en la bibliografía un dato no menor: en cada una de las situaciones grupales habituales en los campos, emergiendo de los flujos de comportamiento habituales, surgía alguien que *decía no*: desde algunos pocos miembros del tristemente célebre Batallón 101[36] (Browning, 2002) que se negaron a asesinar hasta algunos dirigentes de los controvertidos consejos judíos que eligieron suicidarse antes que seleccionar a sus compañeros para la muerte, o la escasísima pero real presencia de "justos" -quienes ayudaron a las víctimas del genocidio aun a riesgo de sus propias vidas- en medio de la tragedia cuestionan con su misma existencia a las mayorías silenciosas que posibilitaron y perpetraron la masacre. Hay una distancia entre Eichmann, quien se defendió en el juicio aduciendo que era un simple engranaje de la maquinaria nazi que cumplía órdenes sin discutir[37] y Claude Eatherly, uno de los pilotos de Hiroshima, quien intentó matarse al comprender las consecuencias de su acto, aun sin haber sido cuestionado ni acusado, sin ni siquiera haber sabido lo que su avión estaba arrojando sobre Japón. Escamoteada o asumida, la responsabilidad subjetiva es lo que se juega aquí, y ése, más allá de las implicancias morales o religiosas, es el campo del psicoanálisis, el campo en el que cada quien es responsable de sus deseos, de su goce, de sus actos.

De la devastación producida por la *Shoah* surgen figuras que afirman el valor de decir *no*, la primera discriminación freudiana, y recrean la apuesta ética de Bartleby ("preferiría no hacerlo", dice con terquedad el héroe de

---

[36] Estaba constituido por civiles que, representando aleatoriamente a la sociedad alemana en su conjunto, replicaba de forma *amateur* y fuera de toda coerción, en la retaguardia, la tarea asesina de los *Einsatzgruppen*.

[37] Aun cuando el propio código militar alemán autorizaba la desobediencia en casos extremos (Agamben, 2005, pág. 102).

Melville a cada momento), contra toda conveniencia. Quizá lo que la *Shoah* enseña al psicoanálisis se una con lo que el psicoanálisis pueda aportar, en su capilaridad, en la microfísica a través de la cual las catástrofes de un siglo de inusitada violencia infiltran los espacios subjetivos particulares, aquellos en los que el psicoanálisis reencuentra su potencial al posibilitar que un sujeto distinto surja producto de la responsabilidad asumida.

2) Así como los testimonios de los sobrevivientes de la *Shoah* son fundamentalmente el *registro de una ausencia,* y la escucha de esos testimonios nos confronta a quienes no estuvimos allí con esa pérdida, el psicoanálisis ha aportado quizás un *dispositivo*, una *maquinaria* apta como pocas para poner de manifiesto ese vacío que tiende siempre a escabullirse, a cegarse, a llenarse. Nos referimos al *dispositivo* más que a las *teorías* psicoanalíticas, pues muchas de ellas, pese a hablar de la ausencia de una manera clara, por su utilización quedan convertidas en vehículos de la operación contraria, del cegado o desconocimiento de esa ausencia insoportable. Ese artificio que consiste en unos pocos elementos de radical simpleza: un lugar para que un sujeto se tienda, una escucha atenta y desprejuiciada, deseosa de alojar algo que habrá de producirse allí, la proscripción o al menos el olvido de todo interés, de todo saber previo para que un sujeto sufriente pueda producir, vía asociación libre, un testimonio, no tanto de lo que sabe o de lo que ha vivido -a fin de cuentas, la confesión fue inventada antes que el análisis- sino de la ausencia a la que aludíamos. Es a través de este sencillo dispositivo, más o menos común a todas las teorizaciones, que el psicoanálisis cura revelando a cada analizante portador de una falta, testigo de una ausencia, de un vacío, de un silencio último.

Esta hendidura cavada en el torrente de sentidos que profiere un sujeto en análisis es liberadora, más aún que cualquier saber, pero es también angustiante, sobrecogedora y convoca, así como el sentido llama a la interpretación, a su clausura. Aquí cobra más relieve que nunca la advertencia proferida por Lacan (¡No comprendan!) o por Bion (quien plantea que el analista debe estar "sin memoria y sin deseo", pero tambien "sin comprensión") contra el llenado de ese silencio con palabras que pueden quizás, aun persiguiendo la verdad del sujeto, inundar ese hueco cavado en lo que habla el testigo en el diván, violar ese silencio aparecido gracias al dispositivo con interpretaciones que restituyan una consistencia que, más allá de los esperables efectos ansiolíticos, resultará a la postre iatrogénica. A la luz de las tristes "enseñanzas" de la *Shoah*, el dispositivo, esa máquina para hacer presente la ausencia, como el arte contemporáneo o la pedagogía tal como la describíamos, pone entonces a todo sujeto que se recueste en un diván en el lugar de testigo, de superviviente que testifica *acerca de esa ausencia*.[38] Y resistirse a comprender allí equivale en un punto a resistirse a comprender aquello que la *Shoah* muestra acerca de los victimarios, de la *civilización* alemana, de la cultura occidental. No se trata tan sólo de la *imposibilidad* de comprender, de la roca con que lo simbólico se topa ineludiblemente, sino de la *negativa* a comprender, no se trata tanto de un *límite* como de un *acto*: no hay que comprender, y ello en las distintas posibilidades que brinda el multívoco término: ni dar sentido ni pacificar de ninguna manera. Tampoco, en un tercer sentido, de cercar, de considerar la *Shoah* como un episodio limitado -sea de la Historia, de la historia de los judíos o de la historia del siglo XX- sino como una

[38] Y a cada uno de nosotros en el lugar de "testigo del testigo" (Ritvo, 1995, pág. 126), lo cual no debería carecer de consecuencias.

virtualidad posible inherente a la especie humana *more Auschwitz demonstrata.*[39]

La comprensión apura un duelo imposible. Ni congelado ni bloqueado (Granek, 1988), debe ser asumido como imposible pues efectuar ese duelo equivaldría a silenciar las voces de los *vencidos de la historia* de la manera en que la entiende Benjamin. Sólo un duelo inacabado por inacabable, tan lejos de la melancolía como de la liquidación del pasado, quizás, inmunice contra el demonio de la repetición.

Así como es difícil encontrar en los sobrevivientes referencias al psicoanálisis como un corpus que haya podido dar cuenta de aquello por lo que pasaron, nos asombramos al detenernos en la ingente bibliografía sobre la *Shoah,* con alguien que sí desea comprender, y apela entonces a Freud, al perpetuo combate que describe entre pulsiones de vida y de muerte para explicar la psicología de Hitler.[40] Algo no está bien si es el nazi Albert Speer, arquitecto y posterior ministro de armamento de Hitler quien puede recurrir a Freud alegremente. Aun cuando Speer haya sido uno de los pocos jerarcas nazis en asumir la culpabilidad que le cabe, hay en él un ansia escalofriante de comprensión, de ser comprendido, de comprender; y entonces apela al aparato freudiano. Resuenan aquí las palabras anticipadas al principio, de Celan espantado cuando escribe a Nelly Sachs: "Sabe, algunos de

---

[39] Dice Primo Levi que no se puede, o no se debe comprender, porque hacerlo es casi justificar; comprender es contener, identificarse con ese comportamiento o con su autor (Levi, 1998a, pág. 208).

[40] En una entrevista concedida a Eric Norden, publicada en la revista *Playboy* en junio de 1971 (cit. en Sneh *et al.*, 2000, pág. 44). El personaje de Speer se presta bien para pensar los distintos niveles de la responsabilidad, desde el momento que, aun habiendo asumido su culpa y purgado prisión por ella, "podía acusarse de crímenes espantosos en el mismo tono que utilizaba para ofrecer un trozo de *Apfel Torte*" (*idem*).

ellos escriben poemas. ¡Esos hombres ¡escriben *poemas*!" (Celan, 2004, pág. 26). Parafraseándolo, bien podríamos decir: "Sabe, algunos de ellos formulan interpretaciones. Esos hombres ¡hacen *interpretaciones*!".

Entonces hay que resistirse a comprender,[41] quizás en un sentido aún más radical al que alude Lacan o Bion cuando proponen al analista sustraerse de la tentación de comprender demasiado pronto. Se trata de sostener quizás un punto de perplejidad metodológica, de mantener intacta tanto la capacidad de asombro como de indignación ante aquel punto de vacío a menudo horroroso que cuestiona con su instante de silencio kilómetros de parrafadas estériles.

3) Aquello a lo que la *Shoah* nos confronta no se discierne con facilidad, y lejos está de estas líneas pretender agotarlo. Sí creemos, aunque más no sea esto una tarea preparatoria para poner a prueba cada una de nuestras categorías conceptuales inherentes al sujeto a la luz de Auschwitz, que transitamos un terreno en el que se impone una *ética del silencio* (Fonteneau, 2000), de poner más que nunca en barbecho nuestras explicaciones tranquilizadoras (frente a nuestra angustia y la de los otros), de aceptar encontrarnos en el corazón de algo que *aún* no sabemos, ni podemos, ni queremos encerrar en nuestros dogmas, al menos hasta tanto no hayamos sido suficientemente interpelados. No nos apartamos del terreno de la teoría psicoanalítica si ponemos a un lado los intentos explicativos para situarlos en la misma situación de incertidumbre con que nos ubicamos frente al discurso de un analizante. Disponemos, claro, de algunos instrumentos de navegación para orientarnos en un mar en el que de otro modo nos hundiríamos (entre los cuales la atención

---

[41] Si se comprendiera el testimonio, dice M.-A. Ouaknin, la víctima desaparecería (cit. en Mèlich, 2001, pág. 64).

flotante no es el de menor importancia) pero quizá se trate de dejarnos llevar por cierta corriente subterránea que ha emergido, dejar de pretender el manejo del timón para ver hacia dónde nos lleva, para poner a prueba incluso las nociones elementales del arte de la navegación. Mientras, el silencio.[42] Y si debiéramos emerger de él, como sucede a menudo, entonces sería preciso *una palabra afín al silencio, una palabra más tributaria de la poesía que de la prosa.* La interpretación entonces debe hurgar para encontrar tanto sus materiales como sus formas en la poesía. Como fue la poesía el modo más acabado (Sneh *et al.*, 2000) de abordar Auschwitz, su ininteligibilidad, por parte de las víctimas. Sólo con poesía tributaria de Auschwitz[43] puede abordarse la imposibilidad de poesía luego de Auschwitz, y cabría imaginar que, si alguien hubiera formulado el anatema de Adorno en relación con nuestro oficio: "Ningún psicoanálisis luego de Auschwitz", cabría responderle que sólo podría remontarse el camino con un psicoanálisis que tenga a Auschwitz en su reverso.

No se trata de apelar a ningún misticismo, sino de rastrear y capturar ese habla que guarda más afinidad con el silencio que con la multiplicación de palabras. Maurice Blanchot lo puntúa cuando escribe a partir de Antelme algo que quizá resulte imprescindible a la hora de pensar en la experiencia analítica post-Auschwitz. Comentando a Gershom Scholem acerca de la imposibilidad de comprender perfectamente Auschwitz, Blanchot (1970) dice lo siguiente: "Por lo tanto, imposible olvidarlo, imposible

[42] Un silencio que si bien implica cierto fracaso del lenguaje, es también una forma intensa de expresión de la palabra (Mèlich, 2001, págs. 21-22, 30).

[43] Susan Gubar ha investigado en detalle las maniobras -de la omisión a la prosopopeya, de la ruptura sintáctica a la cruza idiomática, de la fragmentación y la elipsis al desborde verborrágico- a que han sometido al lenguaje los poetas/sobrevivientes para poder testimoniar acerca de Auschwitz.

recordarlo. Asimismo, cuando se habla de él, imposible hablar de él. Y finalmente, como no hay más nada que decir sobre este acontecimiento incomprensible, *el habla sola debe llevarlo sin decirlo*" (las cursivas me pertenecen). Precisamente de eso, de lo que el habla sola debe llevar sin decirlo, es de lo que debería tratarse en el análisis, tanto en el plano de la teoría como en el momento en que ésta se encarna en cada interpretación.

Psicoanalizar después de Auschwitz implica, debe implicar, respeto por lo irrepresentable, por lo que no se puede decir. Ese exceso, incomprensible e inimaginable que encarna la *Shoah* nos impone en cierto punto el deber del silencio, aunque resulte en apariencia paradójico pues el mandato del psicoanálisis, si hubiera alguno, es hablar. Conquistar territorios del ello con el yo, del inconsciente con el preconsciente, exprimir lo simbólico hasta su infranqueable tope de lo real o como quiera llamarse, nos lleva siempre a decir, a interpretar, a hacer hablar confiando en que hablar libera, alivia, que quitar la mordaza deshace los síntomas que padece/goza el sujeto. Pero en un punto no es así. Y no se trata solamente de la defensa del silencio versus el *furor interpretandi*. Hay un punto en el que es preciso callar, en relación con la *Shoah* y, extendiendo este acontecimiento como la encarnación de lo irrepresentable a la clínica psicoanalítica, también en relación con nuestra práctica cotidiana con nuestros pacientes, sean o no supervivientes de la *Shoah* o sus descendientes más o menos traumatizados.[44] Como decía Wittgenstein, aquel viejo compañero de escuela de Hitler, en su *Tractatus*, "de aquello que no se puede hablar, mejor callar, o *mostrar*" (cit. en Wajcman, 2005, pág. 27; las

[44] En un punto, en Occidente, como se ha dicho y sin pretender homologar nuestro intento de reflexión con el sufrimiento padecido por las víctimas, todos somos descendientes de la *Shoah*.

cursivas me pertenecen), lo que abre quizá posibilidades inéditas a la intervención analítica.

Otra paradoja sólo aparente es aquella a la que alude Perec cuando, refiriéndose a Antelme, dice que no es cierto que se pueda callar y olvidar, sino que primero hay que que recordar. Antelme debe, continúa, explicar, contar, dominar ese mundo del que fue víctima (cit. en Mesnard, 2005, pág. 19). La negativa a comprender por la que abogamos ha de tener como antecedente la incoercible necesidad de comprender, de comprender todo lo comprensible sabiendo que arribaremos tarde o temprano a un lugar en que cualquier intento en ese sentido se revelará impotente.

Y aquí advertimos la razón de cierta *irritación* que nos embarga frente a algunos trabajos de colegas en torno a la *Shoah,* por otra parte encomiables desde muchos puntos de vista. Es la falta de respeto a este silencio necesario, que nos enfrenta con un límite de lo representable y por ende de lo interpretable, lo que causa malestar, cuando se moviliza toda la teoría para rellenar ese vacío, cuando la profusión de repeticiones no hace sino enmascarar el punto de imposibilidad, para interpretar lo no interpretable, en un exceso de lo simbólico. Hay una paradoja aparente ahí, un exceso de lo simbólico para abordar lo real, cuando quizás haya que tolerar el déficit de lo simbólico, su insuficiencia, el punto estructural donde nada puede (ni debe) decirse. El silencio con que el analista acoge a su paciente -un silencio, digámoslo, particular, un silencio que más allá de la paradoja puede convivir con palabras pues se trata de palabras que no ignoran el lugar estructural del silencio- ese silencio analítico, decíamos no tendría tan sólo la función de posibilitar la palabra no dicha de quien nos consulta, sino también de mostrar en acto la imposibilidad de una palabra última. Lejos de inhibir la palabra, este silencio la propicia, de la misma manera que la "prohibición" de escribir poesía después de Auschwitz ha generado quizá tanta o más poesía que ningún otro acontecimiento histórico. Sólo que es una poesía particular, una poesía que no desconoce Auschwitz, de la misma manera que no debería desconocerlo cualquier interpretación psicoanalítica. Después de la *Shoah* quizá habría que leer, escribir y practicar el psicoanálisis como se lee y se escribe poesía, respetando los espacios en blanco, descontando que no todo es significable.

En cierto modo, volviendo a la dificultad inicial de *nombrar* aquello que sucedió, los nombres disponibles bien podrían funcionar, en su opacidad, en lo que sugieren sin definir, en su capacidad alusiva, como una interpretación, pero *hacia el psicoanálisis mismo*, como una interpretación que más que importar el contenido de lo que dice, vale por lo que hace decir. Dejarnos interpelar por Auschwitz equivale a asumir que *aquello* (o mejor dicho *eso*, pues está menos lejano de lo esperable) nos cuestiona, que no es un objeto interpretable más, que no nos habilita, con su catálogo de monstruosidades, para esgrimir nuestras destrezas omniexplicativas ni en el terreno de la psicopatología, ni en el de la psicología de las masas, ni en el de la condición humana, ni en ningún otro.

Hasta el momento el psicoanálisis actual ha acusado el golpe de Auschwitz aplicando, con la impronta de sus lenguas francas,[45] un saber que en su mayor parte no ha calibrado en su interior la cesura que Auschwitz representa en relación con el sujeto. Y no se trata de arribar aquí a una nueva teoría unificadora de un campo que encuentra, en su heterogeneidad y pluralismo, tanto las marcas de juventud como un potencial heurístico nada

[45] Inglés con cadencia británica o norteamericana con acento alemán, francés o un español-Calibán que no termina de librarse de cierta fascinación por las lenguas de Próspero...

desdeñable, sino de que cada corpus que orienta hoy la práctica analítica en diferentes latitudes aloje la pérdida como pueda, dejándose interpelar en su clínica por la existencia de un sujeto post-Auschwitz. Y en esa interpelación, los psicoanalistas deberíamos correr el riesgo quizá de que nuestros conceptos se revelen anacrónicos e incapaces de echar una luz verdadera sobre Auschwitz. Eso no invalidaría nuestro método, que ha sabido hacer de los tropiezos y fracasos una palanca propulsora para nuevos avances, sino que lo enriquecería, posibilitando mantener en el campo de nuestra praxis el hueco de lo que no se sabe.

Luego de Auschwitz, habría que psicoanalizar con la pérdida en mente, siempre presente como tiene el deudo en la tradición judaica una prenda rota para demostrar que hay algo roto dentro suyo. Analizar con el lenguaje desgarrado como escribe Celan, como escribía Perec,[46] huérfano de la *Shoah* también, que compuso una novela donde aparecen todas las vocales *menos una*, la E (la A en la traducción española), la más común en el idioma, en lo que tras la apariencia de una frivolidad más o menos ingeniosa, ponía en juego una escritura en torno a la pérdida. Una literatura donde la ausencia es patente, como la tributaria de la *Shoah*, conduce a pensar un psicoanálisis que se permita hacer presente la ausencia sin rellenarla de sentidos tan pacificadores como invalidantes. En el

---

46 Al aceptar dejarnos enseñar por algunos escritores, aparece un sesgo interesante pues cabe suponer que muchos sobrevivientes y artistas han pasado por divanes psicoanalíticos, algunos muy conspicuos -*v.gr.*, Perec fue analizante de F. Dolto, Beckett de W. Bion. Podríamos preguntarnos cuánto de lo que los autores han postulado en la teoría debe a la experiencia de escucha de *esos* analizantes-. Así, permitiéndonos interrogar desde los artistas y los sobrevivientes, no haríamos sino oír a los pacientes. Ni más ni menos que lo que posibilitó, cien años atrás, que Freud inventara el psicoanálisis.

que podamos construir interpretaciones aceradas, carentes tanto de vanidad como de moralina, lejos de cualquier pretensión de saber absoluto, lograr que cada palabra que proferimos lleve en su reverso esa pérdida, ese vacío que Auschwitz hace evidente de una manera ineludible.

4) Una nota de carácter personal, en la línea de la advertencia proferida por Steiner a quien se aventure en estos territorios[47] quizá dé cuenta de lo que se juega aquí: mientras redactaba este trabajo, en el tiempo de las lecturas previas, comenzó a acometerme un insomnio ocasional pero pertinaz. Me *desvelaba*, y despierto irremediablemente en mitad de la noche, me asaltaban pensamientos ligados a los testimonios que leía, a las películas que veía, a datos no necesariamente explícitos. La sensación general era la de toparme con algo *insoportable*, lo que imagino que debe haber incidido en el tiempo que hubo de pasar hasta que pudiera prestarse oídos a los testimonios de los sobrevivientes[48] y que no garantiza que esa ventana abierta al testimonio de los ausentes, que de eso se trata, permanezca abierta por mucho tiempo más.[49]

---

[47] Alertándonos sobre la "sutil fascinación corruptora" ejercida por el horror, decía: "No estoy seguro de que quede personalmente intacto quien, por escrupuloso que sea, emplee tiempo y recursos imaginativos en el examen de estos lúgubres lugares" (Steiner, 1971, pág. 49).

[48] Sólo a fines de la década de 1970 Auschwitz cobró importancia en la conciencia occidental. Hasta ese momento, por muchas razones, la actitud predominante fue el silencio (Traverso, 2001 pág. 17) y no había oídos dispuestos a escuchar a los sobrevivientes. Cabría reflexionar cuánto de algunos conceptos psicoanalíticos centrales, como el de *terror sin nombre* en Bion o el fundamental registro de lo *Real* en Lacan (donde éste ubicaba los campos de concentración) debe a la aparición creciente y *audible* de testimonios de sobrevivientes de la *Shoah* en Europa. Quizá convertir a Auschwitz en una palabra no demasiado extraña al vocabulario psicoanalítico permita acentuar distinto los conceptos con que operamos, y a veces es sólo un acento lo que convierte una palabra en otra...

[49] La apertura de diafragma que, al abrirse sobre Auschwitz ha permitido un formidable y a la vez imposible trabajo de pensamiento a su alrede-

Evidentemente hay aquí algo que *desvela* en otro sentido también, que descorre un velo sobre algo que quizá no deba, no pueda, ser visto salvo fragmentariamente, la cabeza de la Gorgona de la que hablaba Levi, aquello que sólo los *musulmanes* han visto.

Después de Auschwitz, el psicoanálisis debería renovar más que nunca su pacto con la función del resto, de lo marginal -si surgió como disciplina, fue ocupándose de lo que la Ciencia descartaba-, poniéndolo en el centro de sus preocupaciones. Y operar así una *inversión* (en el doble sentido de dar vuelta y de apostar por el futuro) fundamental: situar en la periferia de nuestra escucha lo que puede ser dicho manteniendo el lugar del centro, de corazón de nuestra praxis, a lo indecible.

Los perpetradores de la *Shoah* pretendieron no dejar rastros ni responsables. El psicoanálisis, como práctica capilar, es en ese sentido su reverso: si tiene eficacia es por la recuperación de rastros, si guarda alguna razón de ser es en la asunción de una responsabilidad siempre subjetiva e ineludible.

En su portentoso trabajo de investigación sobre el exterminio, Raoul Hilberg se enfrentó con el problema de tener que reconstruir un proceso que estaba destinado a no ser sabido -recordemos las palabras de Himmler a las *SS* en Posen: "Una página gloriosa de nuestra historia que jamás fue escrita y que nunca lo será (LaCapra, cit. en Friedlander, 2007, pág. 194 *n.*). El historiador del "Holocausto" se enfrenta con que las fuentes alemanas revelaban la complejidad burocrática del proceso de

---

dor, está determinada históricamente (Huyssen, 2001, pág. 23). No hay razones para pensar que esa situación, que lleva unos treinta años, vaya a mantenerse, sea tal posibilidad efecto de un olvido interesado, o de la saturación misma de memoria que termina anestesiando, o de un abusivo exceso en su ficcionalización, existe siempre la tentación de volver a enterrar una experiencia que roza como pocas lo insoportable.

exterminio, pero sólo hablaban de personas en los apéndices. En las fuentes judías, en cambio, no se capta el proceso más amplio del que eran víctimas, aunque sí se revelan experiencias particulares (Haidu, en Friedlander, 2007, pág. 419). En su afinidad con el *testimonio* más que con el *sistema,* el psicoanálisis se aleja de las grandes clasificaciones psiquiátricas (quizá no sea casual que muchas de éstas encuentren su origen y acmé en la psiquiatría alemana...) para encontrarse más a gusto en las descripciones fragmentarias y marcadas por la pérdida, en los relatos subjetivos, parciales, dolidos de quienes han hecho la experiencia del horror en carne propia.

Así como los nombres en Auschwitz se convierten en números, y los cuerpos en una masa informe, mortero de huesos y grasa quemada, *cada* historia se diluye en una ominosa generalidad. Ahí es donde aparece el testimonio, y el *testimonio de una ausencia,* como el que brindan los sobrevivientes en sus relatos -sean éstos novelados, poéticos, ensayísticos, orales- restituyéndoles a los ausentes, a algunos de ellos, su individualidad perdida. Este lugar es isomórfico al del analista frente a cada caso que escucha. Más allá de la investidura terapéutica del analista frente a la devastación subjetiva de algún analizante, el analista, como Levi, como Wiesel, como Kertész, como tantos otros, es un testigo que aloja una ausencia. Esa ausencia no se obtiene más que de los agujeros de un relato particular. Allí el psicoanálisis, como baluarte último de cierta narrativa oral, recupera o preserva algo de una experiencia que parece condenada a la extinción (Benjamin, 2008). Y así, con la atención puesta desde sus orígenes en el *relato,* único, singular, de *cada caso,* el psicoanálisis ratifica su lugar extranjero, el exacto reverso de la *Weltanschaüung* nazi.

Entonces, como aludíamos al comienzo, si la barbarie está en el reverso de la cultura, el psicoanálisis -por la atención que presta a los restos, al relato particular, a la responsabilidad individual, entre tantas otras cosas- está en el reverso del nazismo. En ese sentido, imaginamos la perplejidad que debe de haber acometido a uno de los traductores al húngaro de Freud al tener que verter al magiar el *Unbewüsste* omnipresente en su obra. Quizás haya sentido algún escozor, algún escalofrío al encontrar que la sabiduría de la lengua retoma, pese a cualquier intento de "superación del pasado", el peso específico de la verdad. O quizá no, quizás *ese* traductor -hablamos de Imre Kertész- no se haya sorprendido en absoluto de encontrar en la misma trama de la lengua, como anverso y reverso, el nazismo y la *ciencia judía* freudiana. Pues, como si fuera una broma, y en una clara metáfora del psicoanálisis como contracara del nazismo, *inconsciente*, en húngaro, se dice *nazi*[50] (Abraham, 2002).

Quizás el psicoanálisis, después de todo y más allá de las voces críticas que hemos reseñado, tenga algo para ofrecer. Así parece desprenderse de una escena que viene a mi memoria. Tratemos de imaginarla: un analizante, luego de haber publicado con resonante éxito una obra sobre Auschwitz, se encuentra sumido en una depresión severa, inhibido para seguir escribiendo o disfrutar de su vida, incluyendo el cercano nacimiento de su primera hija. El sujeto de quien se trata es también, de algún modo, un sobreviviente. Si bien él no estuvo en Auschwitz, sus padres y su hermano sí. Éste murió allí, su madre se suicidó tiempo después. Auschwitz ha dejado marcas indelebles en su padre, quien lo ha martirizado durante toda su existencia. Muerto años atrás, sigue siendo un fantasma que acosa al analizante. El analista que lo escucha también,

50 Si se avanzara en la empresa de "superación del pasado", habría que erradicar entonces, también, la palabra *inconciente*, al menos de los diccionarios húngaros. Este ímpetu superador no parece demasiado ajeno a la pretensión, detectable en varios idiomas y no sólo en húngaro, de dejar atrás al mismo psicoanálisis en aras de *tecnologías psi*, químicas o conductuales, supuestamente más "modernas".

es un sobreviviente de los campos. Ambos discuten sobre la validez de seguir contando historias sobre Auschwitz.

-Mmm -dice el analista- ¡Cuántos libros se han escrito sobre el Holocausto! ¿Para qué? La gente no cambió... Quizá necesite otro Holocausto más grande. Los muertos no podrán contar su historia; quizá sea mejor que no haya más historias.
-Ajá -contesta el analizante-. Samuel Beckett dijo: "Cada palabra es una mancha innecesaria en el silencio y la nada".
-Sí... -contesta el analista, y ambos quedan en silencio.
-... Pero él lo DIJO -exclama de pronto el paciente, alumbrado por un descubrimiento repentino.
-Tenía razón -le reafirma el psicoanalista-. Quizá puedas incluirlo en tu libro.
-¿Mi libro? ¡Ja! ¿¿Qué libro?? Una parte de mí no quiere saber nada de Auschwitz, y no puedo imaginarme lo que fue estar allí.

Al cabo de esa sesión, el paciente sale de su crisis y logra acabar -lo sabemos porque la estamos leyendo- su historia. Con ese decir que nombra lo indecible sin desconocerlo ni anegarlo de sentido, logra encontrar sus propias palabras. O con más rigor: encuentra palabras y *dibujos.* Pues la publicación de la que se trata es la de un libro de historietas, *Maus,* y su autor, Art Spiegelman, no oculta las marcas de su experiencia al retratarse él mismo como personaje. Y la sesión psicoanalítica ficcional que transcribimos, no cabe duda, remite a una "auténtica". Y la maniobra propiciada por el silencio y la intervención oportuna del analista-sobreviviente (y de Beckett, por qué no), que ayuda a su paciente a cernir ese punto innombrable y sortear la severa inhibición que lo aquejaba, quizá pueda servirnos como fanal, débil y precioso a la vez, para orientarnos en los cenagosos avatares de nuestra práctica.

Bibliografía

Abraham, Tomás, *Un maldito ético*, en *Radar*, *Página 12*, 23 de diciembre de 2002, Buenos Aires.

Agamben, Giorgio, *Lo que queda de Auschwitz. El archivo y el testigo. Homo sacer III*, Pre-Textos, Valencia, 2005.

Améry, Jean, *Más allá de la culpa y a expiación. Tentativas de superación de una víctima de la violencia*, Valencia, Pre-Textos, 2004.

Antelme, Robert, *La especie humana*, Montevideo, Trilce, 1996.

Arendt, Hannah, *Eichmann en Jerusalén. Un estudio sobre la banalidad del mal*, Barcelona, Lumen, 2003.

Arzoumanian, Ana, Prólogo a Gubar, Susan, *Lo largo y lo corto del verso Holocausto*, Córdoba, Alción, 2007.

Bauman, Zygmunt, *Modernidad y Holocausto*, Toledo, Sequitur, 1998.

Benjamin, Walter, "Sobre el concepto de historia", en *Discursos interrumpidos I*, Madrid, Taurus, 1972.

——, El narrador, Santiago de Chile, Ediciones/Metales pesados, 2008.

Besserman Vianna, Helena, *No se lo cuente a nadie. Política del psicoanálisis frente a la dictadura y a la tortura*, Buenos Aires, Polemos, 1998.

Biagioli, Mario, *Ciencia, modernidad y solución final*, en Friedlander, Saul, *op. cit.*

Bion, W. R., "Notas sobre la memoria y el deseo", en *Revista de Psicoanálisis*, XXVI, 3, APA, 1969, Buenos Aires,.

Blanchot, Maurice, *El diálogo inconcluso*, Caracas, Monteávila, 1970.

Browning, Christopher, *Aquellos hombres grises. El batallón 101 y la Solución Final en Polonia*, Barcelona, Edhasa, 2002.

Celan, Paul, *Obras completas*, Madrid, Trotta, 2004.

Cohen, Diana, *Los narradores de Auschwitz,* México, Fineo & Lilmod, 2006.

Esposito, Roberto, *Bíos. Biopolítica y filosofía,* Buenos Aires, Amorrortu, 2006.

Freud, S. [1914], "Recordar, repetir y reelaborar (Nuevos consejos sobre la técnica del Psicoanálisis, II)", en *Obras completas,* Buenos Aire,s Amorrortu, t. XII, 1976.

Fonteneau, Francoise, *La ética del silencio. Wittgenstein y Lacan,* Buenos Aires, Atuel/Anáfora, 2000.

Friedlander, Saul (comp.), *En torno a los límites de la representación. El nazismo y la solución final,* Buenos Aires, Universidad Nacional de Quilmes, 2007.

Fuchs, Jack, *Dilemas de la memoria. La vida después de Auschwitz,* Buenos Aires, Norma, 2006.

Gampel, Yolanda, "El dolor de lo social", en *Psicoanálisis,* vol. XXIV nº 1-2, APdeBA, 2002, Buenos Aires.

Granek, Michel, "Malaise dans la civilization après Auschwitz", en *Revue Française de Psychanalyse,* vol. 52, nº 6, 1988.

Grass, Günter [1990], *Escribir después de Auschwitz. Reflexiones sobre Alemania: un escritor hace el balance de 35 años,* Barcelona,Paidós, 1999.

Gubar, Susan, *Lo largo y lo corto del verso Holocausto,* Córdoba, Alción, 2007.

Haidu, Peter, *La dialéctica de lo inefable: el lenguaje, el silencio y los relatos de des-subjetivación,* en Friedlander, Saul, *op. cit.*

Hilberg, Raúl, *La destrucción de los judíos europeos,* Madrid, Akal, 2005.

Hillesum, Etty, *Diario de Etty Hillesum. Una vida conmocionada,* Barcelona, Anthropos, 2007.

Huyssen, Andreas, *En busca del futuro perdido. Cultura y memoria en tiempos de globalización,* Buenos Aires, Fondo de Cultura Económica, 2001.

Kertész, Imre, *Un instante de silencio en el paredón. El holocausto como cultura,* Barcelona, Herder, 2002.

Klemperer, Victor, *LTI. La lengua del Tercer Reich. Apuntes de un filólogo,* Barcelona, Minúscula, 2004.

Lacan, Jacques, El Seminario III. Las psicosis, Buenos Aires, Paidós, 1992.

La Capra, Dominick, *Representar el Holocausto: reflexiones sobre el debate de los historiadores,* en Friedlander, Saul, *op. cit.*

Legendre, P., *Lecciones VIII. El crimen del cabo Lortie. Tratado sobre el padre,* México, Siglo XXI, 1994.

Levi, Primo, *Si esto es un hombre,* Barcelona, Muchnik, 1998.

——, [1989], *Los hundidos y los salvados,* Barcelona, Muchnik, 2000.

Mèlich, Joan-Carles, *La ausencia del testimonio. Ética y pedagogía en los relatos del Holocausto,* Barcelona, Anthropos, 2001.

Melville, Herman, *Bartleby, el escribiente,* Buenos Aires, Gárgola, 2004.

Mesnard, Philippe, *Un texto sin importancia,* introducción a Levi, Primo, *Informe sobre Auschwitz,* Barcelona, Reverso Ediciones, 2005.

Reyes Mate, M., *Memoria de Auschwitz. Actualidad moral y política,* Madrid, Trotta, 2003a.

——, *Por los campos de exterminio,* Barcelona, Anthropos, 2003b.

Ritvo, Juan Bautista, "La memoria del verdugo y la ética de la verdad", en *Conjetural,* nº 31, 1995, Buenos Aires.

Roudinesco, Élisabeth y Plon, Michel, *Diccionario de Psicoanálisis,* Buenos Aires, Paidós, 2005.

Semprún, Jorge, *La escritura o la vida,* Barcelona, Tusquets, 2002.

Sharpe, Ronald, "La pasión según George Steiner. Entrevista a George Steiner", en *Revista Zona Erógena,* nº 36.

Sneh, Perla y Cosaka, Juan Carlos, *La shoah en el siglo. Del lenguaje del exterminio al exterminio del lenguaje*, Buenos Aires, Xavier Bóveda, 2000.

Spiegelman, Art, *Maus*, Buenos Aires, Emecé, 2006, 2 vols.

Steinberg, Paul, *Crónicas del mundo oscuro*, Barcelona, Montesinos, 1999.

Steiner, George [1971], *En el castillo de Barba Azul. Aproximación a un nuevo concepto de cultura*, Barcelona, Gedisa, 1998.

——, [1976], *Lenguaje y silencio. Ensayos sobre la literatura, el lenguaje y lo inhumano*, Barcelona, Gedisa, 2006.

Todorov, Tzvetan, *Frente al límite*, México, Siglo XXI, 1993.

Traverso, Enzo, *La historia desgarrada. Ensayo sobre Auschwitz y los intelectuales*, Barcelona, Herder, 2001.

Vidal-Naquet, Pierre, *Los asesinos de la memoria*, México, Siglo XXI, 1994.

Viñar, Marcelo, *Inquietudes en la clínica psicoanalítica actual*, Brasil, 2006.

Viñar, Maren y Marcelo, *Fracturas de memoria-Crónicas para una memoria por venir*, Montevideo, Trilce, 1993 (versión gratuita publicada en Internet).

Virilio, Paul, *El procedimiento silencio*, Buenos Aires, Paidós, 2001.

Wardi, Dina, "La transizione del trauma dell'Olocausto: conflitti di identità nella seconda generazione di sopravvissuti", 1998.

Wajcman, Gérard, *El objeto del siglo*, Buenos Aires, Amorrortu, 2001.

——, *Tres imposibles, en arte y psicoanálisis. El vacío y la representación*, Córdoba, Brujas-Centro de Estudios Avanzados UNC, 2005.

El derecho y el mal[1]

Horacio Roitman

1.Un concepto

Cualquiera fuere el grado de certeza que la abstracción de un concepto o la pureza de una definición puedan brindarnos, jamás podremos aprehender la noción verdadera de lo que aquí queremos estudiar: *el mal,* y luego su vinculación con la ciencia del derecho.

El inconveniente para ofrecer un concepto va mucho más allá de una definición (carencia de bondad, apartamiento de lo lícito, ético u honesto, o lo que ocasiona desgracia o calamidad), o la expresión vaga referida a los valores (juicio moral o ético negativo, cruel, injusto, egoísta, etc.).

2. Ilustración

Como si se tratara de la portada de un libro, o la ilustración de un ensayo, escogí cuatro momentos de la *Historia del Arte* para tratar de mostrar el grado del *mal* que ahora nos ocupa como centro de esta discusión.

---

1 Este texto reproduce una conferencia. El autor ha preferido dejar el formato tal cual, por lo que no ha agregado las referencias de los libros citados en la misma.

El primero son las estampas de **Goya** sobre las guerras napoleónicas en España, el segundo es el *Guernica* de **Picasso** (1937), el tercero, *El Grito* de **Munch** (1895), y el cuarto, las *Imágenes de Abu Graib* de **Botero** (2005).

Cada cual en su época, y a su modo, sintetiza, a mi juicio, de manera perfecta el horror, la miseria, la desesperación, la destrucción, el desamparo; y genera en quien lo recibe la angustia, la desazón y la sensación de lo irremediable.

No disminuye el valor de los conceptos recordar que una sola imagen vale más que mil palabras. La evocación de estos hitos no tiene la perspectiva que Giovanni Sartori le dio al *Homo Videns* a quien consideró más un "animal vidente" que un "animal simbólico", ni tampoco las de Stefano Zecchi en *L'umo è ciò che guarda*, sino con el sentido exactamente contrario: las que Herbert Read describió en tres obras memorables *"Educación por el arte"* (retomando un concepto de Platón, continuado por Schiller "[...] hasta que el hombre, en sus modos físico y sensorial de ser, no se haya acostumbrado a las leyes de la belleza, no será capaz de percibir lo bueno y lo cierto -no será capaz de libertad espiritual [...]", en *Notes toward the definition of culture* y *Art and Society*. Tal vez como Pierre Francastel lo expuso en *Peinture et Societe*. O como André Malreaux en *Le musee imaginaire"*: "El museo imaginario no es la herencia de fervores desparecidos[...]". *"Es lo que nos dicen estos cuadros y estas esculturas, y no lo que ellos nos han dicho"* (traducción libre).

Estos cuatro momentos en la historia del arte, lo que nos han dicho y lo que los hombres han percibido con libertad espiritual, han representado, en sus diversos estadios lo siguiente:

1-Muestra reciente en el Prado "*Goya en tiempos de Guerra*".

Goya, El tres de mayo de 1808 en Madrid,
Museo del Prado, Madrid

Tomás Eloy Martínez la describe: "La historia se va volviendo insensata, carece de razón y el espectador mismo del horror se siente perdido en tiempos y lugares donde todo sucede con tal intensidad y perfidia que por un momento parece que se retirara el aire". La muestra especial logró su cometido, pero quienes no la hemos visto también padecimos la sensación de *asfixia* cuando antes estaban en el subsuelo, y el lúgubre ambiente oscuro las albergaba. Nadie que haya observado los óleos con los fusilamientos o la tortura, o las crueles imágenes de los aguafuertes, pudo permanecer impasible.

2- *Guernica,* París, 1937.
http://www.museoreinasofia.es/coleccion/obras/guernica.html

Dora Maar cuenta cómo pintó la obra inclinada. Parecería que entre la gestación del cuadro destinado a la Exposición Universal de París y su destino actual en el Museo Reina Sofía hay un cruel paralelismo con uno de los horrores de la historia. En el año 1937 la ciudad de Guernica soporta el bombardeo alemán y en la ciudad desvastada queda sólo el *Gernikako Arbola* (en Euskera). Ese árbol sobrevivió hasta el 20 de abril de 2004, cuando fue declarado muerto y sustituido por uno de sus retoños el 25 de febrero de 2005. Preside la Casa de Juntas de Guernica, y siempre el Lehenkendari prestó juramento bajo su copa. Dijo Rafael Alberti a Pablo Picasso "Y a todo esto lo llamaste Guernica. Es decir, uno de los gemidos más grandes de dolor que haya sido arrancado al pueblo de España, al mismo tiempo que el más hondo escapado de ti". Primero la incomodidad para elaborarla por su gran tamaño, y luego su derrotero (en custodia al MOMA de Nueva York hasta que cesara la dictadura en España), luego el retorno a la Casa del Buen Retiro y finalmente su morada en un gran museo. La madre, el caballo, el toro, el hijo, la angustia, la muerte, la desesperación, la desolación, la impotencia y el horror están condensados en ese inmenso lienzo con sus matices: del negro al blanco, pasando por todos los grises sin un solo color.

3- *El grito*, de Edvard Munch, 1895.

Recientemente admiré el film sobre la vida de Simone Veil, en el que relata que cuando le ofrecieron salvar su vida en Auschwitz intercedió por su madre y su hermana; cómo su madre murió de tifus en sus brazos, y cómo luego luchó por el derecho de las mujeres a disponer de su propio cuerpo ante embarazos no queridos (seguramente recordaba las violaciones en el campo de concentración).

Y tuve de repente la *asociación libre* que tan bien han estudiado los psicoanalistas, y la imagen de ese rostro casi desfigurado sostenido por las dos manos desesperadas, que vuelve a representarnos el horror que se siente ante el mal. En algún lugar de mi memoria me quedó grabado aquel rostro tan expresivo que había observado varias décadas atrás en una muestra retrospectiva, y de repente apareció como el símbolo de tantas luchas de esta ilustre francesa.

4-Finalmente, Las imagenes de la cárcel de Abu Graib, de Fernando Botero.
http://www.slate.com/id/2153674/slideshow/2153797/entry/2153796/fs/0

Dieron vuelta al mundo, y hoy algunas están alojadas en Medellín y en Bogotá. Fueron los abusos de los carceleros en Irak de las que todos estuvimos informados cuando los soldados tomaron fotos con sus celulares. Esto es el "*Gran Hermano*" de Orwel de 1894, con la sola diferencia de que el gran observador esta vez fue la humanidad. Y si las fotos presentaron la decadencia de soldados inescrupulosos que violaron todas las leyes de la guerra, fue la paleta del colombiano tan famoso el que nos hizo sentir a todos la humillación del ser humano por medio de sus grotescas y exuberantes representaciones de víctima y victimario.

3. Sensaciones similares en la literatura

La lectura de las *Mémoires* de Elie Wiessel me produjo sensaciones de angustia más graves, porque se prolongaron durante toda una época. En "*Toutes les fleuves vont a la mer*" dice: "Como hemos llegado nosotros a aprender de nuevo a respetar los muertos si rechazamos la muerte: he aquí otra lección: la naturaleza humana está hecha de tal manera que nos habituamos más fácilmente al desamparo que a la felicidad". Y en "...*Et la mer n'est pas remplie*", la conclusión conmovedora, que es adonde quisiera llegar al terminar mi intervención: "Y sin embargo. Hay que mirar el futuro. Para salvar la vida de sólo un niño, ningún esfuerzo es superfluo. Hacer sonreír a un anciano, fatigado de marchar y de sufrir, es cumplir con un deber esencial. Combatir la injusticia y la maldad, no será por un solo instante, por una sola víctima, será inventar una nueva razón para esperar"... "La esperanza puede transformarse en una trampa donde las víctimas sean tan desgraciadas como aquellas de la desesperación" (traducciones libres).

Igual opresión me generó la biografía de Primo Levy, una tesis sin par de Myriam Anissimov que describe la "tragedia de un optimista". Su suicidio y la fotografía del lugar no se me pueden borrar, pues son el epílogo de una vida signada por la tragedia.

Y en mis lecturas de adolescente, Stefan Zweig en "*El mundo de ayer*" como prólogo a otro suicidio pero basado en la impotencia ante un mundo que no cambiaba.

4. Razón de esta introducción

Esta introducción, no desprovista del dramatismo que la propia noción del **mal** lleva insita, tiene como objetivo plantear un interrogante que otras disciplinas ya se han formulado, y extrapolarlo al campo del derecho.

La primera observación es que en la historia de la humanidad ha habido muchos atentados contra **el hombre**, contra **la naturaleza humana**, o lo que hoy llamamos **la humanidad**. Son referencia obligada: 1) las Cruzadas; 2) los pogroms en Ucrania de 1648/1649; 3) las matanzas de

Genghis Kan; 4) la Inquisición; 5) en el siglo XX los pogroms de Kishenev; 6) el genocidio armenio a manos de los turcos; 7) el Pol Pot en Camboya; 8) las ejecuciones y el Gulag de Stalin; 9) la limpieza étnica en los Balcanes; 10) los crímenes tribales en Ruanda, sin contar los excesos en las guerras convencionales como Hiroshima, Nagasaki, Vietnam, Irak y el conflicto palestino-israelí.

De todos ellos, sólo dos momentos estuvieron organizados legalmente para ejecutar la más baja de las pasiones que degrada al hombre, que es el odio. Uno fue la Inquisición. La mejor prueba es la Casa del Tribunal del Santo Oficio en Lima, y los otros tantos museos que se conservan en España. Tal vez la distancia en el tiempo nos haga perder la noción de su gravedad; sin embargo, la historia de los *marranos* es prueba de esa crueldad sin par cuyos vestigios se conservan hasta hoy.

Pero a mi juicio, nada es comparable a la maquinaria feroz que montó la Alemania nazi. Las "leyes raciales de Nüremberg", un proyecto político denominado "solución final", la organización de un sistema de aprovechamiento de los restos humanos y sus pertenencias (saqueos, apropiación de bienes y joyas, y camino al matadero, los dientes de oro, los anteojos, el cabello, los zapatos) en lo que recientemente fue descripto como "sistema fordista de producción en serie" (Rafecas). Aunque hubo muchísimos campos de concentración, y otros de exterminio, el símbolo con el que lo recordamos es Auschwitz sin que sean menos graves o atroces los crímenes perpetrados en Treblinka, Maidanek, Dachau, Tereinsentad, entre tantos otros.

Moisés Kijak es enfático: "Todo el proceso genocida contó con un apoyo legal absoluto. Desde las primeras leyes antijudías en 1933, las Leyes de Nüremberg en 1935, hasta cada uno de los pasos dados hasta la "solución final" a partir de 1942, todo era realizado dentro de las normas legales establecidas". Y luego de describir la "organización tan eficiente" concluye: "Cientos de renombrados antropólogos, etnólogos, filósofos, historiadores, juristas, economistas, geógrafos, demógrafos, teólogos, lingüistas y médicos se adhirieron espontáneamente al nazismo y, en forma individual o a través de institutos creados al efecto, brindaron las bases científicas para la preparación, justificación y ejecución del genocidio. Sus nombres quedaron registrados. Sólo quedan sin conocer los nombres de los ingenieros que construyeron con tanta eficacia las cámaras de gas; pero los hechos demuestran que conocían el oficio" *(Weinreich, 1947).* Estos mismos científicos difundieron la doctrina nazi a nivel mundial. Cito unas líneas escritas en 1933: "[...] el saber significa para nosotros: tener poder sobre las ideas y estar preparados para los hechos [...] La revolución nacional-socialista no significa sólo que un partido con suficiente fuerza tome el poder; esta revolución significa una revolución total de nuestra existencia alemana [...] Heil Hitler". Esto lo firma Martín Heidegger (citado por Weinreich, 1947).

En 1941, Julian Huxley escribió un ensayo "El progreso de la ciencia": "[...] por el momento, los recursos acumulados por generaciones de estudios científicos están a la disposición militar de Hitler [...]". Faltaban cuatro años para que terminara la guerra y el mundo no escuchó.

Ésta es la diferencia esencial que hay entre las tantas matanzas y abusos que registra la historia. La mayor parte fue el abuso que genera el poder absoluto, totalitario, despótico o tiránico; o el exceso en las leyes de la guerra. En cambio aquí fue una obra de ingeniería sin par, respaldada legalmente y para colmo con justificación filosófica del gran maestro de Friburgo, con Wagner como música de fondo, y la no menos espectacular ejecución de Von Karajan al frente de la Filarmónica de Berlín.

5. Los interrogantes después de la barbarie

El mundo se preguntó si después de Auschwitz la humanidad tenía alguna esperanza.

Primero fueron los hombres de fe. Se preguntaron si Dios existe después de Auschwitz, o dónde estuvo durante la tragedia. Hans Jonas -ganador del premio Leopold Lucas- aspira a poder darla en "Le Concept de Dieu après Auschwitz. Sostiene que a la idea de una divinidad todopoderosa absoluta e ilimitada hay otra más teológica y auténticamente religiosa. Que Dios sea totalmente insondable, es decir, enigmático. Y dice "Sólo de un Dios completamente ininteligible podemos decir que es a la vez absolutamente bueno y absolutamente todopoderoso, y que al mismo tiempo tolera el mundo tal como es" (traducción libre).

Günter Grass, mucho antes de sus confesiones recientes en su autobiografía (en las que pretende descascarar una cebolla), cuando todavía no se conocía su pertenencia a las Juventudes Hitlerianas, hizo una lectura literaria en Frankfurt en 1990, que después circuló por el mundo con el título de *Escribir después de Auschwitz. Reflexiones sobre Alemania: un escritor hace el balance de 35 años.* Cita a Adorno (*Mínima Moralia - Reflexiones de la vida dañada)* y asume que "[...] por primera vez se consideraba a Auschwitz como censura y quiebra irreparable en la historia de la civilización". Y reprochaba que fuera mal entendido, o asumido como una prohibición lo que se "[...] interponía en el camino de la fe en el futuro". Después de Auschiwtz no podrá escribirse poesía. Con un gran sentido de culpa, sostiene que el genocidio organizado era el producto de la gran Alemania, y que por ello: "Reflexionar sobre Alemania forma parte también de mi trabajo literario" y concluye: "Por eso mi discurso, efectivamente, tiene que llegar a su punto final, pero al escribir después de Auschwitz no se le puede prometer fin, a no ser que el género humano quiera renunciar a sí mismo". Cuando conocí sus confesiones, recordé aquel opúsculo, pues pretendía involucrar a toda Alemania, a todo el pueblo alemán, en la responsabilidad del genocidio, y creo que hubo seres impotentes que estaban en total desacuerdo con el espíritu del Reich, incluso dentro de sus propias filas por el honor de la propia Alemania (como pretende exponerlo recientemente un film sobre la Operación Valkiria).

Fue la misma decepción que padecí cuando se descubrió que el admirado François Mitterrand, ya en su lecho de muerte, había sido en su juventud funcionario del Régimen de Vichy. Un ocultamiento imperdonable como el de Grass, que no se compadece con la magnificencia de la obra que uno y otro hicieron por las letras alemanas o por el progreso de la civilidad francesa.

Porque no es la confesión lo que libera, en el más estricto sentido que el cristianismo le ha otorgado a este acto de constricción, sino la coherencia en la labor de una vida, donde los puntos oscuros, o muy negros, empalidecen si es que no defraudan toda la bondad posterior que han otorgado. En el fondo, el reproche no es la confesión ni la asunción de las culpas, sino el deliberado ocultamiento que ni siquiera la vergüenza logra superar. El grado de exposición pública de un individuo exige esa coherencia, porque su vida y su obra son modelos de referencia. Si es tardío sirve para entender la naturaleza humana, pero produce profundas contradicciones. No son comparables las situaciones, pero se debe recordar que Kurt Waldheim llegó a Secretario General de la ONU; luego se descubrió su pasado nazi.

6. También me he preguntado si después de Auschwitz existe el derecho

Las leyes raciales no sólo existieron en Alemania. También Italia promulgó las suyas durante el fascismo, y varios miles de judíos italianos fueron deportados (entre ellos Primo Levi). Es conmovedor el relato de Rita Levi Montalcini, obligada a exiliarse, y su amistad con el neuropsiquiatra Fabio Visintini, en un libro colectivo llamado *L'utopia dell'eguaglianza,* en el que evoca la separación del laboratorio en Turín en *Memorie de un citadino psichiatra,* y el reencuentro a su regreso de Estados Unidos. "Su muerte me privó de una de las personas que más estimaba a nivel científico como moral".

En la teología, en el arte, en la literatura y en todas las disciplinas del razonamiento humano no hubo que esperar la asunción de la tragedia para poder expresarse en obras trascendentes. La tragedia misma produce un fervor creativo, y los artistas e intelectuales pasan a ser los heraldos que anuncian los cambios (buenos y malos) que se avecinan.

La reacción en el campo del derecho se produjo inmediatamente concluida la guerra. La primera manifestación fue el **Juicio de Nüremberg**, en el que se acuñó la expresión "Delitos contra la humanidad". La segunda manifestación importante fue la persecución de los criminales nazis, que culminó con el juicio a Eichmann. El propósito fue el de un juicio ejemplar para la historia y la humanidad, y se logró pues concitó la atención mundial. Hannah Arendt fue la cronista que resumió su visión en las crónicas para *The New Yorker* y en la Argentina, Silvano Santander escribió "El gran proceso".

Arendt, esa extraordinaria humanista que fue discípula de Jaspers, Husserl y Heidegger, no arrió las banderas, al contrario, hizo de su vida y de su exilio una lucha por la condición humana. Después de observar a Eichmann atentamente durante todo el juicio, llegó a la conclusión de que cualquier burócrata, cualquier mediocre es capaz de exterminar a millones de personas, y acuñó esa tesis polémica con la que siempre se la recuerda: *la lección de la terrible banalidad del mal.* En definitiva, que era un hombre común, que cumplía con ese rigor burocrático y luego regresaba a su casa, acariciaba a su perro y era dulce con sus hijos, seguramente un buen padre. Y por esa razón se defendió con la *obediencia debida* y no experimentó ningún arrepentimiento. A ese extremo se había degradado el género humano.

7. El progreso registrado en la segunda mitad del siglo XX

Después de la guerra y la barbarie, el mundo intentó una nueva organización económica (Bretton Woods) y política (la ONU).

La influencia decisiva de Jacques Maritain, el gran filósofo católico, merece un párrafo especial. Exiliado de Francia durante el régimen de Vichy se unió a la resistencia, y cuando De Gaulle tuvo que designar embajador en la Santa Sede (con la cual Francia no mantenía las mejores relaciones por la posición del Vaticano frente al nazismo) escogió a Maritain. El destino hizo que fuera Angelo Giussepe Roncalli el nuncio apostólico en Paris. Y estos dos embajadores terminaron siendo los artífices del Concilio Vaticano II.

Maritain a su vez fue el delegado de Francia para la redacción de la "Declaración Universal de los Derechos Humanos", que es una mera declaración sin sanciones, pues en ese entonces había en Estados Unidos estados en los que la discriminación racial estaba vigente. A su vez la ONU, que parecía el hecho más auspicioso en la organización política internacional, que aspiraba a superar la inoperante Sociedad de las Naciones, pronto experimentó un nuevo y rotundo fracaso. Ni el sistema de veto asignado a las cinco grandes potencias pudo mitigar las decisiones mayoritarias de la Asamblea General integrada en su mayoría por países con regímenes dictatoriales, donde no hay respeto por los derechos humanos. No pueden desconocerse las intervenciones aisladas, pero todas insuficientes, y para citar las más recientes la de Medio Oriente y los Balcanes. Todos los esfuerzos de los grandes humanistas (León Blum, Jacques Maritain, Rene Cassin y tantos otros) quedaron a mitad de camino y hoy prácticamente es un foro declarativo sin influencia decisiva.

El otro hecho auspicioso fue el Concilio Vaticano II, pues dentro del orden jurídico de la iglesia de Roma fue decisivo. La eliminación del ritual de Semana Santa en el que se condenaba a los judíos, las conferencias interreligiosas, luego de los esfuerzos denodados de los papas Roncalli y Montini, y finalmente el aporte todavía no valorado en su integridad del papa Wojtyla. La prédica de Juan Pablo II, basada en la memoria (porque había experimentado en carne propia y en las de sus más íntimos amigos la expresión del mal) fue la más notable que en este aspecto registre la historia de la humanidad. Y en tal orientación, la confusión que reina en el mundo de hoy ha generado imprudentes decisiones del eminente teólogo Ratzinger, que por el peso mismo de ser el titular de la única monarquía absoluta que queda en el mundo, hacen que la palabra de Benedicto XVI pueda producir un retroceso del que todos estaremos arrepentidos cuando ya sea demasiado tarde (el discurso en Ratisbona y el levantamiento de la excomunión a los lefebristas, que generó reacciones adversas en el seno de la misma Iglesia y por supuesto en el islam y en el judaísmo). Ante los hechos, a veces son insuficientes las condenas posteriores que no se mitigan con interpretaciones o declaraciones fugaces. Sólo la fuerza de una encíclica, mucho más fuerte que lo que dijo Pío XI en *Mit Brennender Sorge* (Con quemante angustia), pero que no esté destinada a recuperar la buena relación entre la Iglesia y el Estado alemán como lo hizo el 14 de marzo de 1937, sino la reconciliación definitiva de la Iglesia de Roma con el mundo enfrentado entre si, donde el islam y el judaísmo tienen un rol decisivo que cumplir.

Buen ejemplo de esa labor fue la del recientemente muerto cardenal Jean Marie Lustiger. Ese judío converso que llegó a ser el purpurado más importante de Francia, quizá desde los tiempos de Richelieu (ocupaba su asiento en *L'Institut, Academie Francaise),* fue el promotor de un diálogo interreligioso, e hizo más por abolir la intolerancia que muchos grandes filósofos y humanistas, intolerancia que también existe en la Francia de la "Declaración de los Derechos del Hombre y del Ciudadano". En su funeral todos lo reconocieron, aun cuando hayan impedido a Simone Veil participar en las exequias como lo deseaba el propio Lustiger (la Iglesia la excluyó por haber logrado la sanción del aborto). Para establecer en qué consistió ese progreso, un buen paralelo puede observarse leyendo nuevamente aquel libro de Jules Isaac *"Las raices cristianas del antisemitismo*.

En lo político unido a lo económico hay otros progresos notables a destacar. La Comunidad Económica Europea, el Tratado y la Corte de Derechos Humanos, el Pacto de San José de Costa Rica, o leyes internas como las de antidiscriminación sancionadas en muchos países, entre ellos la Argentina. Esto pone de manifiesto el valor de los tribunales supranacionales, acuña la noción de delito de lesa humanidad y los hechos simbólicos que se proyectan en la conciencia colectiva, como el reconocimiento mundial de un Día del Recuerdo o del Holocausto, o el valor que tiene la imposición en la Argentina del Día de la Memoria (24 de marzo), con los méritos y deméritos que conlleva por ser la fecha que recuerda el advenimiento de la dictadura más nefasta que hayamos padecido.

Son progresos también la inclusión de sanciones como "grave traición a la patria" a quien se subleve contra el orden constitucional (Argentina), o la abolición del *apartheid* en Sudáfrica como ejemplo del avance de la comunidad internacional logrado mediante sanciones, prohibición de participar en certámenes como los juegos olímpicos, etc.

8. La mirada en el futuro

La práctica de estos sesenta años ha demostrado que alemanes y franceses no han levantado las armas unos contra otros, y que Europa se ha fortalecido. El ingreso a la Comunidad exige condiciones mínimas de "democracia" en el país aspirante, y protección de los derechos humanos. Allí es probable que se esté cumpliendo el sueño de Maritain, que no fructificó en la ONU. Buena frase es la del politólogo Norberto Bobbio, que en *El futuro de la democracia* prefiere el gobierno de las leyes y no el gobierno de los hombres. Deberíamos aprender y hacer un símil en nuestro país.

El desafío de Europa es ser fiel a los principios en que hoy está organizada, y no traicionarlos. Pero para ello debe superar los problemas generados por la inmigración magreví y musulmana, de lo que fueron exponente las revueltas en los últimos años en las afueras de París. Las posiciones extremas de la izquierda y la derecha no ayudan. El multiculturalismo es un fenómeno de nuestro tiempo y habrá que aprender a convivir con él reconociendo derechos a todos los hombres, pues en la base de esa convivencia reside el futuro del género humano.

El derecho en lo estrictamente laico o político y las actitudes en el seno de las dos grandes religiones monoteístas (el cristianismo con el judaísmo, con los *hermanos mayores en la fe,* como los llamó el papa Wojtyla), tiene tanto o más valor que todos los tratados de derechos humanos. El próximo desafío es que aparezca entre Occidente y el islam la misma fuerza integradora que hubo entre Maritain y Juan XXIII.

En qué nos equivocamos ("What went wrong"?). Bernard Lewis en un ensayo extraordinario trata de explicar el desencuentro de las dos culturas, y la angustia creciente, la apremiante urgencia y el terrible odio con que la pregunta y sus respuestas se expresan.

Un buen ejemplo es Daniel Baremboim y su prédica a través de la música, pero es muy largo el camino por recorrer. Romain Rolland, que era musicólogo antes que escritor, así se lo expresaba a sus estudiantes alemanes en París a principios del siglo XX.

Para concluir, el pensamiento de Martín Buber. *Más allá de lo subjetivo, más acá de lo objetivo, en el "filo agudo" en el que el "yo" y el "tú" se encuentran se halla el ámbito del "entre"... Esta realidad, cuyo descubrimiento se ha iniciado en nuestra época, marcará en las decisiones vitales de las generaciones venideras el camino que conduce más allá del individualismo y del colectivismo. Aquí se enuncia la alternativa excluida cuyo conocimiento ayudará a que el género humano vuelva a producir personas auténticas y a fundar comunidades auténticas.* Y a la pregunta *¿Qué es el hombre?* -tal vez su más importante construcción de antropología filosófica-, *acertamos a comprenderlo... como el ser que se realiza y se reconoce cada vez el encuentro de "uno" con el "otro".*

El cine y el mal (Sobre *Shoah*, de Claude Lanzmann)

David Oubiña

La memoria del holocausto

Con entusiasmo de *boy scout,* el ex guarda SS desentona una marcha militar efusiva y grandilocuente: "Los comandos marchan al trabajo / siempre valientes y alegres / Para nosotros hoy sólo existe Treblinka / que es nuestro destino / Queremos servir hasta que algún día / la dicha nos roce. ¡Hurra!". El hombre explica que los prisioneros debían cantarla durante el trabajo en los hornos crematorios. Luego, con un cinismo mal disimulado, sonríe a su entrevistador y agrega: "Le estoy entregando una rareza. No queda ningún judío vivo que la conozca".

La escena pertenece a *Shoah* (1985), el célebre documental de Claude Lanzmann, y reafirma esa máxima que guió al exterminio: ningún judío debe sobrevivir. La shoah no fue una operación para vencer o someter a una comunidad; lo que tuvo de excepcional fue que los nazis persiguieron a los judíos para liquidarlos, para destruirlos, para eliminarlos de la faz de la Tierra. Y de hecho, en momentos diferentes del film, dos testigos hacen una misma reflexión: frente a esa situación que se tornaba cada vez más desesperante, revelan haber tenido el sentimiento de ser el único judío vivo en el mundo. Eso es lo último que se escucha en la película. Un sobreviviente del ghetto de Varsovia cuenta que volvió allí unas horas después de la masacre. Recorrió el lugar. No había ni una luz. Todo estaba oscuro. No podía ver a nadie y no alcanzaba a escuchar nada, ni siquiera los estertores de los moribundos. Nada. El hombre dice, entonces: "Recuerdo un momento en que sentí una especie de tranquilidad y me dije: soy el último judío, voy a esperar la mañana, voy a esperar a los alemanes". Toda la película, entonces, podría verse como una respuesta a ese comentario ruin del viejo nazi. Lanzmann acepta el desafío de preservar la memoria del holocausto y se entrega a esa tarea como si se tratase de una misión sagrada. A lo largo de casi diez horas, el cineasta acumula los testimonios de víctimas y de torturadores para construir un mural macabro sobre el exterminio. Una obra monumental (interminable, despiadada, horrorosa) que se instala como la película más importante que se haya realizado sobre el holocausto. Por sus dimensiones, por su envergadura y por su tema, resulta un espacio privilegiado para interrogarse por la naturaleza del mal. Y, sobre todo, por la forma en que el cine ha intentado representarlo.

Aunque el film tiene una extensión desmesurada, la estrategia de Lanzmann es minimalista: se reduce a mostrar unos paisajes serenos (en donde cuesta reconocer la antigua fisonomía de los campos de concentración) y a registrar el testimonio de los sobrevivientes, los guardias de los campos o los campesinos que veían llegar los trenes cargados de prisioneros. Este complejo entramado de voces procura contrarrestar con datos concretos y precisos lo que se sabe de manera general o abstracta sobre la Solución Final. El relato construye, con infinita paciencia, una enciclopedia monstruosa que recorre las pequeñas tecnologías del horror. Si el único aporte del nazismo a la historia del mal fue la invención de una maquinaria burocrática para la muerte, Lanzmann se concentra en revelar esa logística administrativa sórdida y miserable que hizo posible el holocausto. Así, la película se enfrenta no sólo al olvido, sino también a las leyendas que el tiempo suele tejer alrededor de la historia. En esa singular arqueología, los hechos revelan su dimensión terrible, repugnante, siniestra. Y lo más inquietante: se elevan como fantasmas inexcusables sobre nuestro tiempo.

La obligación del testimonio

Al comienzo del film, un texto nos anuncia lo que vamos a ver, como si fuera un relato de ficción: "La acción comienza en nuestros días, en Chelmno-del-Ner, Polonia. 80 km al noroeste de Lodz, en el corazón de una región otrora de fuerte población judía, Chelmno fue, en Polonia, el paisaje del primer exterminio de los judíos por el gas". En pocos años, 400.000 personas fueron asesinadas allí. Simón Srebnik, que en ese entonces tenía sólo 13 años, es uno de los pocos sobrevivientes. El texto continúa: "Le perdonaron la vida más tiempo que a los demás por su extrema agilidad que le permitía ganar las competencias que los nazis organizaban entre los encadenados, concursos de salto o de velocidad. Y también por su voz melodiosa: varias veces a la semana, cuando había que alimentar a los conejos del corral SS, Simón Srebnik, vigilado por un guardia, remontaba el río Ner en una embarcación de fondo plano hasta los confines del pueblo, hacia los prados de alfalfa. Cantaba aires del folklore polaco y, a cambio, el guardia le enseñaba cantinelas militares prusianas". Dos días antes de la llegada de las tropas soviéticas, los alemanes ejecutaron a los últimos *judíos de trabajo*; milagrosamente, la bala destinada a Srebnik no le tocó ningún centro vital. El niño cantor logró salvar su vida y, poco después, emigró a Israel. A los 47 años, convencido por Lanzmann, regresa por primera vez a su tierra natal. El lugar está irreconocible: un campo verde, silencioso y tranquilo. No obstante, Srebnik dice sin dudar: "Éste era el lugar. Aquí quemaban gente". Y en seguida agrega: "No se puede contar. Nadie puede imaginar lo que pasó aquí. Imposible. Y nadie puede entenderlo. Ni yo mismo, hoy. Esto siempre era tranquilo. Siempre. Cuando quemaban cada día a 2000 personas, era igualmente tranquilo. Nadie gritaba. Cada cual hacía su trabajo. Era silencioso, apacible. Como ahora".

Curiosamente, entonces, esa narración que se anunciaba en el texto del comienzo queda rápidamente desestimada por su primer testigo: la acción comienza en nuestros días, en Chelmno, pero la historia no se pude contar. O tal vez, lo que el film explicita es que eso que nunca debería haber ocurrido sólo se puede documentar como una ficción imposible y delirante pero, a la vez, tanto más horrorosa puesto que realmente ocurrió. Toda la película será una batalla entre las imágenes actuales de los sitios en donde se emplazaron los campos (a menudo irreconocibles) y los relatos que los testigos enuncian en pasado. Ver, por otra parte, no prueba nada. Las víctimas repiten continuamente que no podían creer lo que les estaba pasando mientras los polacos y los alemanes no judíos intentan convencerse de que ellos no sabían que el destino de las deportaciones era el exterminio. Unos no podían entender lo que estaban viendo y otros preferían no ver nada de lo que estaba ocurriendo. ¿Cómo hacer ver lo que no se puede mostrar? Lanzmann no utiliza imágenes de archivo: no exhibe las pruebas documentales de eso que ya no puede verse sino que trabaja, justamente, sobre la incapacidad de la imagen para mostrar. No es el poder afirmativo de lo visual lo que le interesa sino su debilidad, su insuficiencia, su tartamudeo. El film tiene que fracasar. Sólo así podrá dar cuenta de lo inimaginable. Una sobreviviente dice: "Era normal que, detrás de cada uno de aquellos sobre los que se cerraba la puerta de Treblinka, estuviera la muerte pues nadie debía, jamás, poder dejar testimonio. Y eso yo ya lo sabía después de las primeras tres horas en Treblinka".

En efecto, el exterminio consiste *también* en esa negación: llevado al límite, se trata no sólo de eliminar a los judíos sino, además, borrar toda huella que indique que alguna vez existieron. Y por eso Lanzmann entiende que su tarea es reparatoria: no una reconstrucción historicista que ofrezca al espectador una imagen aceptable de cómo fue el holocausto sino la restauración del tejido dañado de una comunidad. La suma de los testimonios debería dar cuenta de la supervivencia de esa comunidad, debería restituirle su identidad surgida de la tragedia y el sufrimiento. El relato salta de un testigo a otro aunque nunca abandona la perspectiva coral. Lanzmann aprovecha las pausas, los puntos de articulación y los conectores de cada historia individual para acentuar los pasajes que permiten advertir la continuidad del todo. Cada pequeña narración es como una hebra que se entrecruza con otras para formar la gran red del exterminio. No interesa cada caso particular más que por su contribución a ese siniestro rompecabezas. "No estamos hablando de usted -le dice Lazmann al ex guarda SS- sino de Treblinka. Y su testimonio es capital para entender qué era el campo de exterminio". El cineasta es un científico que extrae de la serpiente el veneno con el que podrá producir un antídoto. Lo único que lo obsesiona es cuánto material logrará obtener de allí. Como un cruzado, considera que tiene una misión y que esa misión debe ser compartida por sus entrevistados. No importan los testigos sino sus testimonios. Mikael Podchlenik, el otro sobreviviente de Chelmno, dice que preferiría borrar todo lo que pasó, que preferiría no hablar de eso. ¿Por qué lo hace, entonces? "Porque estoy obligado a hacerlo", dice con resignación. Los testigos son, para Lanzmann, portadores del recuerdo y el film debe luchar contra la tentación del olvido.

Lanzmann habla en francés, en alemán y en inglés; pero debe recurrir a intérpretes para aquellas entrevistas que se realizan en polaco, en yiddish o en hebreo. En estas últimas sucede algo curioso: como el cineasta se dirige a sus testigos en francés, hay que esperar a que la traductora formule la pregunta en otro idioma y, luego de escuchar la respuesta, se la reproduzca al entrevistador en una lengua que él pueda entender. Esto confiere a la imagen un tiempo doble. Todo está dicho dos veces. Sin embargo, para los espectadores que -como Lanzmann- no conocemos esos idiomas, no se percibe una repetición ya que el comentario resulta comprensible sólo una de las dos veces en que es dicho mientras que, el resto del tiempo, observamos sin entender, esperando las revelaciones que pueda traer la traducción. Esa espera siempre resulta incómoda. No sólo porque el plano se alarga, no sólo porque las respuestas se demoran, no sólo porque durante la mitad del tiempo permanecemos afuera de lo que se dice. Es eso pero, también, es más que eso. El film parecería enunciar allí su propia premisa: las cosas deben decirse dos veces. Y deben decirse dos veces porque, como repite Lanzmann en los reportajes, nadie sabe nada sobre el holocausto. La primera vez no se entiende: por eso es necesario volver a escuchar. Hay que repetir, hay que contar todo una vez más. Como si se reconstruyera la escena. El discurso de los testigos vuelve a poner en acto el recuerdo. Por eso es necesario recordar y por eso es imprescindible que los testigos vuelvan a padecer sus sufrimientos: tienen que atravesar de nuevo ese calvario para que, ahora, al desandar ese camino se advierta eso que sucedió y que es imposible entender.

Ésa es la razón por la cual Lanzmann resulta despiadado con todos sus entrevistados sin diferenciar entre la condición de victimarios y de víctimas. Es evidente que no le interesan las anécdotas para componer un álbum de experiencias personales: es insistente, suspicaz, implacable. Los interrogatorios a los sobrevivientes siempre tienen algo de humillante: como quien reconstruye detalladamente frente a un juez los abusos que sufrió, los testigos de *Shoah* reviven ante la cámara los horrores que debieron atravesar para seguir adelante. Pronto advertimos que sólo se puede reconstruir el crimen repitiendo el gesto del asesino. Una mujer menciona la sensación de soledad y de culpa por haber escapado a ese destino que padecían los que eran deportados. Hay algo confesional en el relato. Confesión y redención, a la vez, aunque ningún resarcimiento puede explicar los motivos de ese calvario. La reparación es para los demás, no para ellos que -en muchos casos- no pueden evitar sentirse muertos en vida. Eso que han padecido los expulsa ineluctablemente de toda normalidad. Si las víctimas que desfilan por el film no pueden esconder su humillación y su vergüenza es porque deben exhibir eso que quisieran olvidar, que han intentado olvidar y que, a veces, incluso, habían logrado olvidar. Están ahí, en la película, como si fueran una rareza, como si fueran *freaks* que encarnan el error, el desvío, la excepción, y cuya sola presencia sirve como ejemplo de lo que nadie debería soportar. Un hombre que integró los grupos de judíos de trabajo cuenta que vio cómo sus conocidos eran llevados a la cámara de gas: "Les estaba sucediendo eso a mis compatriotas y me di cuenta de que mi vida ya no tenía ningún valor. ¿Para qué vivir? ¿Para qué? Entonces entré a la cámara de gas con ellos. Y decidí morir. De pronto se me acercaron algunos que me habían reconocido. Se me acercó un pequeño grupo de mujeres y me dijeron: "Entonces tú quieres morir. Pero eso no tiene ningún sentido. Tu muerte no nos devolverá la vida. No es un acto. Tienes que salir de aquí, tienes que dar testimonio del sufrimiento, de la injusticia que han cometido".[1]

Se han salvado de los campos pero, en cierto sentido, siguen prisioneros. Están en deuda. Tienen que dar testimonio. No importan por lo que son sino por lo que pueden revelar. Aunque usa individuos e historias (individuos que cuentan sus hisotrias), Lanzmann evita permanentemente que se conviertan en personajes y en relatos. Los diluye dentro de su gran retablo sobre el holocausto en donde sólo importa el mecanismo de aniquilación. Se trata de describir un sistema. El cine *mainstream* suele considerar que la única manera de representar los grandes problemas es a través de un personaje que los encarne. Pero entonces, a menudo, el problema termina convertido en una mera escenografía sobre la cual se desarrollan las peripecias individuales del protagonista. Esto es así tanto en las producciones de Hollywood (es el caso de *La lista de Schindler*) como en las que intentan copiar ese modelo (*La vida es bella*, por ejemplo). En esos films, el complejo tema del holocausto se adelgaza hasta adaptarse a las medidas de un pequeño conflicto en donde pueda caber la anécdota personal del héroe. Termina, así, transformado en una excusa. Y esa excusa es tan buena como cualquier otra siempre que funcione como un obstáculo que el héroe debe atravesar para salir airoso. *Shoah* opera exactamente al revés: encuentra una serie de personajes aislados, acumula sus historias singulares, las cruza, las coloca en perspectiva,

---

[1] Como afirma Agamben, los verdaderos testigos, los *testigos integrales*, son los que han muerto en los campos y por eso no pueden hablar. "Los que lograron salvarse, como seudotestigos, hablan en su lugar, por delegación: testimonian de un testimonio que falta". Por eso su testimonio "vale en lo esencial por lo que falta en él" (Agamben, G., *Lo que queda de Auschwitz. El archivo y el testigo (Homo Sacer III)*, Valencia, Pre-Textos, 2005, pág. 34).

las dota de una estructura y encuentra una forma que permite organizarlas dentro de un film. El exterminio (o, más bien, la visión de Lanzmann sobre el exterminio) no se hace presente en ninguna de estas historias, pero está permanentemente aludido en un más allá de todas ellas. El film no es una simple ilustración del problema sino que lo construye: ese *más allá* de la película sólo puede intuirse gracias a ella.

La voz de las ruinas

El cine parece mostrar los hechos sin necesidad de mediaciones. Como si las cosas no fueran representadas sino, simplemente, mostradas. Pero, además, cuando se trata de representar la memoria, la situación resulta más conflictiva aún ya que las imágenes siempre demasiado precisas chocan con un material cuya configuración es difusa. En mayor o menor medida, las películas hacen que percibamos objetivamente, como un suceso puro, lo que no es más que una elaboración subjetiva. El holocausto, eso que "nunca debió suceder pero sucedió", posee en el recuerdo un estatuto que tiende a escaparse de los parámetros con que suele definirse la imagen en cine.[2] Es algo imposible y sin embargo cierto, algo cuya misma irrealidad es paradójicamente su condición de existencia. ¿Cuál es la imagen que podría mostrar esa paradoja si el cine tiende a ser inevitablemente asertivo, apodíctico, categórico?

---

[2] Tomo la referencia del exterminio como "lo que nunca debió suceder pero sucedió" de Schwarzböck, S., "La memoria frente al espectador: cómo representar en el cine lo que nunca debiera haber sucedido", en Dreizik, P. (comp.), *La memoria de las cenizas*, Buenos Aires, Dirección Nacional de Patrimonio, Museos y Artes, 2001.

El primer episodio de *Voyages* (Emmanuel Finkiel, 1999) intenta una refinada respuesta. Un grupo de antiguos sobrevivientes de los campos de concentración viaja por Europa. En algún momento, el ómnibus de su excursión se descompone en el camino que une Varsovia y Auschwitz. Hace frío y nieva. No es posible bajar del vehículo y tendrán que permanecer ahí, a la espera del auxilio mecánico. La situación es trivial pero, poco a poco, lo ominoso empieza a instalarse en ella: están encerrados, no saben lo que les espera y se encuentran cerca del viejo campo de exterminio. De una manera furtiva, silenciosa, invisible el pasado se materializa dentro del ómnibus. De algún modo, eso que no debía haber sucedido sucede de nuevo aunque sin necesidad de que los hechos vuelvan a tener lugar. Sin salirse del enunciado presente, de pronto la actualidad del plano cinematográfico desborda hacia lo virtual. Una nueva dimensión le crece a la imagen. Algo de lo pretérito reverbera en ella. Aunque distantes, el presente y el pasado revelan una identidad profunda. Como en una escena de Proust. Sin hacer evidente eso que no se puede representar, lo mostrado permite intuir una dimensión siniestra, presente de manera soterrada en la imagen. Finkiel encuentra una coartada ficcional para resolver el problema de cómo reducir a los términos de la historia de un personaje (o un grupo de personajes) un trauma que los excede y, a la vez, cómo proyectar la vivencia singular de los protagonistas sobre una dimensión comunicable: "Si en *Voyages* la ausencia de flashbacks no responde al problema de los límites de lo mostrable, es por una imposibilidad que está dada por el punto de vista del director. La Shoah es una historia de abuelos y Finkiel está ubicado en el lugar de los nietos. Dentro de los límites de ese vínculo familiar, es una historia de dolor inenarrable y, como todo lo inenarrable, está destinada a un silencio que es lo contrario del olvido. Ese silencio –el de un recuerdo que ha quedado en la memoria como trauma- es el que saben escuchar los nietos, primero como niños y luego como adultos. Y cuando lo escuchan, empiezan a descubrir que el mundo de sus abuelos es inconmensurable con el propio".[3]

Para Finkiel, los sobrevivientes del holocausto son reliquias. Su experiencia tiene algo de intransferible. Y por eso conserva ese valor precioso para sus descendientes. Para Lanzmann, en cambio, los sobrevivientes son restos o ruinas. Los asedia y los acorrala para que digan todo lo que saben. Pero no tanto porque confíe en que el lenguaje puede capturar y reflejar el horror; más bien actúa como un arqueólogo que reúne los pedazos de un friso incluso a sabiendas de que nunca podrá reconstruir la figura completa. Afirma Jean-Luc Nancy: "La llamada cuestión de *la representación de los campos* muestra que ya no podemos eximirnos de discernir su apuesta como la de una verdad que es preciso dejar abierta, incumplida, para que sea la verdad. *Es preciso*: ése sería el primer axioma ético".[4] Ese universo del mal que los testigos de Lanzmann refieren es inimaginable, inefable, intransferible. Y sin embargo es necesario seguir hablando. En una escena clave (que pone en cuestión los límites éticos del género documental), el peluquero Abraham Bomba, una de las víctimas, se quiebra y dice que ya no puede continuar. Desde atrás de la cámara, el cineasta lo insta a seguir con su relato: "Continúe, Abe. Por favor. Debe seguir. Tiene que hacerlo. Es necesario. Usted lo sabe". Bomba posee información clave porque estaba encargado de cortar el pelo a las mujeres y niños que ingresaban a las cámaras de gas. Como señala Santos Zunzunegui, Lanzmann monta una opera-

---

3 *ibid.*, pág. 136.

4 Nancy, J.-L., *La representación prohibida*, Buenos Aires, Amorrortu, 2006, pág. 69.

ción mayéutica para conseguir el testimonio de Bomba: a pesar de que el peluquero ya estaba retirado en el momento del rodaje, su relato tiene lugar en una barbería y mientras corta el cabello de un cliente.[5] Enunciado bajo esas condiciones, el recuerdo obliga a revivir el pasado.

Bomba integraba uno de los *sonderkommandos*: esos grupos de prisioneros judíos que debían realizar las tareas más aberrantes durante el exterminio. Preparaban a los condenados antes de entrar a las cámaras de gas y retiraban los cuerpos una vez consumada la ejecución. Sabían lo que sucedía pero tenían prohibido hablar con los condenados. Eso que no podían decir, sostiene el cineasta, deben decirlo ahora. Los *sonderkommandos* son testigos privilegiados (u obligados, según se lo mire) para informar sobre la magnitud de la masacre. Es que a diferencia de otras víctimas, no sólo han padecido en carne propia los tormentos sino que, ante todo, fueron colocados allí para observar el sufrimiento de los otros. Ellos estuvieron ahí. Por sus manos pasaron los miles de cadáveres que eran "tratados" a diario. Ellos –y los viejos SS, claro, siempre renuentes a hablar– son los únicos que pueden dar un testimonio directo, y a la vez de conjunto (distanciado, digamos), sobre la escena de muerte. Porque no conocen exclusivamente la dimensión subjetiva del dolor sino que han aprendido a medir el mecanismo inhumano de la aniquilación. Bomba ha visto demasiado. Ha visto todo. Entonces, debe reconstruir lo que sucedió para aquellos (el cineasta, los espectadores) que no han visto nada. Ésa es la famosa línea de diálogo que Marguerite Duras escribió para *Hiroshima mon amour*. En el film de Alain Resnais, el amante japonés desmiente una y otra vez a la actriz francesa que dice

---

5 Zunzunegui, S., "Poder de la palabra", en *La mirada plural*, Madrid, Cátedra, 2008, pág. 117.

haberlo visto todo: "Tu no has visto nada en Hiroshima". En efecto, sólo los testigos saben. Lanzmann ha dicho reiteradamente que nadie sabe nada sobre el holocausto. Por eso es necesario el film. Seis millones de judíos asesinados es una cifra que muy pronto derrapa hacia la abstracción. No hay casi imágenes de los campos, y las que fueron registradas por los aliados luego de la liberación sólo pueden mostrar el resultado del exterminio pero no su funcionamiento.

El interrogante que el holocausto plantea al cine es, en efecto, ¿cómo mostrar eso que resulta inconcebible hasta la abstracción con un medio que parece condenado a lo concreto, los detalles y la superficie de las cosas? El cine sólo ilustra y, al ilustrar, se le escapan los únicos motivos que justifican a una imagen: dejar ver aquello que excede a la mirada. "Si los grandes hombres de la historia se ven frustrados de la felicidad a causa de una historia que se mofa de ellos, ¿qué decir de las víctimas anónimas? Para nosotros, que leemos a Hegel después de las catástrofes y los sufrimientos sin nombre ocurridos en el siglo XX, la disociación entre consuelo y reconciliación efectuada por la filosofía de la historia ha pasado a ser un gran motivo de perplejidad: cuanto más prospera el sistema, más marginadas quedan las víctimas. El éxito del sistema determina su fracaso. El sufrimiento, por la voz de la lamentación, es lo que se excluye de dicho sistema."[6] Lo que *Shoah* descubre es que la magnitud horrorosa del holocausto sólo puede dimensionarse cuando se toma conciencia de que esa multitud de cuerpos (esa masa informe de muertos) que puede verse en cualquier imagen de archivo es el resultado de acumular miles de cadáveres uno por uno: un cadáver encima de otro y otro y otro. Interminablemente.

---

6 Ricœur, P., *El mal. Un desafío a la filosofía y a la teología*, Buenos Aires, Amorrortu, 2007, págs. 51-52.

La anamnesis y lo irrepresentable

Serge Daney sigue la huella crítica abierta por Jacques Rivette a propósito del film *Kapo* (Gillo Pontecorvo, 1959). Para Rivette, el film de Pontecorvo sobre los campos de concentración era "abyecto" y "despreciable" porque intentaba obtener *imágenes bellas* ahí donde sólo eran aceptables *imágenes justas*. Se trata, precisamente, de ir en contra de ese pecado original del cine que es su vocación de espectáculo. Daney afirma, entonces, que los grandes cineastas son aquellos que se hacen cargo de esa pesada herencia y aceptan que filmar es una manera de ser innoble. ¿Cómo ir en contra de esa imagen espectacular? Dejando ver, en lo que se muestra, que eso no es todo lo que hay para ver. En vez de celebrar una mirada satisfecha consigo misma, una imagen auténtica se sostiene sobre la tensión entre lo que un plano muestra y lo que inevitablemente debe obturar para poder mostrar algo.[7] Esa interrogación ética sobre qué puede o qué debe mostrar el cine está permanentemente presente en *Shoah*. Incluso -o sobre todo- en las decisiones más cuestionables de Lanzmann: cuando sigue filmando a pesar de que los testigos le piden que apague la cámara o cuando recurre a la cámara oculta para registrar la confesión de

[7] Véase Daney, S., "El travelling de Kapo", en *Perseverancia. Reflexiones sobre el cine*, Buenos Aires, El Amante, 1998 y Rivette, J., "De l'abjection", *Cahiers du cinéma* nº 120, junio de 1961. Daney opone el film de Pontecorvo a *Noche y niebla*, de Alain Resnais. En otro lugar, se refiere al concepto de Blanchot sobre la "escritura del desastre" para referirse a esos "tres manuscritos" de Resnais, "esos tres testigos irrecusables de nuestra modernidad" que son *Noche y niebla* (1956), *Hiroshima mon amour* (1958) y *Muriel* (1963). El cine de Resnais en la década de 1960 aparece así como el gran "sismógrafo", aquel que encontró la forma para contar el acontecimiento fundante de nuestra modernidad (véase Daney, S., "Resnais y la escritura del desastre", en *Cine, arte del presente*, Buenos Aires, Santiago Arcos, 2004).

un viejo nazi. El cineasta se legitima permanentemente sobre la impostergable necesidad del film y sobre la certeza de estar cumpliendo con una misión. La posibilidad de obtener el testimonio está por encima de todo y eso no sólo justifica lo más cuestionable sino que (dentro de las coordenadas que el film se da a sí mismo) lo vuelven estrictamente necesario y justo.

Se puede criticar estas decisiones (¿Lanzmann debería haber interrumpido el plano? ¿debería haber prescindido de la cámara oculta?) pero, en cualquier caso, habría que dar cabida a sus razones. La metodología de *Shoah* puede ser despiadada o incluso inaceptable, pero nunca cede a la tentación del espectáculo. En este sentido, es lo opuesto de un film como *La lista de Schindler* (Steven Spielberg, 1993) que no se plantea ninguna pregunta y que sólo piensa en el holocausto como material para una historia emotiva y conmovedora. Escribe Beceyro sobre esta película: "Los judíos de Schindler, que son los judíos de Spielberg, se salvaron. Aunque parezca inconcebible, *La lista de Schindler*, que supuestamente habla del asesinato de seis millones de judíos, tiene un *happy end*. Y el final es feliz no sólo porque los judíos se salvan (porque los judíos del film se salvan) sino porque a causa de ese escamoteo, los espectadores salen contentos de ver el film, sin ningún conflicto, porque el film los ha resuelto todos".[8] Esa misma felicidad podría predicarse sobre *La vida es bella* (Roberto Benigni, 1998), aun cuando el protagonista tenga un final más desgraciado que los prisioneros de Spielberg. El padre del film de Benigni puede morir satisfecho porque ha logrado proteger a su pequeño hijo de los infortunios: su simulacro es tan eficaz que ha logrado borrar la experiencia terrible del campo de prisioneros y ha convertido al

---

[8] Beceyro, R., "Los límites. Sobre *La lista de Schindler*", en *Punto de Vista* nº 49, agosto de 1994, pág. 9.

exterminio en un mundo de pura ficción. Como si nada de eso hubiera existido. Por cierto, para el niño, nada de eso ha existido y la vida sigue siendo bella. Igual que ese niño, los espectadores de Benigni y de Spielberg son engañados (o se dejan engañar) por la ilusión de que todo eso sucedió en otro momento y en otro sitio. No los toca. No les compete. Si *Shoah* resulta infinitamente más valiosa es porque nunca clausura la cuestión, nunca cede al consuelo falso, nunca olvida el horror; por el contrario, todos sus esfuerzos están destinados a restituirle su naturaleza conflictiva e irresuelta (incluso: irresoluble), su distancia imposible y su cercanía también imposible, su dificultad para ser transmitido y su necesidad imperiosa de ser transmitido. El film de Lanzmann es un film crispado porque entiende que no se trata de disolver la tensión sino de vivir en ella.

La estructura misma de los testimonios sobre el exterminio está determinada -como dice Giorgio Agamben- por la "aporía de Auschwitz": "Por una parte, en efecto, lo que tuvo lugar en los *campos* les parece a los supervivientes lo único verdadero y, como tal, absolutamente inolvidable; por otra, esta verdad es, en la misma medida, inimaginable, es decir, irreductible a los elementos reales que la constituyen. Unos hechos tan reales que, en comparación con ellos, nada es igual de verdadero; una realidad tal que excede necesariamente sus elementos factuales".[9] ¿Cómo

---

9 Agamben, G., *Lo que queda de Auschwitz. El archivo y el testigo (Homo Sacer III)*, *op. cit.*, págs. 8-9. Huyssen también trabaja sobre el funcionamiento necesariamente contradictorio de la memoria: para él, ningún monumento singular podría dar cuenta del holocausto en su totalidad pero, además, eso tampoco sería deseable puesto que fijaría el recuerdo del horror en una única imagen estática y, en última instancia, decepcionante. Véase Huyssen, A., "Monuments and Holocaust. Memory in a Media Age", en *Twilight Memories. Making Time in a Culture of Amnesia*, Londres, Routledge, 1995.

representar el horror? ¿Cómo dar cuenta del mal que es, por definición, lo irrepresentable? ¿Cómo representar eso que, ineluctablemente, se escapa a la representación? Sin duda -y a pesar de la negativa de Lanzmann a rendirse ante los archivos- no se trata de un rechazo acrítico hacia la representación. El film mismo, su acumulación de testimonios y sus nueve horas y media de imágenes constituyen la afirmación concreta de una voluntad que intenta mostrar pese a todo. En ese contexto, la cuestión de lo irrepresentable no es tanto una capitulación sino una forma de reintroducir esa tensión conflictiva entre lo que se muestra y lo que no se muestra como función constitutiva del plano. El cine convencional, el *mainstream*, no se plantea estas cuestiones porque sólo trabaja con una de las dimensiones posibles de la imagen. Cuando Godard critica a Spielberg no lo hace (sólo) por motivos ideológicos sino cinematográficos. O mejor: lee la ideología en la forma del film: "No basta con odiar al fascismo, no basta con querer atacar a Hitler. Si hago un pésimo film sobre Hitler no ataco a Hitler, no estoy realmente en contra de Hitler". El problema de Spielberg o el de Benigni -y, salvando las distancias, el de Pontecorvo- es que el holocausto aparece como un tema que se comunica mediante las imágenes pero nunca como un problema formal. ¿Cómo debe contarse esa historia? ¿Cómo debe aproximarse el cine a ese horror? He ahí unas preguntas que Spielberg nunca se formula. Por eso sus planos son siempre apodícticos, demasiado seguros de lo que afirman, demasiado satisfechos de sí mismos. Son imágenes obscenas, como las de la publicidad o la pornografía. En cambio, cuando el modo de narrar esa historia implica un problema central, todo el film se configura como un intento de responder a la pregunta sobre cómo referirse a eso que sucedió y que, sin embargo, resulta inimaginable.

Es preciso, entonces, definir si lo irrepresentable es lo que *no se puede* o lo que *no se debe* representar, es decir: si se trata de una incapacidad o de una prohibición. Ése es el debate que se planteó entre Lanzmann y Godard a propósito del modo en que el cine debía aproximarse al exterminio. Tal como definió Didi-Huberman los términos de esa polémica: "Godard y Lanzmann creen que la Shoah nos pide pensar de nuevo toda nuestra relación con la imagen, y tienen mucha razón. Lanzmann cree que ninguna imagen es capaz de 'decir' esta historia y por eso es por lo que filma, incansablemente, la palabra de los testigos. Godard, por su parte, cree que *todas las imágenes*, desde entonces, no nos 'hablan' más que de eso (pero decir que 'hablan de eso' no es decir, que 'lo dicen'), y es por lo que, incansablemente, revisita toda nuestra cultura visual condicionado por esta cuestión".[10] Lanzmann renuncia al archivo porque afirma que "las imágenes reales son falsas", son "imágenes sin imaginación". No hay archivos y no puede haberlos. El exterminio también fue eso. Por ese motivo, el holocausto no debe mostrarse. Las imágenes siempre filtran el horror y, por el solo hecho de ser imágenes –aun las imágenes más

---

[10] Didi-Huberman, G., *Imágenes pese a todo. Memoria visual del Holocausto*, Barcelona, Paidós, 2004, págs. 186-187. Sobre esta polémica, véanse también, Saxton, L., "Anamnesis and Bearing Witness: Godard / Lanzmann", en Temple, M., Williams, J. y Witt, M. (eds.), *Forever Godard*, Londres, Black Dog Publishing, 2004. El problema es que, como dice Rancière, el enfrentamiento entre los cineastas terminó convirtiéndose en un debate teológico en el que se opuso el verbo a la imagen: "un judaísmo de la palabra" contra "un catolicismo impuro del ícono". La temática de lo irrepresentable deviene así "una especie de confiscación ético-religiosa de los procedimientos artísticos" (Rancière, J., "Las poéticas contradictorias del cine", en *Pensamiento de los confines*, nº 17, diciembre de 2005, pág. 17). A propósito de esta oposición estético-teológica, véase, por ejemplo, Frodon, J.-M., "Le fameux débat Lanzmann-Godard: le parti des mots contre le parti des images", en *Le Monde*, Supplément Télévision, 28 de junio de 1999 y Wajcman, G., "'Saint Paul' Godard versus 'Moïse Lanzmann', le match", en *L'Infini*, nº 65, 1999.

horrorosas-, nos protegen de él. Hacen que resulte más tolerable. De ahí que cualquier exhibición de la masacre sería una concesión al espectáculo, a la curiosidad morbosa y al voayeurismo. Lanzmann llega al extremo de proponer la destrucción de un eventual "film maldito" que mostrase la aniquilación desde adentro de una cámara de gas: "Spielberg ha escogido reconstruir. Ahora bien, reconstruir es, en cierto modo, fabricar archivos. Y si yo hubiese encontrado un film ya existente -un film secreto, porque estaba estrictamente prohibido cualquier filmación- rodado por un SS que mostrase cómo tres mil judíos, hombres, mujeres, niños, morían juntos, asfixiados en una cámara de gas del crematorio II de Auschiwtz, si yo hubiera encontrado eso, no solamente no lo hubiese mostrado, sino que lo hubiese destruido. No soy capaz de decir por qué. Es evidente".[11] Para Lanzmann, el exterminio fue planificado mediante una racionalidad tan perfecta como demoníaca; tan perfecta y demoníaca que, incluso, planificó la desaparición de sus huellas. No puede haber imágenes del exterminio pero además, si las hubiera (y éste es el borde peligroso del razonamiento de Lanzmann), lo mejor sería destruirlas porque siempre resultarían parciales y, por lo tanto, decepcionantes, engañosas, falsas. Esas imágenes provocarían la tentación de dar una explicación lógica a todo el proceso. Pretender imaginar el exterminio es, para el cineasta, una manera de humanizarlo y de quitarle su carácter de excepción radical.

Para Godard, en cambio, la cuestión es justamente la opuesta. Hay que mostrar. Y cuando Margueritte Duras sugiere que, al fin y al cabo, "*Shoah* ha mostrado:

---

[11] Citado en Didi-Huberman, G., *Imágenes pese a todo. Memoria visual del Holocausto, op. cit.*, pág. 145. Sobre los problemas de la representación de lo abyecto, véase también Kristeva, J., *Powers of Horror. An Essay on Abjection*, Nueva York, University of Columbia Press, 1982.

las rutas, las fosas profundas, los sobrevivientes", Godard la interrumpe y dice rápidamente: "No mostró nada".[12] El problema del cine es que no supo mostrar los campos de exterminio. Es lo que el realizador dice a propósito de sus *Historia(s) del cine*: "Todo se había acabado. Todo se terminó en el momento en que no se filmaron los campos de concentración. En ese instante, el cine faltó totalmente a su deber [...] Al no filmar los campos de concentración, el cine ha dimitido".[13] Todas las imágenes del cine cargan con ese fracaso y aluden a él. Por eso la función del montaje, en el film de Godard, consiste en forzar los planos para extraer de ellos eso que no se vio en su momento. *Historia(s) del cine* atrae y obliga a convivir, en una vecindad imposible, a aquellas imágenes que nuestra historia había mantenido separadas. Al hacerlas colisionar, hace surgir paralelismos imprevisibles, derivaciones impensadas, relaciones *contra natura*. El montaje permite entender lo que no podría advertirse en cada uno de los planos por separado. Al ver un plano documental de una escuadra de bombarderos sobreimpreso a la bandada de pájaros asesinos en el film de Hitchcock, al ver el rostro de felicidad de Elizabeth Taylor (en *A Place in the Sun*) junto a los rostros de los cadáveres de Buchenwald, al ver el fusilamiento de un soldado que se mezcla con Gene Kelly y Leslie Caron bailando junto al Sena, entendemos que las imágenes estaban incompletas y que necesitaban cruzarse con otras para descubrir todo su sentido. Una imagen sirve, entonces, justamente, para mostrar aquello que no puede (que, de otra manera, no podría) ser visto. Por eso,

---

[12] Duras M. y Godard, J.-L., "2 o 3 choses qu'ils se sont dites", en *Jean-Luc Godard par Jean-Luc Godard, tome II (1984-1998)*, París, Cahiers du cinéma, 1998, pág. 146.

[13] Godard, J.-L., "Le cinéma n'a pas su remplir son rôle", en *Jean-Luc Godard par Jean-Luc Godard, tome II (1984-1998), op. cit.*, pág. 336.

cuando Godard dice imagen, en realidad dice montaje: esa unidad doble que surge del cruce o la superposición de imágenes y que tiene la capacidad de hacerlas pensar, obteniendo (como si se tratara de una anamnesis audiovisual) eso que ellas supieron pero olvidaron. O como dice Daney: el cine sólo sirve para mostrar por segunda vez; para mostrar aquello que no se pudo o no se supo ver en un primer momento.

Es cierto que, en la postura de Godard, hay algo de redentor y que su concepción de la imagen se recorta sobre un horizonte de revelación. Aunque también debería señalarse que, cuando Lanzmann se opone a la lógica de la prueba (no hay nada que probar, las imágenes no demostrarían nada, lo que sucedió es inimaginable), contradice su propia práctica: su film es un monumento majestuoso sobre la necesidad de testimoniar que eso impensable no era realmente impensable puesto que pudo ser pensado. Lanzmann lo ha dicho: "El punto de partida del film fue [...] la desaparición de las huellas: no queda más que un vacío, y era necesario hacer un film a partir de ese vacío".[14] Es preciso imaginar, dar imágenes a eso que los nazis pretendieron volver invisible. Sin duda, se trata de no fetichizar la imagen; pero confinar el exterminio al plano de lo irrepresentable o de lo indecible es -como sostiene Agamben- concederle el prestigio de la mística. Más bien habría que pensar que si el holocausto puede ser definido como excepcional no es por su carácter único sino, justamente, por su valor ejemplar: una experiencia dotada con la capacidad de revelar un sustrato general que, de otro modo, no hubiera sido advertido. ¿Cómo podría, entonces, la representación ser su propia negación? No es posible más que representar, aun con todos los ries-

[14] Citado en Saxton, L., "Anamnesis and Bearing Witness: Godard / Lanzmann", *op. cit.*, pág. 375.

gos que eso supone. Y es en cada film concreto que se dirime la responsabilidad del cineasta. Un escéptico cabal, calla. Y Lanzman debería callar si realmente creyera que el holocausto es un acontecimiento inefable. Pero no lo hace. Porque entiende que es necesario volver sobre ello.

La invención del mal

Aunque no se trata de determinar una estricta necesidad histórica del nazismo, es importante -como sostiene Jean-Luc Nancy- "sustraerlo desde el principio del estatuto de accidente monstruoso acaecido en la historia y a la historia, porque así se lo excluye de toda posibilidad de pensamiento".[15] Lo monstruoso pertenece al orden de la naturaleza y por lo tanto no es susceptible de ser procesado por la razón. Una potencia exterior, una otredad absoluta. El movimiento de la representación, en cambio, sólo puede orientarse en el sentido contrario: demostrar que esa alteridad radical no es sino el otro lado (el reverso) de lo propio. Y que, entonces, nunca se está lo suficientemente lejos de él porque vive con nosotros. Ya en 1963, Godard había dicho: "El único film verdadero que habría que hacer sobre los campos -que nunca ha sido hecho y nunca lo será porque resultaría intolerable- consistiría en filmar un campo desde el punto de vista de los torturadores, con todos sus problemas cotidianos. ¿Cómo meter un cadáver de 2 metros en un cajón de 50 centímetros? ¿Cómo evacuar diez toneladas de brazos y piernas

---

[15] Nancy, J.-L., *La representación prohibida, op. cit.*, pág. 35. Sobre la categoría de lo monstruoso, la historia y la naturaleza, véase Warner, M., *No Go the Bogeyman: Scaring, Lulling and Making Mock*, Londres, Chatto & Windus, 1998 y Russo, M., *The Female grotesque. Risk, Excess and Modernity*, Londres, Routledge, 1995.

en un vagón de tres toneladas? ¿Cómo quemar a cien mujeres con combustible suficiente sólo para diez? Habría que mostrar también a los mecanógrafos haciendo el inventario de todo en sus máquinas de escribir. Lo que sería insoportable no es el horror que se desprendería de tales escenas sino, en cambio, su aspecto perfectamente normal y humano".[16] Si, en un sentido, el mundo de los campos puede funcionar como el nuestro es porque no se trata de algo enteramente diferente. Es su reverso. El propio Himmler reconocía ese vínculo perverso e insultante, como si fuera un secreto sucio que sólo pudiera ser paladeado a escondidas. En el célebre discurso de 1943 que Raúl Hilberg reproduce, les decía a sus hombres: "Ustedes, en su mayoría, deben saber lo que son cien cadáveres, uno al lado de otro, o quinientos, o mil. Haberlo soportado y, al mismo tiempo, salvo algunas excepciones causadas por la debilidad humana, haber seguido siendo hombres honrados, es lo que nos ha endurecido. Es una página de gloria de nuestra historia que nunca fue escrita y no lo será jamás".

La formulación de Himmler es sumamente curiosa: una página nunca escrita, una gloria secreta. Invoca una grandeza que no puede proclamarse. Como si la Gestapo fuera una especie de logia. Como si, en el buen o en el mal sentido, el nazismo supiera que el mundo no está preparado para eso. Pero sabemos que hay que denunciar esa impostura. Es necesario, entonces, mostrar esa escritura invisible, hacerla evidente. Es necesario revisar las mínimas pruebas, los restos, los jirones de ese pasado para sacar a luz esa "gloria oscura" y dejar al descubierto toda su infamia. Es necesario darle una representación, una forma. Es necesario trazar un contorno para

---

[16] Godard, J.-L., "Feu sur *Les Carabiniers*", en *Jean-Luc Godard par Jean-Luc Godard, tome I (1950-1984)*, París, Cahiers du cinéma, 1998, pág. 239.

lo monstruoso que permita verlo y medirlo. Cuantificarlo. En definitiva: ¿cómo se hace para planificar y administrar toda esa muerte? ¿Es posible matar 15.000, 18.000, 20.000 personas por día? Lanzmann traduce ese horror aparentemente sobrenatural a términos miserablemente burocráticos. Demuestra que eso que parece impensable pudo ser pensado. Por eso, a veces, sus preguntas parecen extrañas, incluso poco sustanciales. Alguien dice: "Encontré a mi amigo Carl entre la gente y me dijo que habían gaseado a su madre, a su padre y a su hermano". No obstante, Lanzman no parece interesado en esa escena terrible sino que desvía su interrogatorio hacia otro lado: "¿Cuánto tiempo después de llegar al campo fue este encuentro entre tú y Carl?". Sus preocupaciones no se dirigen hacia los grandes temas sino hacia los detalles, a veces técnicos, a veces nimios, siempre prácticos, concretos y cotidianos. ¿Cuántas personas por vez podía llevar un tren hacia los campos? ¿Qué pasaba si se excedía ese número y las cámaras de gas no daban abasto? ¿Cómo se hacía para que no se acumularan los cadáveres? ¿Quién pagaba el pasaje de los judíos? ¿Cuál era el corte de pelo que se les hacía antes de entrar a las cámaras de gas? ¿Cómo se coordinaban los turnos en los hornos crematorios? ¿Cómo se mitigaba el olor nauseabundo de los cadáveres en verano? ¿Qué tamaño debía tener la rejilla de las cámaras para poder evacuar rápidamente los fluidos corporales?

Esa misma actitud es la que había adoptado Raul Hilberg, el célebre historiador del holocausto, entrevistado por Lanzmann. Dice Hilberg: "En mi trabajo, no comencé por las grandes preguntas pues temía respuestas pobres. Escogí, en cambio, darle importancia a las precisiones, a los detalles, para organizarlos en una Gestalt: una estructura que me permitiera, si no explicar, al menos describir más completamente lo que sucedió. Examiné el proceso burocrático de destrucción -eso fue, en efecto– como la sucesión de etapas que se seguían en un orden lógico y que se basaban, por encima de todo, en la experiencia pasada. Eso vale tanto para las medidas administrativas como para el arsenal psicológico y también la propaganda. Es asombroso lo poco que fue inventado. Hasta el día, claro, en que tuvieron que ir más allá de todo lo hecho y gasear a toda esa gente, es decir, aniquilarlos en masa. Entonces, estos burócratas se convirtieron en inventores". Según Hilberg, los nazis inventaron muy poco sobre el odio al judío. Su única contribución a la historia del horror fue la Solución Final: "cuando la burocracia nazi adoptó esa idea, se produjo un giro crucial en la Historia". Llegados a ese punto, los burócratas devenidos inventores se ven obligados a imaginar soluciones nuevas para problemas hasta entonces desconocidos: no sólo cómo exterminar a los judíos sino, también, cuántos matar cada vez, cómo coordinar la entrada de los condenados y la salida de los cuerpos, cómo deshacerse de los cadáveres, cómo protegerse de los olores nauseabundos, qué hacer con sus bienes. Las situaciones eran tan nuevas que, como afirma Hilberg, no hay ningún documento que dictamine: "a partir de ahora se dará muerte a los judíos". Hay que deducir todo de formulaciones generales.

Tal como intenta demostrar el documental *Un especialista* (Eyal Sivan, 1999), la defensa de Eichmann estuvo basada en demostrar que, aunque sabía del exterminio e incluso lo desaprobaba, él era sólo un técnico eficiente que no hubiera podido hacer nada para impedirlo. Se limitó a hacer su trabajo ("Yo tenía órdenes. Había que obedecer las órdenes según el procedimiento administrativo"). Para él, las deportaciones no eran miles de personas enviadas a la muerte sino una serie de problemas administrativos que debían resolverse con trámites, procedimientos y papeleo. En efecto, la eficacia del exterminio se apoyó, en gran parte, sobre una gran maquinaria de descentralización y de burocracia. Eso permitió que la matanza se constituyera en una operación abstracta, colectiva y, en última instancia, anónima. Eichmann, entonces, podía repetir que él sólo cumplía órdenes y que, por lo tanto, no era responsable de nada. Pero, en verdad, lo diabólico de Eichmann consiste en la obediencia irrestricta hacia una reglamentación que proponía la aniquilación de miles de personas. Obedeció órdenes, pero lo hizo de plena voluntad. Como sostienen Eyal Sivan y Rony Brauman en el prólogo al guión de su film: "Probablemente Eichmann era antisemita, pero no más que cualquier otro. En cuanto a lo esencial, dijo la verdad acerca de su papel en la *solución final* en el curso de este proceso. Es altamente probable que sólo haya sido el ejecutor de una ley criminal, y hasta es posible que interiormente la haya desaprobado. Es precisamente de esta obediencia y de sus consecuencias inmediatas que él es culpable, y no de haber cumplido alguna función estratégica en el aparato nazi combinada con una oscura sed de mal. Los elementos de descargo puestos de manifiesto por Eichmann constituyen justamente la carga de su responsabilidad en esa matanza administrativa, que es el crimen moderno por excelencia".[17]

Sin embargo, eso no se debe únicamente a la novedad de los problemas sino a que el exterminio tiene un momento sórdido y repugnante que no puede evitarse pero sí ocultarse. El lenguaje burocrático pretende no sólo dar entidad comunicativa a algo enteramente nue-

---

[17] Sivan, E. y Brauman, R., *Elogio de la desobediencia*, Buenos Aires, Fondo de Cultura Económica, 1999, pág. 26. El film de Sivan es un documental de archivo a partir de las 350 horas de material registrado durante el juicio a Eichmann. El cineasta reconoce que ese material se organizó siguiendo los análisis formulados por Arendt. Véase Arendt, H., *Eichmann en Jerusalén. Un estudio sobre la banalidad del mal*, Barcelona, Lumen, 2003.

vo sino que también procura disimular -sin tener que ocultar o, más bien, ocultando al mostrar- esos procedimientos aberrantes aunque necesarios. A lo largo de los testimonios de *Shoah,* proliferan los términos técnicos y los eufemismos (e, incluso, los términos técnicos usados de manera eufemística): los alemanes prohíben la palabra *muertos* y la reemplazan por *figuren, carga* es el grupo de personas ejecutadas en los camiones-cámara de gas, *Acción* es la Solución Final, *tratar* significa matar, los condenados son *piezas, trenes especiales* son los que van a los campos de exterminio, *transferidos* son los judíos que viajan en esos trenes. El eufemismo tiene una eficacia de corto alcance: cree que si da un rodeo para nombrar la cosa, puede hacerla desaparecer. En vez de eliminar el problema, desvía la atención para que todo pase inadvertido. El exterminio requirió de una burocracia que pusiera en funcionamiento el gigantesco aparato tecnocrático de matar gente pero también recurrió a una puesta en escena destinada al engaño y el ocultamiento. Los campos de exterminio son, literalmente, un teatro de operaciones. Es fundamental que las víctimas no sepan qué les espera. Se les dice que sus profesiones son útiles y que los necesitan para trabajar. O les explican que sólo van a ser trasladados a otro campo en donde podrán vivir bajo condiciones más cómodas. Las mujeres reciben un corte de cabello para mejorar su aspecto justo antes de ingresar a las cámaras de gas y a los hombres les explican que sólo van a pasar por la desinfección ("porque nos preocupamos por su salud"). El camino a las cámaras está camuflado con arbustos y los "desinfectadores" llegan en un camión marcado con la cruz roja que, en realidad, oculta las cajas de gas Zyclon. No es necesario esconder. Más bien, justamente: no esconder sino desviar. El desvío se convierte en la forma disimulada del engaño. Si funciona con eficacia es porque aprovecha la involuntaria colaboración de los condenados que no se resignan a abandonar la esperanza de sobrevivir y, entonces, creen en cualquier promesa que les hagan. En *Un vivant qui passe,* Lanzmann acorrala con sus preguntas a Maurice Rossel. Entre indignado y perplejo, el cineasta escucha las explicaciones del hombre que visitó el campo de Theresienstadt y luego, en su informe para los organismos internacionales, declaró no haber visto allí nada fuera de lo común.[18] Los nazis habían armado allí el gran simulacro de una comunidad feliz, ocultando a los enfermos, camuflando los lugares de tortura y maquillando a los prisioneros para que se los viera a gusto. Cuando Lanzmann le dice que lo que vio allí fue una "comedia del terror", Rossel intenta ampararse detrás de una excusa que resultaría pueril si no fuera miserable: no vio nada porque, en lo que le mostraron, todo parecía normal. En efecto, Theresienstadt fue el emplazamiento de un teatro macabro y, por eso, requería de un espectador que intentara ir más allá, que quisiera romper ese burdo pacto ficcional impuesto por los nazis y tuviera voluntad de leer entre líneas. El eufemismo y la farsa se sostienen sobre una convención fácilmente desmontable. Es que, como en rigor, no ocultan sino que disimulan con un velo, también es posible -por el movimiento inverso- hacer que esa superficie se vuelva transparente.

En *Austerlitz,* la novela de W. G. Sebald, se hace referencia a una película filmada por los nazis en 1944 como parte de la "campaña de embellecimiento" prevista para recibir a esa comisión de la Cruz Roja que integraba Rossel

---

[18] *Un vivant qui passe* (1997) y *Sobibor, 14 Octobre 1943, 16 heures* (2001) están compuestas con material que había sido rodado para *Shoah* y orbitan alrededor de esta obra como si fueran satélites. La primera se centra en el testimonio de Maurice Rossel (delegado del Comité Internacional de la Cruz Roja) sobre su visita al "gueto modelo" de Theresienstadt en 1944. La segunda recoge las declaraciones de Yehuda Lerner, que participó en la revuelta del campo de exterminio de Sobibor.

y que debía inspeccionar las condiciones del campo de Theresienstadt. El programa de saneamiento convirtió ese centro de exterminio en una ciudad modelo que parecía salida de un cuento de hadas. Una dichosa cofradía proletaria. Allí en donde había reinado el horror, ahora había un vergel habitado por personas amables y felices que trabajaban alegremente, paseaban por calles arboladas, se sentaban en un café bajo la sombra fresca de las sombrillas y disfrutaban de conciertos o representaciones teatrales. Todo eso se mostraba en la película de catorce minutos que filmaron los alemanes y que, años después, Austerlitz consigue ver en el Imperial War Museum. Tiene la esperanza de encontrar a su madre entre las mujeres que transitan por esos planos fugaces, así que contempla el film una y otra vez aunque sin ninguna fortuna. "La imposibilidad de ver mejor las imágenes que, en cierto modo, se desvanecían ya al aparecer, dijo Austerlitz, me condujo finalmente a la idea de encargar una copia a cámara lenta del fragmento de Theresienstadt, que se extendiera a una hora entera, y realmente, en ese documento, cuatro veces más largo, que desde entonces he visto una y otra vez, se veían cosas y personas que hasta entonces se me habían ocultado. Ahora parecía como si los hombres y mujeres trabajaran en sueños en los talleres, tanto tiempo hacía falta para que, al coser, levantaran en alto la aguja con el hilo, tan pesadamente dejaban caer sus párpados, tan lentamente se movían sus labios y levantaban los ojos hacia la cámara. Al andar parecían flotar, como si sus pies no tocaran ya el suelo. Las formas de los cuerpos se habían vuelto borrosas y, especialmente en las escenas rodadas afuera, a la clara luz del día, se habían difuminado en los bordes, como los contornos de la mano humana en las fotos fluidales y electrografías hechas en París por Luis Draget a comienzos de siglo. Los numerosos pasajes dañados de la cinta, que antes apenas había notado, se fundían ahora en una imagen, la disolvían y hacían surgir dibujos de un blanco claro, salpicado de manchas negras, que me recordaron las tomas aéreas del extremo norte o, mejor, lo que se ve en una gota de agua con el microscopio. Lo más inquietante, sin embargo, dijo Austerlitz, fue la transformación de los ruidos en la versión a cámara lenta. En una secuencia breve al principio mismo, en la que se ve la elaboración del hierro al rojo en una herrería y el herrado de un buey de tiro, la alegre polka de algún compositor de operetas austríaco que puede oírse en la banda de sonido de la copia berlinesa se ha convertido en una marcha fúnebre que se arrastra con lentitud francamente grotesca, y también las otras piezas musicales añadidas a la película, entre las que sólo pude identificar el cancán de *La Vie Parisienne* y el scherzo de *El sueño de una noche de verano* de Mendelssohn, se mueven en una especie de mundo subterráneo, por decirlo así, a profundidades aterradoras, dijo Austerlitz, a las que jamás ha descendido ninguna voz humana".[19]

De manera sorprendente y milagrosa, la cámara lenta revela aquello que los nazis pretendieron escamotear. Como un lapsus del film, de pronto queda al descubierto de la forma más impúdica eso que estaba en las imágenes y que no alcanzaba a verse a la velocidad normal. Todo un mundo espeluznante asciende a la superficie. Es cierto que no se ven las torturas, las cámaras de gas, los cuerpos arrasados, el exterminio; pero repentinamente, está todo claro: el mensaje secreto escrito con tinta invisible se vuelve transparente y, entonces, esas imágenes que querían ser plácidas ya no pueden contener el horror que las desborda. El cambio de velocidad basta para denunciar la impostura (como si fuese uno de esos mensajes satánicos

---

[19] Sebald, W. G., *Austerlitz*, Barcelona, Anagrama, 2002, págs. 247-250.

que deberían escucharse en ciertos discos pasados al revés), revelando ese mundo subterráneo y perturbador que la sostiene. Así, en cámara lenta, Hilberg analiza la orden de ruta de uno de los trenes: traduce sus códigos, interpreta las siglas, conecta las distintas paradas de su recorrido, calcula la velocidad, el peso, las demoras, la duración, enumera la cantidad de vagones y, finalmente, revela que allí se indica de manera cifrada la muerte de 10.000 judíos.[20] He ahí una estrategia para revelar lo que el eufemismo burocrático silencia. ¿Cómo poner en escena el horror? ¿Cómo lograr una contra-puesta en escena que denuncie esa "comedia sobre el terror" montada por los nazis? Jan Karski, antiguo correo del gobierno polaco en el exilio, intenta contarle a Lanzmann su entrevista con los líderes judíos del ghetto de Varsovia. Karski iría a ver las condiciones de vida de los habitantes del ghetto y luego debería informar sobre lo que había visto. Pero lo que vio allí fue tan terrible que su recuerdo se niega a volver atrás. "Yo no estaba preparado para eso", dice, aunque hace ingentes esfuerzos por colocarse de nuevo en esa situación. Resulta, entonces, muy revelador analizar el modo de su discurso. "¿Estaba yo al tanto de lo que sucedía con los judíos? No, no lo estaba. ¿Entendía yo que el problema judío no tenían precedentes y que no podía ser comparado con ningún otro problema? ¿Lo entendía yo? Yo no reaccionaba. No les hacía preguntas. Sólo escuchaba." De una manera muy curiosa,

[20] Un detalle macabro. En el film se dice que no había presupuesto para la destrucción; por lo tanto, los judíos tenían que pagar, con sus propios bienes confiscados, las tarifas oficiales de los viajes que los llevaban a la muerte. Aunque, como eran muchos, podían pagar una tarifa especial a la que se aplicaban los descuentos pertinentes para los grupos que iban de excursión. De hecho, la misma agencia era la encargada de enviar judíos a los campos de exterminio y veraneantes a los centros de vacaciones. La misma agencia, el mismo trámite, la misma facturación (respetando, incluso, los cambios de moneda cuando el tren especial debía atravesar fronteras).

Karski implementa una especie de discurso indirecto libre pero invertido. Ya no se trata -como sucede en literatura- de un narrador en tercera persona que se contamina con los pensamientos y las sensaciones del personaje sino, al revés, un monólogo en primera persona que sólo puede inscribirse como tercera. No un discurso indirecto que se acerca demasiado al discurso directo de un personaje sino una subjetividad que toma distancia de sí misma hasta volverse completamente ajena. En esos momentos, Karski es literalmente otro. Habla de sí como si fuera otro. Como si fuera un medium hablado por otra voz, la de los líderes del ghetto, que le dicen lo que debe hacer. Tal es su perplejidad frente a ese pasado que no puede imaginarse a sí mismo allí (lo cual se intensifica en su uso dubitativo de los tiempos verbales: "Nunca había visto nada semejante. Me dicen que son seres humanos, pero no parecían seres humanos"). Eso sucedió pero no es posible. Por lo tanto sólo puede ser puesto en palabras como la experiencia de otro. Esto es fundamental: porque a pesar de que Karski dice que no se puede contar, su propio discurso intenta estrategias para transmitirlo y son esos dispositivos de objetivación y de distancia los que, en última instancia, le permiten contarlo.

Sobre esta cuestión, quizás el ejemplo más escalofriante sea la carta confidencial enviada por el Reich a la fábrica Saurer para realizar cambios en los camiones-cámara de gas y aumentar su eficacia. La carta, que describe minuciosamente todo el proceso de traslado y aniquilación, nunca menciona el acto de la ejecución, ni las víctimas, ni su destino. Casi nada permite advertir que se trata de un grupo de judíos y no de un simple cargamento de productos fabriles. Y, a la vez, todo remite al exterminio con esa claridad que tienen los velos para transparentar lo que ocultan. Lanzmann lee ese documento de 1942 sobre imágenes de una autopista que atraviesa la cuenca fabril del Ruhr y por la que circulan los actuales camiones Saurer. "Sobre el holocausto -afirma Beatriz Sarlo-, nunca puede saberse todo y, tampoco, nunca podrá resignarse a un saber parcial que es a la vez inevitable (como el de toda práctica) y enemigo de la memoria. En cuanto se acepte 'saber menos' se aceptará la posibilidad de olvidar. Y, si se acepta la posibilidad de olvidar, lo siguiente no es la repetición (puede o no serlo) sino el acto de resignar los valores que el holocausto destruyó junto con la destrucción de los judíos. Volver a la cuestión no es, entonces, una actividad meramente del recuerdo fáctico, sino del *recuerdo de las razones de la condena*. Los detalles pelean por la presentificación del pasado para hacer presentes los valores que en ese pasado fueron afectados por unos y defendidos por otros. En este sentido, *Shoah* no intenta un movimiento sólo reconstructivo sino *prospectivo*. No dice *esto se hizo*, sino *esto pudo (y puede) ser hecho.*"[21]

Arqueología del horror

Shoah nunca cede a la supuesta objetividad de las imágenes de archivo ni al intento por organizar una totalidad que la narración en *off* podría proporcionarle. El film es, en cambio, la apoteosis del detalle, de lo nimio y de las pequeñas historias individuales. Allí rastrea las formas del exterminio y el origen del mal: "El film de Lanzmann presenta la materialidad de una operación de muerte como problema histórico y también como problema narrativo de su película, construida sobre la persecución de los rastros materiales de los campos de concentración, la lectura de los indicios proporcionados por las ruinas de edificios,

---

[21] Sarlo, B., "La historia contra el olvido", en *Punto de vista* nº 36, diciembre de 1989, pág. 13.

por el trazado de vías ferroviarias y carreteras. Lanzmann lee la operación de muerte en las chimeneas que todavía subsisten, reitera el mismo plano de vagones y el mismo entrecruzamiento de vías y de señales de tránsito".[22] Como un arqueólogo, en efecto, lanzman descifra las huellas, lee eso que ha quedado, lo que se ha inscripto en el paisaje. Su film saca a la luz todo lo que la historia reciente ha preferido enterrar. Alguien camina por un prado y dice "aquí había un campo de concentración"; en esa discrepancia entre el pasado del relato y el presente del lugar se juega el sentido de esa operación casi forense. Luego del film, nuestro tiempo ha perdido esa apariencia de inocente plenitud. Ahora lo sabemos: estamos literalmente parados sobre lo que fue un campo de exterminio. Nuestra cultura occidental contemporánea ha echado sus cimientos sobre la tragedia del holocausto que permanece ahí, bajo nuestros pies, incluso para aquellos que preferirían no darse por advertidos.

Esa particular forma de hacer ver sin mostrar define el estilo de Lanzmann: la representación puede erigirse como presentación de una ausencia. No invistiendo a esa ausencia con el simulacro de una presencia sino, precisamente, mostrando la falta. Es decir, una representación que fracasa al representar. No hay imagen que de cuenta de ese horror y, sin embargo, resulta imprescindible obstinarse en dar cuenta de ese horror. Incansablemente. Frente a la función consoladora y edificante que el arte suele adquirir en nuestra cultura, Bersani y Dutoit esgrimen el valor estético de la *failure*: "la argumentación en favor de una naturaleza epistemológica o moralmente superior del arte, e incluso de su carácter redentor [...] es esencialmente reduccionista y

---

[22] Sarlo, B., "No olvidar la guerra de malvinas. Sobre cine, literatura e historia", en *Punto de vista* n° 49, agosto de 1994, pág. 15.

despreciativa tanto respecto de la vida como del arte. Por un lado, el arte es reducido a una especie de elevada función de emparche y queda esclavizado por aquellos materiales a los que presumiblemente imparte valor; por otro lado, las catástrofes de la experiencia individual y de la historia social parecen menos importantes (haciendo que la resistencia y la reforma activa no resulten tan imperativas) si son de algún modo 'comprendidas' y compensadas a través del arte".[23] La verdad sólo puede sostenerse en la medida en que permanezca incompleta, mientras su testimonio siga gravitando como un fantasma sobre nuestro presente. Imposible imaginar la fisonomía macabra de los campos de exterminio en donde ahora hay un bosque o un prado. Pero, significativamente, esa debilidad de la imagen constituye la potencia de *Shoah*. Porque aunque no hay imágenes que traduzcan el paisaje actual para acomodarlo al relato de los testigos, ya no es posible negar la continuidad entre ambos. La desaveniencia revela una sobreimpresión oculta entre los tiempos y, entonces, es nuestro presente el que adquiere un significado incómodo pero imprescindible para explicar por qué el pasado no ha terminado de pasar. Lo que resulta muy audaz, en términos cinematográficos, es que Lanzmann hace un uso radicalmente negativo del medio: sus planos no son elocuentes sino que se muestran como imágenes devaluadas. Están

---

[23] Bersani, L. y Dutoit, U., *Arts of Impoverishment (Beckett, Rothko, Resnais)*, Cambridge, Harvard University Press, 1993, págs. 3-4. Todo esto recuerda, por supuesto, la sentencia del personaje de Beckett: "Ya se intentó. Ya se fracasó. No importa. Intentar de nuevo. Fracasar de nuevo. Fracasar mejor". En esa misma dirección habría que leer la conocida sentencia de Adorno que suele malinterpretarse: no como una interdicción sobre la poesía luego de Auschwitz sino como un rechazo a estetizar el sufrimiento de las víctimas. Véase Adorno, Th., "La crítica de la cultura y la sociedad", en *Prismas*, Barcelona, Ariel, 1962.

poblados de ausencias que regresan fantasmáticamente. En lugar de ceñir y capturar ese pasado terrible, el cineasta lo asedia sin descanso y, a cambio, alcanza una dimensión de invisibilidad que permanece al acecho en todo lo que vemos.

Auschwitz es el lugar en donde lo anormal resulta tan cotidiano que se vuelve normal. Un testigo relata un partido de fútbol que tuvo lugar durante una pausa del trabajo. Se podría pensar que ahí emerge un rasgo de humanidad en medio del infierno. Pero, como sostiene Agamben: "Ese momento de normalidad, es el verdadero horror del campo. Podemos pensar, tal vez, que las matanzas masivas han terminado, aunque se repitan aquí y allá, no demasiado lejos de nosotros. Pero ese partido no ha acabado nunca, es como si todavía durase, sin haberse interrumpido nunca. Representa la cifra perfecta y eterna de la 'zona gris', que no entiende de tiempo y está en todas partes. De allí proceden la angustia y la vergüenza de los supervivientes [...] Mas es también nuestra vergüenza, la de quienes no hemos conocido los campos y que, sin embargo, asistimos, no se sabe cómo, a aquel partido, que se repite en cada uno de los partidos de nuestros estadios, en cada transmisión televisiva, en todas las formas de normalidad cotidiana. Si no llegamos a comprender ese partido, si no logramos que termine, no habrá nunca esperanza".[24]

Shoah trabaja, sin duda, en esa dirección. Hay un momento en que el relato se convierte etimológicamente en *relato* y, entonces, lo sucedido vuelve a tener lugar, traído hasta nosotros por obra del discurso. En la historia del peluquero que confunde los tiempos, en el regreso del niño cantor de Chelmno, en la perplejidad de Karski que

[24] Agamben, G., *Lo que queda de Auschwitz, op. cit.*, pág. 25.

dice no poder volver atrás y sin embargo se esfuerza por reproducir lo que vio o en la siniestra elocuencia de los maquinistas polacos que repiten el viejo gesto del dedo índice sobre el cuello: allí se produce una revelación en donde la verdad, como decía Benjamín, centellea en un instante de peligro. El pasado se sobreimprime en el presente y, por un segundo, quizás, es posible entender algo de todo lo que pasó.

www.ingramcontent.com/pod-product-compliance
Lightning Source LLC
La Vergne TN
LVHW090548110826
845146LV00001B/59